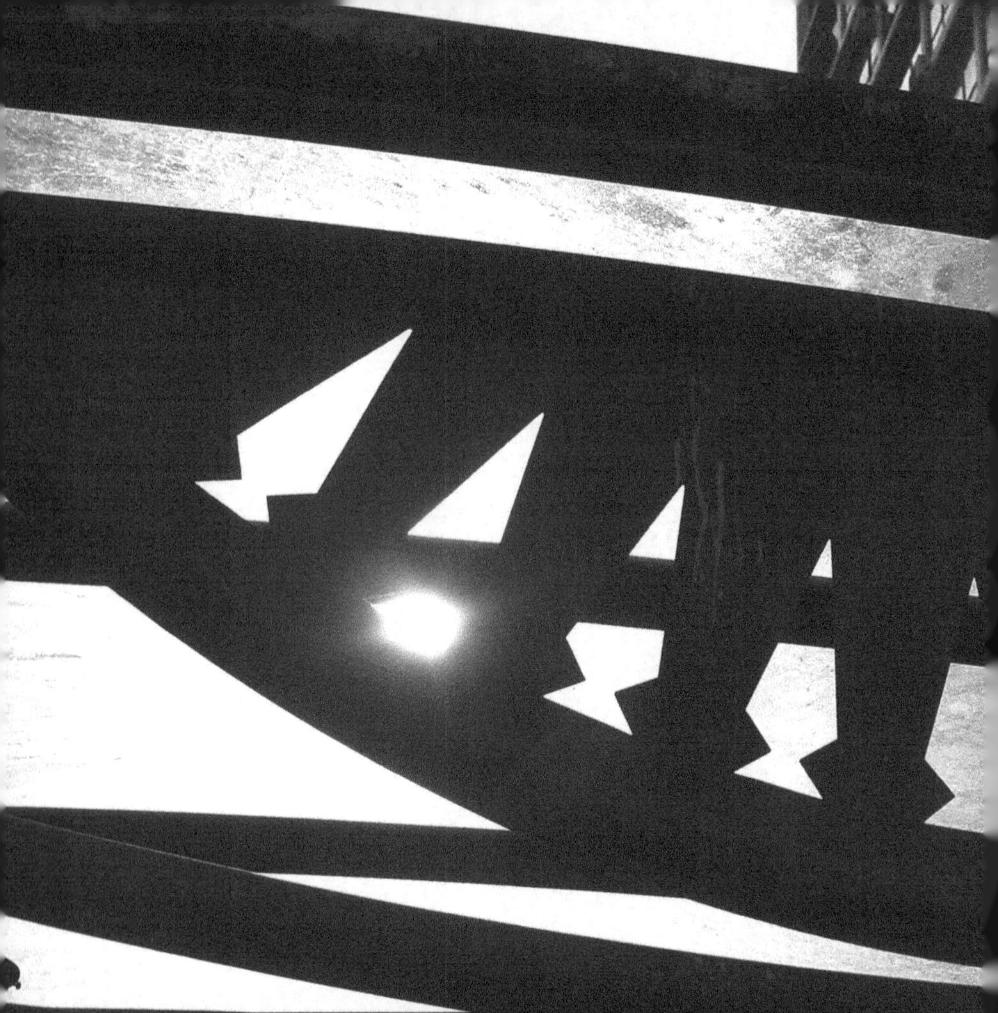

O selo DIALÓGICA da Editora InterSaberes faz referência às publicações que privilegiam uma linguagem na qual o autor dialoga com o leitor por meio de recursos textuais e visuais, o que torna o conteúdo muito mais dinâmico. São livros que criam um ambiente de interação com o leitor – seu universo cultural, social e de elaboração de conhecimentos –, possibilitando um real processo de interlocução para que a comunicação se efetive.

Princípios de qualidade aplicados à gestão da segurança pública
Célio Luiz Banaszeski

Rua Clara Vendramin, 58 • Mossunguê
CEP 81200-170 • Curitiba • PR • Brasil
Fone: (41) 2106-4170
www.intersaberes.com
editora@editoraintersaberes.com.br

conselho editorial	• Dr. Ivo José Both (presidente)
	Dr.ª Elena Godoy
	Dr. Neri dos Santos
	Dr. Ulf Gregor Baranow
editora-chefe	• Lindsay Azambuja
supervisora editorial	• Ariadne Nunes Wenger
assistente editorial	• Daniela Viroli Pereira Pinto
preparação de originais	• Rodapé Revisões
edição de texto	• Mille Foglie Soluções Editoriais
	Larissa Carolina de Andrade
capa	• Charles L. da Silva (*design*), Chaikom, Gorodenkoff e TPCX/
	Shutterstock (imagens)
projeto gráfico	• Raphael Bernadelli
fotografias de abertura	• Stefany Conduta Wrublevski
diagramação	• Estúdio Nótua
designer responsável	• Charles L. da Silva
iconografia	• Sandra Lopis da Silveira e Regina Claudia Cruz Prestes

Dado internacionais de Catalogação na Publicação (CIP)
(Câmara Brasileira do Livro, SP, Brasil)

✦ ✦ ✦

Banaszeski, Célio Luiz
  Princípios de qualidade aplicados à gestão da segurança pública/Célio Luiz Banaszeski. Curitiba: InterSaberes, 2021.

  Bibliografia.
  ISBN 978-65-5517-827-2

  1. Administração pública – Brasil 2. Gestão da qualidade 3. Segurança pública 4. Segurança pública – Administração 5. Segurança pública – Brasil I. Título.

20-47862   CDD-352.357

✦ ✦ ✦

Índices para catálogo sistemático:
1. Sistema de gestão da qualidade: Administração pública 352.357

Maria Alice Ferreira – Bibliotecária – CRB-8/7964

1ª edição, 2021.

Foi feito o depósito legal.

Informamos que é de inteira responsabilidade do autor a emissão de conceitos.

Nenhuma parte desta publicação poderá ser reproduzida por qualquer meio ou forma sem a prévia autorização da Editora InterSaberes.

A violação dos direitos autorais é crime estabelecido na Lei n. 9.610/1998 e punido pelo art. 184 do Código Penal.

Sumário

Dedicatória, x

Agradecimentos, xiv

Apresentação, xviii

Como aproveitar ao máximo este livro, xxii

Introdução, xxvi

capítulo um	**História da qualidade, 32**	
1.1	Do homem das cavernas à Revolução Industrial, 34	
1.2	As grandes eras da qualidade, 39	
capítulo dois	**Gurus da qualidade e segurança pública, 78**	
2.1	Armand Vallin Feigenbaum, 80	
2.2	Walter Andrew Shewhart, 84	
2.3	Philip Crosby, 86	
2.4	Joseph Moses Juran, 96	
2.5	Kaoru Ishikawa, 99	
2.6	William Edwards Deming, 101	
2.7	Shigeo Shingo, 108	
2.8	Frederick Winslow Taylor, 110	
2.9	Jules Henri Fayol, 116	
2.10	David Alan Garvin, 119	

capítulo três **Conceitos e ferramentas básicas da qualidade, 128**

    3.1 Conceitos de qualidade, 131

    3.2 Ferramentas da qualidade, 135

capítulo quatro **Outros instrumentos de gestão da qualidade, 198**

    4.1 Planejamento estratégico, 201

    4.2 *Balanced scorecard*, 210

    4.3 Indicadores-chave de desempenho (KPI), 219

capítulo cinco **Como implantar um sistema de gestão da qualidade, 236**

    5.1 Comprometimento com a qualidade, 239

    5.2 Capacitação, 241

    5.3 Projeto-piloto, 242

    5.4 Planejamento estratégico, 243

    5.5 Definição das relações de processo, 243

    5.6 Mapeamento dos processos (BPM), 249

    5.7 Indicadores de desempenho setorial, 252

    5.8 Normatização, 253

    5.9 Treinamento, capacitação e conscientização, 256

    5.10 Controle e fiscalização do sistema de gestão da qualidade, 257

    5.11 Melhoria contínua, 259

    5.12 Ampliação do processo de gestão da qualidade, 260

capítulo seis   Certificações e qualidade, 266

     6.1   Normas ISO, 268

     6.2   Certificação ISO 9001, 271

     6.3   Norma ISO 31000, 275

Considerações finais, 288

Lista de siglas, 294

Referências, 297

Respostas, 306

Sobre o autor, 311

Dedicatória

Em primeiro lugar, a Deus, por tudo o que tem feito em minha vida – sem Sua luz e Sua mão, nada teria sentido!

A minha amada esposa, que soube me dar apoio e compreensão – sua objetividade e sua dedicação fazem parte desta obra também!

A meus amados filhos – vocês são a razão da minha alegria, a obra mais pura e perfeita de minha vida!

A meu pai, por ser um exemplo de dedicação, trabalho e honestidade. O melhor amigo que tive, tenho e vou ter.

A minha mãe (*in memoriam*), pelo exemplo de fé, garra, amor, superação e pelo carinho de que tanto sinto falta.

A minha irmã, pela dedicação à família e pelo espírito de justiça e fé.

Agradecimentos

A Deus, por sempre estar a meu lado em

todas as circunstâncias.

Ao professor Dr. Gerson Luiz Buczenko – profissional raro, que muito admiro e respeito –, pela confiança e pelo convite para este desafio.

À Editora InterSaberes, pela honra de fazer parte desta obra.

A todos aqueles que contribuíram direta e indiretamente com este livro, pelos exemplos, pelos livros de apoio, pelo material, pela experiência, ou simplesmente pela torcida e pelo carinho.

Apresentação

Uma das características da segurança pública no Brasil é a existência de diferentes órgãos com obrigações legais, definidos por várias legislações e atribuições marcadamente distintas. Além disso, tanto no segmento civil, quanto no segmento militar, há uma variedade significativa de metodologias na gestão dos processos administrativos e operacionais.

Mesmo dentro de uma única corporação há metodologias diferentes da gestão da qualidade, seja pelo nível de conhecimento e de preparo, seja pelo nível de aplicação prática das técnicas e metodologias da qualidade. Por causa da natureza pública dessas organizações, a legislação, na maioria das vezes, determina a execução de algum processo ou atividade embora não defina como isso deve ser feito.

Nesse contexto, a escolha de instrumentos da qualidade fica a cargo do servidor público que está naquele momento exercendo função de direção. Não raras vezes, esse modelo de gestão é interrompido por troca de comandos, governos ou transferência daqueles que dominam mais os ensinamentos da qualidade.

Esta obra tem por objetivo fornecer alguns princípios da gestão da qualidade que podem ser aplicados na segurança pública, independentemente de ter estrutura militar ou civil ou de ser de ordem administrativa e/ou operacional. Dessa forma, desejamos que esta leitura permita ao profissional da área aprimorar a eficiência da gestão tanto para o cliente interno quanto para o cidadão, razão da existência de todo o sistema de segurança púbica.

Assim, estruturamos o livro em seis capítulos, os quais, em conjunto, visam proporcionar um comparativo da gestão da qualidade aplicada em diversos segmentos da sociedade. Para essa exposição, recorremos aos ensinamentos de grandes estudiosos do tema da **qualidade**. Com base nessa fundamentação, explicitaremos como aplicar esses saberes ao setor público, principalmente na área de segurança. Pela linha didática que aqui adotamos, utilizando das principais ferramentas da qualidade, esta obra destina-se principalmente ao leitor que atua na referida área ou àqueles que têm interesse em aprender sobre o modelo de administrar em questão.

Ao final da leitura, você vai tomar consciência de que a gestão da qualidade no Brasil não tem nada de complexo em qualquer área, muito menos na de segurança pública. Ela é simples, óbvia e necessária, sendo, no entanto, imprescindíveis o comprometimento e a continuidade para produzir o ciclo de melhoria a que se anseia.

Boa leitura!

Como aproveitar ao máximo este livro

Empregamos nesta obra recursos que visam enriquecer seu aprendizado, facilitar a compreensão dos conteúdos e tornar a leitura mais dinâmica. Conheça a seguir cada uma dessas ferramentas e saiba como elas estão distribuídas no decorrer deste livro para bem aproveitá-las.

Logo na abertura do capítulo, relacionamos os conteúdos que nele serão abordados.

Antes de iniciarmos nossa abordagem, listamos as habilidades trabalhadas no capítulo e os conhecimentos que você assimilará no decorrer do texto.

Conteúdos do capítulo
- Do homem das cavernas à Revolução Industrial.
- As grandes eras da qualidade.
- Era da inspeção.
- Era do controle estatístico.
- Era da garantia da qualidade.
- Era da gestão da qualidade total.

Após o estudo deste capítulo, você será capaz de:
1. descrever a evolução da gestão da qualidade;
2. explicar a contribuição das eras da qualidade;
3. detalhar os custos da qualidade;
4. indicar a importância da qualidade nos processos.

de cada casa, mas de desenvolver a percepção e execução da sensação de segurança.

Síntese

Neste capítulo, apresentamos diversos pensadores e as respectivas visões particulares deles sobre a gestão da qualidade. Citamos vários pontos em comum entre eles e contribuições interessantes. Por exemplo, para Feigenbaum, a qualidade seria a percepção que os clientes têm sobre o produto, e não o que a empresa pensa. Também mencionamos que o PDCA foi um aperfeiçoamento de Shewhart e que Philip Crosby preconizava o conceito de defeito zero.

Comentamos que a teoria de Juran é muito utilizada até hoje em razão dos fundamentos **padronização, treinamento e melhoria.** Referimos as contribuições de japoneses, como Ishikawa, com o diagrama de espinha de peixe, e os oito tipos de desperdícios elencados por Shigeo Shingo.

Explicamos que Deming apresenta a teoria de gestão da qualidade baseada em 14 pontos, e que Taylor propôs um modelo de gestão segundo a qual todos na empresa deveriam cooperar para simplificar as operações e aumentar a produção.

Relatamos que Fayol apregoava que a administração deveria ser responsabilidade de todos, e não apenas dos gestores ou de alguns departamentos. Por fim, demonstramos que Garvin identificou e propôs oito dimensões da qualidade que também podem ser aplicadas à gestão da segurança pública.

Finalmente, com base na conjugação dos pensamentos de todos os estudiosos, verificamos como o que eles nos ensinaram pode ser adaptado à realidade da segurança pública, independentemente da natureza civil ou militar desta.

Para saber mais

THE DEMING INSTITUTE. Disponível em: <https://deming.org/>. Acesso em: 4 nov. 2020.

No site do Instituto Deming, você encontra, entre as seguintes, a história do autor, além de eventos relacionados a qualidade, programas, seminários, teorias e ensinamentos.

ISO - International Organization for Standardization. About Us. Disponível em: <https://www.iso.org/about-us.html/>. Acesso em: 3 nov. 2020.

No site da ISO, você poderá tomar conhecimento de aspectos relacionados à história da organização, além de ter acesso a notícias e normas atualizadas internacionalmente.

> Ao propor estas questões, pretendemos estimular sua reflexão crítica sobre temas que ampliam a discussão dos conteúdos tratados no capítulo, contemplando ideias e experiências que podem ser compartilhadas com seus pares.

Questões para revisão

1. Considerando os "gurus" da qualidade e seus ensinamentos, indique V para as afirmações verdadeiras e F para as falsas:
   I. Taylor propôs um modelo de gestão no livro *Princípios da administração científica*.
   II. Fayol apregoava que a administração deve ser responsabilidade apenas dos gestores, pois estes detinham o poder de decidir sobre as mudanças.
   III. Garvin identificou e propôs oito dimensões da qualidade que podem ser adaptadas à segurança pública.
   IV. Na obra *Qualidade, produtividade e competitividade*, Deming (1986) apresenta sua teoria de gestão da qualidade baseada em 14 pontos.
   V. Feigenbaum afirmava que a qualidade é a percepção da empresa sobre o que é a qualidade, não o que o cliente pensa.

   Estão corretas apenas as afirmativas:
   a. I, II, IV e V.
   b. I, III e IV.
   c. I e III.
   d. I, II e V.
   e. II, III e IV.

2. Com relação às recomendações de Deming e a seus pontos, assinale a alternativa correta sobre sua metodologia:
   a. Deve-se afastar o medo para que todos possam trabalhar para a empresa.
   b. Não há necessidade de adotar uma nova filosofia, pois a empresa deve aproveitar a tradição da gestão e a experiência de seus líderes.

---

4. Descreva como a primeira etapa destinada a melhorar a qualidade e conseguir a participação de todos nas empresas apregoada por Crosby pode ser adaptada à realidade da segurança pública.

5. Explique como usar o método científico na gestão pública.

Questões para reflexão

1. Como adotar o ensinamento de Feigenbaum segundo o qual a qualidade seria percepção dos clientes sobre o que é a qualidade, não o que a empresa pensa?

2. Reflita sobre como empresas com excelente reputação de suas marcas valorizam a qualidade e como isso poderia ser adaptado à segurança Registre suas considerações em um breve texto..

3. Verifique como as oito dimensões da qualidade propostas por Garvin são aplicadas nas organizações policiais. Pesquise em jornais, revistas, artigos Liste essas observações em um texto..

4. Por que ensinamentos quase centenários ainda não são aplicados na gestão pública?

5. Teorize por que muitos gestores da segurança pública não consideram prática a gestão da qualidade.

Introdução

Há algumas áreas do conhecimento que parecem, no senso comum, ser de domínio de todos, principalmente para nós brasileiros. É comum, em nossas conversas informais, agirmos como especialistas e até mesmo como doutores em determinados assuntos. Discursamos como se fôssemos os melhores técnicos de futebol, os melhores governantes, pais melhores que os vizinhos, e a lista poderia se estender por algumas páginas.

Na mesma linha, o conceito de **qualidade** entraria nessa relação facilmente. Afinal, quem não sabe o que é qualidade? De modo geral, as pessoas acreditam ou afirmam estar fazendo seu trabalho, cuidando de suas famílias, ou vivendo a religião com qualidade. Também costumam exigir qualidade dos produtos e serviços que adquirem ou de que usufruem.

Nesta obra, repetiremos muito o termo *qualidade* – muito mesmo! Queremos, no entanto, demonstrar, por meio de fatos e dados, que, contrariando o senso comum, a definição de qualidade não é tão evidente.

Também debateremos outro assunto sobre o qual todos falam como se especialistas fossem: segurança pública. Aqui, relacionaremos esse tema à gestão da qualidade. Algo muito fácil no discurso dos leigos, mas muito difícil de implementar na maioria dos municípios e estados do Brasil.

Não estamos, neste momento, fazendo uma crítica generalizada, uma vez que há bons exemplos dessa junção no país. O que pretendemos é chamar a atenção para o fato de que, tal como nos acostumamos a ouvir, "falar é fácil!". Neste livro, temos o objetivo prático de expor o que realmente acontece na segurança pública e como podemos usar a gestão da qualidade para melhorá-la.

Também é importante ressalvar que, independentemente de o processo de gestão da segurança pública ser adequado, há milhares de valorosas pessoas que defendem a sociedade com o sacrifício da própria vida. Com respeito a todas as outras profissões, tão merecedoras de atenção e elogios, trabalhar na área de segurança no Brasil é um caso particular de heroísmo verdadeiro, não aquele que se vê no cinema, acompanhado de ar condicionado e pipoca, mas o heroísmo do dia a dia.

Nesta obra, abordaremos temas práticos da proteção pública e demonstraremos como a história, as técnicas e as metodologias da gestão da qualidade estão presentes desde os primórdios da civilização.

Ainda, interessa-nos evidenciar como aquele que atua no meio pode lançar mão das tecnologias disponíveis para essa árdua tarefa. Além disso, esclareceremos que esse modo de gestão pode ser aplicado em qualquer setor – público ou privado – e, em especial nesta abordagem que aqui propomos, na segurança pública.

capítulo um

*História
da qualidade*

Conteúdos do capítulo

- Do homem das cavernas à Revolução Industrial.
- As grandes eras da qualidade.
- Era da inspeção.
- Era do controle estatístico.
- Era da garantia da qualidade.
- Era da gestão da qualidade total.

Após o estudo deste capítulo, você será capaz de:

1. descrever a evolução da gestão da qualidade;
2. explicar a contribuição das eras da qualidade;
3. detalhar os custos da qualidade;
4. indicar a importância da qualidade nos processos.

O estudo da história da qualidade evidencia que esse conceito tem evoluído ao longo da trajetória da humanidade e vem influenciando diversos setores da sociedade, considerando-se tanto o viés do cliente quanto do fornecedor. Explicitaremos neste capítulo as diversas "eras da qualidade" e as contribuições de cada uma delas, sempre de maneira complementar, por meio de diversos ensaios e metodologias novas, na introdução de melhorias significativas no setor de produção e de serviços. Além disso, analisaremos como a sociedade passou a dar importância ao processo de gestão da qualidade.

Ao estudar a evolução histórica da qualidade, associaremos alguns desses ensinamentos ao modo de gestão da segurança pública e verificaremos quais ferramentas podem ser adaptadas para esse fim.

1.1 *Do homem das cavernas à Revolução Industrial*

Entender o percurso histórico da qualidade é importante para ter noção de como e onde a humanidade começou a se importar com ela, de como ela pode ser usada atualmente e para onde ela seguirá no futuro.

O ser humano sempre procurou por requisitos de qualidade desde a época das cavernas e sempre vai procurá-la, pois faz parte dos anseios humanos a todo momento querer o melhor. Foi isso que o tirou das cavernas e o colocou no espaço. É essa verdade permanente que proporciona a melhoria contínua das relações, dos produtos ou dos serviços.

A espécie humana se distinguiu das demais principalmente pela grande capacidade exploratória, aliada às competências estratégicas que possibilitaram, ao longo da evolução, povoar o mundo e colonizá-lo nos diversos continentes.

Fez assim o Homem de Neandertal, aquele ligado às famosas pinturas rupestres, ao se deslocar de sua toca em direção ao mundo durante o paleolítico. Para isso, com o objetivo de ser mais eficiente nas caçadas e sobreviver àquele mundo inexplorado, precisou melhorar os instrumentos que utilizava. Depois, o *Homo sapiens* passou a percorrer os continentes e enfrentar as mais diversas dificuldades, relativas, por exemplo, ao tipo de animal que encontrava, ao tipo de ambiente ou ao ecossistema que tinha de explorar.

Segundo Moran (1994), da interação milenar com outras espécies e ambientes, fossem estes naturais, fossem modificados, surgiram diversas respostas de adaptação, ou seja, esses teriam sido os primórdios do atendimento aos requisitos de qualidade estabelecidos. Houve a necessidade de adequação do que aquele homem, ainda primitivo, queria como oportunidade de melhoria. Poderia ser um abrigo melhor para lhe proporcionar mais conforto ou proteção ou uma arma com mais eficácia.

O ser humano, então, continuou sua lenta evolução até a chamada Revolução Cognitiva, época em que surgiu uma nova forma de pensar, um novo modelo de comunicação entre os seres humanos:

> O surgimento de novas formas de pensar e se comunicar, entre 70 mil anos atrás a 30 mil anos atrás, constitui a Revolução Cognitiva. O que a causou? Não sabemos ao certo. A teoria mais aceita afirma que mutações genéticas acidentais mudaram as conexões internas do cérebro dos *sapiens*, possibilitando que pensassem de uma maneira sem precedentes e se comunicassem usando um tipo de linguagem totalmente novo. (Harari, 2018, p. 30)

É presumível que houve uma grande revolução na humanidade, uma vez que, desde então, tanto as necessidades quanto os conhecimentos humanos podiam ser passados com mais clareza e assertividade.

Até mesmo na caça houve significativa melhora: os Neandertais normalmente caçavam sozinhos, já os *Homo sapiens* desenvolveram técnicas para apoiar a cooperação entre vários indivíduos e provavelmente até entre grupos diferentes (Harari, 2018).

Grandes mudanças na evolução da humanidade foram promovidas graças ao advento da comunicação. Esta criou milhares de conexões possíveis direta e indiretamente, proporcionando ações muito mais complexas ao *Homo sapiens,* desde como escolher a melhor caça até como identificar os predadores dos quais deviam fugir.

As relações sociais passaram a influenciar os resultados das caçadas, uma vez que a comunicação e transferência assertiva da informação, como onde normalmente ficam as presas e como encurralá-las, foram sendo transmitidas para grupos maiores, possibilitando coesão mais intensa nas comunidades.

Toda essa revolução do modo de se comunicar e na definição do que comunicar proporcionou uma grande mudança no comportamento dos indivíduos e grupos. Ali estariam os primórdios das relações entre cliente-fornecedor, uma vez que havia uma enorme cadeia de necessidades, e, embora primitivas, as primeiras padronizações de qualidade.

Resumidamente, a Revolução Cognitiva representou para a humanidade os benefícios expressos no Quadro 1.1.

Quadro 1.1 – Benefícios da Revolução Cognitiva

Novas capacidades	Benefícios produzidos
Transmitir maiores quantidades de informações sobre o mundo à volta dos *Homo sapiens*.	Planejamento e realização de ações complexas, como evitar leões e caçar bisões.
Transmitir grandes quantidades de informação sobre as relações sociais dos *sapiens*.	Grupos maiores e mais coesos, chegando a 150 indivíduos.

(continua)

(Quadro 1.1 – conclusão)

Novas capacidades	Benefícios produzidos
Transmitir grandes quantidades de informação sobre coisas que não existem de fato, tais como espíritos tribais, nações, companhias de responsabilidade limitada e direitos humano.	• Cooperação entre estranhos em elevado número. • Rápida inovação do comportamento social.

Fonte: Harari, 2018, p. 45.

Mas a interação do *Homo sapiens* com o ambiente muitas vezes hostil, quer pela fauna, quer pela flora, quer mesmo pelo clima, em associação com a precariedade das armas que utilizava, fez a humanidade transformar suas necessidades individuais em demandas coletivas.

Nesse período, a ideia de reunir grupos passou a fazer mais sentido. Os padrões de comportamento eram transmitidos tanto de grupo para grupo, quanto de geração para geração. Para fabricar armas de caça, por exemplo, era necessário reconhecer quais tipos de pedra apresentavam a qualidade necessária para ser lapidados para resultar em corte e ao mesmo tempo ter resistência suficiente para outras caças.

Esses critérios primitivos foram crescendo com indicativos de conhecimento sobre a flora – como quais das plantas tinham sabor, quais delas matavam – ou sobre o hábito da fauna da região.

Ao controlar o fogo e não depender mais do Sol, subjugando outros animais e melhorando os próprios alimentos, o ser humano passou a dominar vários territórios, tendo havido, com o passar de muitos anos, uma nova mudança de comportamento.

Segundo Morris (2004), com o decorrer do tempo, os humanos foram se tornando cada vez mais sedentários, pois passaram a ter uma base fixa, um local para onde levavam os despojos, onde se mantinham as fêmeas e as crias, e onde se podia partilhar a comida. Com o ser humano se fixando em determinado lugar, as atividades agrícolas e pastoris foram desenvolvidas. Logicamente, havia não apenas os agricultores, mas também os caçadores, pescadores e grupos nômades.

Houve ainda domesticação e criação de animais, além de atividades manuais que proporcionaram a necessidade de produção maior. Isso gerou riquezas e, segundo Engels (1981), tornou a força de trabalho do homem capaz de produzir mais do que o necessário para sua manutenção; ao mesmo tempo, aumentou a soma de trabalho diário correspondente a cada membro da comunidade doméstica ou da família isolada.

Ainda de acordo com Engels (1981), essa ação provocou a necessidade de maior força de trabalho, que foi solucionada por meio de guerras, com prisão de inimigos e escravização destes. Aqui assinalamos que a necessidade de atender certos "requisitos de qualidade" nem sempre foi boa para a humanidade. A insaciável vontade do ser humano de ter ou de ser sempre teve consequências, muitas vezes sob o pretexto de se estar buscando o melhor.

A revolução agrícola ocorreu há cerca de 10 mil anos, "quando o *Homo sapiens* decidiu dedicar seu tempo à manipulação de animais e plantas" (Harari, 2018, p. 87). Começou nesse momento a exploração dos escravos pelas elites para que houvesse sempre excedentes de produção.

Dando um salto na história, a Revolução Industrial, um período de enormes transformações sociais e econômicas, teve início na Inglaterra no século XVIII e se espalhou pelo mundo até o início do século XX (Hobsbawm, 1982). Foi uma grande mudança na produção humana, pois diversas atividades que antes eram exercidas pelos artesãos passaram a ser industrializadas. Máquinas substituíram a força humana pela força de equipamentos a vapor, muito mais resistentes e rápidos, processo que foi também chamado de *escala mecanizada*.

Países da Europa e os Estados Unidos se transformaram em nações industriais com grande concentração da população nas cidades, para dar conta da intensa produção industrial nascente.

Houve nessa época, portanto, um grande marco para a qualidade, pois o cliente passou a não ter mais contato com o artesão, e sim com o resultado do que era produzido em massa, quando os critérios e requisitos de qualidade ficaram para segundo plano em nome da produção em larga escala.

1.2 As grandes eras da qualidade

Segundo Garvin (1982, p. 32), "a evolução da qualidade possui quatro grandes períodos: inspeção, controle de qualidade, garantia da qualidade e qualidade total." Esses períodos são importantes para marcar como a qualidade evoluiu na percepção da humanidade nas relações entre cliente e fornecedor.

1.2.1 Era da inspeção

Antes de explorarmos a era da inspeção, é necessário regressar um pouco no tempo para verificar como a qualidade era tratada no mundo. Antes da industrialização, promovida pela Revolução Industrial, a fabricação de diversos artefatos era realizada por artesãos e artífices.

O contato de quem produzia, por exemplo, uma panela, uma arma ou uma sela para um cavalo acontecia diretamente com quem solicitava a produção ou seja, o cliente conversava pessoalmente com o artesão e lhe repassava as características ou, como hoje chamamos, os requisitos de qualidade que desejava no produto. Essa relação tão próxima permitia que a qualidade fosse mais claramente explicitada e que, assim, qualquer desvio do que fora pedido fosse prontamente corrigido pelo artífice. Havia ali, muitas vezes, uma relação muito mais próxima dos clientes com a produção, razão pela qual, consequentemente, havia maior satisfação diante do processo de produção e do produto final.

O artesão, em vários momentos, passava a conhecer seus clientes e suas necessidades e trabalhava sempre para atender a essas expectativas. O cliente, por sua vez, ficava satisfeito em ver um produto que, muitas vezes, era personalizado e que atendia a sua vontade.

Como naquela época o cidadão manifestava a necessidade de produzir utilitários para uso cotidiano, havia muita demanda para confecção de adereços, armas, ferramentas diversas e utensílios domésticos. Nessa produção, havia necessidade intrínseca de qualidade na produção, e, para isso, os artesãos tinham habilidades criativas que se configuravam na época e, até hoje, como uma expressão da cultura daquele local e daquela sociedade, transmitindo inclusive os valores da comunidade à qual o artífice pertencia (Santos, 2007).

Além de ter contato com o cliente, o artesão realizava as atividades comerciais do negócio. Mantinha contato direto com o cliente ao definir e negociar o preço do produto. Por vezes, podia adaptar o lucro à capacidade de pagamento do cliente ou mesmo realizava adaptações no produto, aumentando ou diminuindo o preço de acordo com a conveniência do momento. Ele mesmo escolhia ou produzia a matéria-prima de seus produtos, criando assim um ciclo completo de produção e de controle de qualidade, conforme demonstramos na Figura 1.1.

Figura 1.1 – Ciclo de qualidade do artesão

```
                Requisito de
             qualidade do cliente

  Verificação da
satisfação do cliente                 Projeto


                                   Escolha da
  Comercialização                 matéria-prima


       Inspeções de          Produção com
        qualidade              qualidade
```

O artesão controlava todo o processo de artesanato, contemplado pelas seguintes fases:

- **Concepção do produto**: Idealização do produto pelo cliente com base nas próprias necessidades ou nos próprios requisitos de qualidade.
- **Projeto**: Descrição detalhada (ou tradução) da necessidade do cliente e definição da matéria-prima e do processo de produção.
- **Matéria-prima**: Escolha da melhor matéria-prima para atender aos desejos do cliente e do artesão por um produto de qualidade.
- **Produção**: Confecção dos produtos com rigoroso cumprimento dos padrões de qualidade de produção para atender à expectativa do cliente.
- **Inspeção de qualidade**: Controle do processo produtivo pela verificação constante da qualidade do produto.

- **Comercialização:** Venda do produto e negociação comercial para ajustes de preços.
- **Satisfação do cliente:** Monitoramento da necessidade do cliente individual ou coletivo (modas e costumes).

Essa proximidade entre quem produzia (dono do negócio) e quem utilizava (clientes) permitia acesso imediato a uma fonte importante de informações e retorno sobre a qualidade do produto final. Havia, portanto, inspeções, retornos ou ajustes imediatos do produto. Essas etapas eram muito importantes, pois normalmente o artesão fazia a produção para um local determinado, como uma aldeia ou uma pequena comunidade.

Até hoje a palavra *artesão* está associada à qualidade, à proximidade entre cliente e produção, exercício a que associamos sofisticação e serviço ao qual poucas pessoas têm acesso, justamente pela excelência, pela exclusividade e pela personalização dos produtos.

No entanto, por volta de 1760, a Inglaterra sofreu um alto crescimento da população urbana provocado pelo processo de industrialização. O cidadão do campo passou a procurar novas formas de trabalho e, com isso, passou a existir excesso de mão de obra (Hobsbawm, 1982).

Paralelamente a isso, em 1776, a máquina a vapor foi inventada por James Watt e passou a ser utilizada na industrialização como forma de aumentar a produção da época. Esses fatores contribuíram para uma significativa mudança de ordem social, econômica e comercial, visto que os países apresentavam crescimento demográfico acentuado e ampliavam os mercados e a necessidade de produção e comércio mais intenso.

Segundo Hobsbawm (1982), em 1851, três quartos das pessoas trabalhavam na manufatura em fábricas de médio e grande porte. Entretanto, a indústria têxtil permaneceu sendo uma indústria mais simples até a invenção de um tear mecânico, mais barato, veloz e prático.

Cabe salientar que a Revolução Industrial ocorreu em duas fases, segundo Landes (2005):

1. **Revolução do Carvão (1780 a 1860)**: Teve o carvão como principal fonte de energia, e o ferro como principal matéria-prima.
2. **Revolução da Eletricidade (1860 a 1914)**: Teve a eletricidade e os derivados do petróleo como as novas fontes de energia, e o aço, como a nova matéria-prima.

No final desse período, a forma de produzir era muito diferente daquela da época dos artesãos, tendo havido necessidade um novo modelo de administração para lidar com estes dois problemas emergentes:

1. Crescimento desorganizado e rápido das indústrias, o que fez crescer a necessidade de uma administração científica com capacidade de evitar ou substituir o improviso.
2. Necessidade de um sistema com maior eficácia e eficiência na produção, pois começava a ocorrer maior competitividade.

Com esse processo, os artesãos foram absorvidos pelas grandes fábricas e o ciclo completo da inspeção da qualidade sofreu uma ruptura, pois a produção pequena daqueles deu lugar à produção em massa das indústrias. Era preciso haver um sistema de verificação da qualidade que diminuísse prejuízos econômicos na indústria que nascia.

Nesse contexto, foi criado um método com o qual se verificava de maneira sistemática vários atributos ou requisitos de qualidade, os quais deveriam ser medidos ou examinados e até testados se fosse o caso. Nascia, então, a **era da inspeção.**

Nessa época, foi criada a figura ou o cargo de inspetor, responsável por monitorar a qualidade dos produtos. Ao mesmo tempo, havia uma divisão de responsabilidades nas fábricas com o surgimento de gerentes, supervisores e operários. Também formaram-se os engenheiros que realizariam todo o planejamento do produto e da produção. Essa época (chamada *era da produtividade*) contribuiu, como explicitaremos mais adiante, com as teorias da administração de Taylor e Fayol.

Não é difícil imaginar que, naquele período, o foco era a produção em massa. No entanto, mesmo com a criação do inspetor, a qualidade do produto não era como a garantida pelo artesão.

Isso porque o inspetor ou o operário, independentemente de produzirem um produto de boa qualidade, não tinham contato com o cliente. Este, por sua vez, somente contatava o setor comercial, o qual não tinha a responsabilidade formal sobre a qualidade do produto.

Criou-se, então, o setor de vendas com o propósito de sempre vender cada vez mais, o que demandava maiores produções. É natural que este modelo tenha causado desconforto aos clientes e a necessidade de aprimorar o processo.

Um grande marco nesse período foi, com o advento da Primeira Guerra Mundial, a ineficiência de muitos armamentos nela utilizados. Como as fábricas priorizavam a produção em massa, e uma vez que a inspeção de qualidade, normalmente, era feita por amostragem, muitos fuzis eram entregues aos militares sem que fossem sequer testados.

Segundo Horowitz (2010), vários problemas foram verificados em algumas armas, como o rifle Ross, cujo tiro falhava nas saídas das trincheiras, matando muitas vezes soldados que não chegavam a disparar uma vez sequer. O rifle também apresentava problemas como queda da baioneta ou até a queda ou quebra do cão da arma quando efetuado o tiro. Este último defeito causou a morte de vários soldados que pereceram vítimas das próprias armas.

No entanto, por volta de 1922, ao inspetor seriam atribuídas mais responsabilidades, uma vez que ele permaneceria nas fábricas durante um tempo maior, em que se dedicaria a inspecionar um número maior de produtos. Contudo, essa atividade, que na época estava ligada à qualidade, não procurava descobrir ou entender as causas dos problemas. O inspetor se limitava a retirar, segregar e desprezar o produto defeituoso.

Desse modo, incorporava-se no controle de qualidade a figura do inspetor, que passava a ter maior relevância no processo produtivo, ainda que limitada à inspeção em si. Como consequência dessa metodologia, as fábricas enfrentaram alguns problemas importantes, entre eles os que descrevemos a seguir.

- A direção das fábricas implantou o controle de qualidade centralizando a função na figura do inspetor, o qual seria o único responsável pelas eventuais falhas e pelos prejuízos delas decorrentes.
- A cúpula das empresas, uma vez que delegou a responsabilidade sobre o controle de qualidade à operação (operários e inspetores), passou a desconhecer seu produto e principalmente quais eram os requisitos de qualidade necessários a ele.

Como comparativo com o setor de segurança pública, seria o mesmo que afirmar que os problemas de qualidade do serviço policial são de responsabilidade exclusiva da linha de frente e das corregedorias, e não da alta cúpula ou do alto comando e seu Estado maior.

Essa filosofia de delegar a responsabilidade para outros setores, principalmente os operacionais, não agregou valor às decisões, pois não havia um registro histórico dos problemas e de suas causas. Sem estabelecer uma relação de causa e efeito dos problemas de qualidade nos produtos ou serviços, as não conformidades se tornavam intermitentes, pois invariavelmente o mesmo problema reaparecia.

Vale ressaltar aqui que, embora a época ora mencionada corresponda ao século passado, ainda hoje persiste esse modelo de gestão da qualidade em alguns órgãos de segurança pública.

Emana então a seguinte indagação: Em quais momentos aquelas ocorrências graves – ou de grande repercussão – resultaram em análise crítica, com viés educativo, ou somente resultaram em inquérito, sindicância ou qualquer outro mecanismo administrativo, penal ou cível para responsabilizar o "ato defeituoso"?

Aqui é relevante chamar a atenção do leitor: em momento algum, queremos menosprezar a importância dos processos e procedimentos legais destinados à responsabilização de atos contrários à legislação, mas, sob a ótica da gestão da qualidade, devemos aproveitar esses episódios como "estudos de casos", identificando as causas e transformando-os em oportunidades de melhoria. Normalmente, é isso que acontece quando um policial comete um erro. É instaurado um processo disciplinar ou inquérito que, na maioria das vezes, se encerra com uma punição administrativa (disciplinar), penal (crime) ou cível (ressarcimento). A questão é que esse fato, respeitado certo grau de discrição, pode efetivamente ser aproveitado como uma oportunidade de melhoria, independentemente do resultado. Mesmo aqueles processos em que policial, guarda e/ou qualquer outro profissional da segurança pública são absolvidos deveriam retroalimentar os bancos escolares e as instruções operacionais.

1.2.2 *Era do controle estatístico*

A era do controle estatístico é marcada pela figura de Walter Andrew Shewhart (a quem dedicaremos uma das seções deste livro), que começou a desenvolver sua obra quando trabalhava na companhia Bell de telefonia, na década de 1920. Na ocasião, ele apresentou uma proposta à direção da empresa para que usassem um formulário a que chamou de **Carta de Controle**. Esse instrumento era simples e consistia em um método diário de acompanhamento e avaliação da produção, com base objetiva – ou seja, havia cunho científico, e não mais empirismo, nesse controle.

Em 1931, segundo Montgomery (2009), Shewhart publicou o livro ***Economic Control of Quality Manufactured Product***. Desde então, o autor é considerado o pai do controle de qualidade.

Shewhart (2015) descobriu que certos defeitos e suas variabilidades ao longo do tempo podiam ser interpretados e previstos com técnicas de probabilidade e, principalmente, estatísticas.

Ele percebeu, por exemplo, que certo produto feito pelo mesmo funcionário e em um mesmo equipamento apresentava variações, mesmo que discretas. Essa variação podia ser mais significativa quando considerados produtos feitos por colaboradores ou máquinas diferentes, ainda que todos tivessem recebido a mesma especificação técnica.

Com essa análise, ficou claro que as inspeções não seriam eficientes, uma vez que sempre existiria uma variação no produto em maior e menor grau, em um limite aceitável. Havia, então, um problema a ser resolvido: determinar o limite dessa variação.

Nesse contexto, Shewhart (2015) desenvolveu e aplicou algumas técnicas estatísticas básicas para estabelecer parâmetros aceitáveis de variação e criou representações gráficas para o setor de produção verificar, de forma fácil, se os produtos atendiam aos requisitos preestabelecidos.

Segundo Montgomery (2009, p. 67), uma definição interessante de Shewhart sobre o controle de qualidade é a seguinte:

> Dir-se-á que um fenômeno está sob controle quando, recorrendo-se à experiência passada, se puder prever, pelo menos dentro de certos limites, como o fenômeno deve variar no futuro. Entende-se, aqui, que previsão significa que se possa determinar, pelo menos aproximadamente, a probabilidade de que o fenômeno observado fique dentro de determinados limites.

Com esses parâmetros estatísticos, Shewhart foi capaz de prever e estabelecer quais produtos teriam variações anormais, fora dos limites propostos, casos nos quais deveria ser empreendida uma análise de causa que diferenciasse variações do processo das não conformidades.

Outro momento importante na história da qualidade foi a Segunda Guerra Mundial. Tal como ocorreu na Primeira Guerra, havia necessidade de produção em massa de armamentos, equipamentos e veículos de transporte. No entanto, lições foram aprendidas no primeiro confronto global, e as indústrias, principalmente a bélica, passou a valorizar a eficiência dos armamentos; ou seja, naquele contexto, as armas e os equipamentos deveriam passar por testes de qualidade.

Nos Estados Unidos, o Departamento de Defesa determinou que as indústrias bélicas deveriam obrigatoriamente produzir armamentos com qualidade e durante prazos bem curtos. Para resolver esse problema, em vez de uma inspeção geral dos produtos, passou-se a realizar a verificação de qualidade por amostragem, visto que esta acontecia de forma mais rápida e oferecia menor custo.

Segundo Costa, Epprecht e Carpinetti (2004), dois amigos de Shewhart – Harold F. Dodge e Harry G. Romig – desenvolveram métodos eficazes de amostragem que foram incorporados pela grande maioria das técnicas estatísticas de controle da qualidade usadas até a atualidade.

A amostragem surgiu principalmente porque inspecionar toda a produção exigia uma quantidade significativa de inspetores, o que tornava o processo muito lento. Com técnicas estatísticas de projeções e probabilidades, era possível acelerar o processo com menor demanda de colaboradores.

Na época, mesmo sendo inovador, esse método provocava certos prejuízos, principalmente nos seguintes casos:

- **Amostragem com defeito:** Nesse caso, o lote inteiro era desprezado, ainda que, na prática, não significasse que efetivamente 100% do produzido estava não conforme. Se a inspeção encontrava, por exemplo, um produto defeituoso no lote, isso era razão para eliminá-lo por inteiro.

+ **Aceitar um lote pela amostragem:** O inverso também era verdadeiro – a depender da amostragem (n)*, o erro estatístico podia ser maior ou menor e, nesse contexto, também seria possível liberar produtos não conformes. Nesta situação, então, ainda que a amostragem resultasse em produto conforme, boa parte do lote poderia apresentar algum tipo de defeito que impactaria na qualidade.

A esse método de trabalho da qualidade deu-se o nome de *controle estatístico de processo* (CEP). Ele é um conjunto de diversas ferramentas aplicadas pelas empresas para estabilizar o processo produtivo, reduzindo significativamente a variabilidade dos requisitos dos produtos. Caso ocorram variações acima do limite predeterminado, a verificação da causa do problema é obrigatória.

Algumas das ferramentas desenvolvidas naquela época são:

+ diagrama de causa e efeito ou diagrama de Ishikawa;
+ diagrama de concentração de defeitos;
+ diagrama de dispersão;
+ folha de controle;
+ gráfico de histograma, de Pareto e de controle.

Essas ferramentas serão detalhadas mais à frente, quando forneceremos exemplos práticos adaptados para a segurança pública e para as peculiaridades desta.

Esses métodos, no entanto, não ficaram restritos à indústria bélica; eles se disseminaram por diversos segmentos da produção – desde a produção automobilística até o comércio, a área de saúde e de serviços.

Dentro das empresas houve uma mudança na dinâmica da produção, pois as técnicas foram aplicadas em diferentes setores. Na engenharia, por exemplo, ajudava a determinar os requisitos

✦ ✦ ✦

* O número de objetos (ou de dados) de uma população é o tamanho desta, sendo geralmente representado por *n*.

mínimos de qualidade e os limites aceitáveis de variação do produto, tais como padrões de qualidade para a realização dos testes de verificação. E, em especial, no setor produtivo, fez a área assumir maior responsabilidade sobre os resultados da produção.

Essa inovação no modo de verificar a qualidade dos produtos logo foi disseminada pelos Estados Unidos e pela Europa Ocidental, pois era um método estatístico que representava objetividade, ou seja, era um método científico de controle.

Esse movimento também fez surgirem algumas organizações ligadas à qualidade. Um grande marco dessa época foi a publicação, em 1944, do jornal Industrial Quality Control. Em 1946, foi fundada a American Society for Quality Control (ASQC), hoje chamada de American Society for Quality (ASQ), que promove certificações e treinamentos, além de debater assuntos relacionados à qualidade com abrangência global.

Outro evento importante para a qualidade foi a união entre a International Federation of National Standardizing Associations (ISA) e o United Nations Standards Coordinating Committee (UNSCC), que, em 1946, criaram uma organização internacional para unificar os padrões industriais globais. Essa organização internacional, com sede em Genebra na Suíça, passou a se chamar **International Organization for Standardization** (ISO).

Atualmente, a ISO está presente em mais de 160 países e até o momento da escrita deste livro já havia publicado mais de 23.082 padrões internacionais (ISO, 2020). A ISO estabelece processos de certificação em vários setores (produtos, serviços, pessoas do segmento privado ou público).

Finalmente, a era do controle estatístico da qualidade sofreu uma alteração no foco da qualidade, uma vez que a preocupação deixou de ser exclusivamente com o produto (era da inspeção) e passou a contemplar também o processo de produção, conforme descrito no Quadro 1.2.

Quadro 1.2 – Foco das eras da qualidade de inspeção e de controle estatístico

Era	Conceito	Foco
Inspeção	Conforme especificações	Produto
Controle estatístico	Conforme especificações	Processo

Traçando um paralelo com a gestão da qualidade relacionada à segurança pública, percebemos que algumas organizações aplicam esses métodos, adaptando-os não para o produto, mas para o resultado do serviço policial, de guarda ou investigação.

Essa técnica pode ser verificada principalmente nos setores de policiamento ostensivo, quando definem estatisticamente, por exemplo, áreas mais críticas, as quais devem ser objeto de intensificação de patrulhamento, ou, nas polícias judiciárias, quando determinam as regiões de maior intensidade de tráfico de drogas. Ainda, pode ser notada nas rodovias, quando se utilizam dados estatísticos sobre trechos perigosos ou índice de acidentes em datas específicas.

1.2.3 Era da garantia da qualidade

Com o final da Segunda Guerra Mundial, a alta produção da indústria bélica foi transferida para outros setores, pois havia grande demanda por bens de consumo que, até então, eram restritos por causa da guerra.

Como já não havia tanta necessidade de mão de obra para fins militares, várias empresas absorveram os trabalhadores e começaram a produzir em grande escala para o mercado interno.

Havia também mais dinheiro na sociedade americana, o qual era proveniente da alta produção para a guerra, momento em que as famílias passaram a ter necessidade e condições de adquirir novos veículos ou mesmo eletrodomésticos (Tavares, 1997). Com o fim da guerra em 1945, já havia uma demanda reprimida pelos mais diversos produtos e serviços nos Estados Unidos, e as empresas, com intuito de atender o mais rápido a essas necessidades, passaram a produzir em grande escala, sem se preocuparem muito com o resultado final da produção, o que, por consequência, fez despencar a qualidade dos produtos.

Paralelamente a essa demanda, a Segunda Guerra Mundial proporcionou um grande desenvolvimento econômico e científico na época. Além disso, países da Europa e o Japão estavam devastados economicamente, internamente destruídos e necessitados de reconstrução rápida.

O desenvolvimento experimentado pela guerra trouxe avanços para a sociedade civil, já que muitos dos produtos destinados às grandes batalhas foram aproveitados pelos americanos que tinham situação econômica melhor, proporcionada também pelo trabalho árduo nas fábricas bélicas.

Nesse contexto, segundo Kenski (2007, p. 16):

> Em muitos casos, é na pesquisa e produção de novos armamentos e equipamentos militares que os órgãos de defesa dos países desenvolvidos descobrem (algumas vezes acidentalmente, mas nem sempre) usos domésticos para os mesmos produtos. Dos centros de pesquisa, essas invenções migram para o uso ampliado em nossas casas e alteram nossas vidas.

Assim, a Segunda Guerra Mundial representou avanços tecnológicos e linhas de produção que se empenhavam em produzir mais e mais, com o objetivo de atender à grande demanda mundial por produtos.

A inovação tecnológica por si só criou novas demandas para o setor produtivo que necessitava atender ao mercado a todo custo, mesmo que prejudicando a qualidade. Devemos lembrar ainda que o cenário mundial logo mudaria, dando início à Guerra Fria, conflito de interesses entre os Estados Unidos e a antiga União Soviética, que procuravam a todo custo ampliar as próprias influências políticas e econômicas. A concorrência entre esses países motivou uma série de inovações tecnológicas, tais como o sistema de posicionamento global (o GPS, do inglês Global Positioning System), o desenvolvimento de computadores e a internet (Vizentini, 2005).

Houve, então, em todo o mundo, um grande aumento de demanda por produtos com tecnologias mais complexas, o que refletiu também na exigência por mais qualidade para justificar o investimento do cidadão ao comprar um produto com aquela inovação.

Em 1951, Joseph Moses Juran (1991) publicou a obra *Quality control handbook*, que despertaria o interesse do Japão, sendo considerado o pai da Revolução da Qualidade ao lado de outros estudiosos da área.

Juran (1991) apregoava que, para trabalhar com qualidade, havia necessidade de evidências objetivas, ou seja, a qualidade dos produtos deveria estar fundamentada em fatos e dados. Ensinava que a qualidade deveria ser medida e relacionada aos custos de produção, como retrabalhos, reprocessamentos, valor da mão de obra e perdas associadas à insatisfação do cliente final. Em resumo, ele ensinava que a melhor forma de gerir a qualidade era pela prevenção.

Para atender a essa nova demanda, o conceito de qualidade limitado às conformidades das especificações teve de ser ampliado. Passaram a ser verificados os requisitos especificados: primeiro, a matéria-prima; depois, o projeto, a produção, a comercialização; e, por último, o pós-venda.

As fábricas cresceram e se multiplicaram pelo mundo, contexto no qual novas técnicas de abordagem passaram a ser estudadas. Na década de 1960, segundo Deming (1990), passou a haver enfoque corretivo mediante segregação dos produtos com defeito para se ter uma visão mais preventiva.

Em 1961, Armand Vallin Feigenbaum lançou o livro *Controle da qualidade total* (em inglês, *Total Quality Control* - TQC), que conta com duas vertentes estruturais da qualidade: o foco ocidental e o foco japonês. Este último estava mais associado a aspectos filosóficos de gestão, como a participação dos colaboradores e a satisfação dos clientes interno e externo. O ocidental ligava-se a aspectos técnicos e objetivos da qualidade.

Em consonância com esse pensamento, inscreve-se a definição formulada por Juran (1991, p. 32): "Atividade de fornecer as evidências necessárias para estabelecer confiança, entre todos os envolvidos, de que a função qualidade está sendo executada de maneira eficaz".

Segundo esse raciocínio, a garantia da qualidade tem como finalidades:

- planejamento e prevenção;
- procedimentos que garantam a realização dos controles planejados;
- evidência de que todos os procedimentos foram efetuados.

Para a visão japonesa, o conceito de qualidade tem foco no cliente e na sua satisfação, e não em como demostrar que um produto atende ou não aos critérios de qualidade.

Esse pensamento se revela na proposta de Ishikawa (1996, p. 12), que estabelece a garantia de qualidade como o "fornecimento da garantia de maneira que o cliente possa adquirir, utilizar e manter a satisfação do uso por um longo espaço de tempo".

Ainda segundo Ishikawa (1996, p. 33), a era da garantia da qualidade se divide em três fases: "a) garantia da qualidade; b) garantia da qualidade centrada no controle do processo; c) garantia da qualidade centrada no desenvolvimento de novos produtos (incorporação da qualidade no projeto e no processo)".

Esses conceitos se espalharam pelo Japão, que necessitava urgentemente recuperar a economia nacional. Nesse sentido, a gestão focada na qualidade impulsionou o país a revolucionar a forma de fabricação e a relação entre cliente e fornecedor, tendo, por isso, ganhado notoriedade e respeito das demais nações.

De forma didática, a era da garantia da qualidade pode ainda ser subdivida em quatro grandes tendências, segundo Ishikawa (1996,

p. 40): "Custos da qualidade, controle total da qualidade, técnicas ou engenharia de confiabilidade e defeito zero".

1.2.3.1 Custos da qualidade

O primeiro a estabelecer e estudar os critérios dos custos da qualidade foi Juran, na já citada obra *Quality control handbook*. Nesse livro, ele verificou problemas de produção, como falhas nos produtos, os quais tinham relação direta com o custo – ou seja, quanto mais defeitos havia, mais caro se tornava o produto. Desse modo, todo e qualquer investimento para eliminar esses custos eram justificáveis.

Juran contabilizou os prejuízos decorrentes de produtos não conformes internos ou externos e estabeleceu o controle do processo de produção para definir um padrão de medida para tomada de decisão.

Essa relação de contabilizar os custos dos produtos defeituosos e lançá-los no custo total do que é produzido deixou claro que vários prejuízos podiam ser eliminados ou, ao menos, mitigados se houvesse um sistema efetivo de controle de qualidade da produção.

Nesse contexto, há diferentes tipos de custos relacionados à produção, quais sejam:

- **Custo total**: É a somatória de todos os custos que a empresa tem para produzir e comercializar um produto ou serviço. Inclui matéria-prima, mão de obra, administração, equipamentos, comércio etc.
- **Custo de produção**: Refere-se aos gastos relativos à compra de produtos ou equipamentos para a produção.
- **Custos fixos**: São todos os gastos recorrentes, como salários de empregados, aluguel, prestações, segurança etc. Essas despesas não dependem da produção.
- **Custos variáveis**: Dizem respeito a compras e aquisições que não ocorrem todos os meses. Os valores deles dependem diretamente do volume produzido em determinado período.

- **Custos de comercialização:** Agrupam os gastos com publicidade e propaganda, distribuição, entrega etc.
- **Custo direto:** Relaciona-se diretamente ao produto e não dependente de rateio, como os gastos com matéria-prima e mão de obra direta.
- **Custo indireto:** Provém de rateio, ou seja, tem relação com os gastos com setores auxiliares ou de apoio como departamentos de pessoal, segurança, manutenção etc.

Por sua vez, com relação aos custos da qualidade, é necessário verificar em quais pontos essa atividade é executada e assim dividi-los em alguns grupos:

- **Custos da prevenção:** São todos aqueles relacionados à prevenção do defeito ou falha. São exemplos as fases de planejamento do produto ou serviço, de definição de projeto de produção, pontos de inspeção de qualidade, controle do processo, aferição, calibração, manutenção preventiva e corretiva de equipamentos e instalações, ajustes de matéria-prima. Em suma, são gastos atinentes a todos aqueles requisitos de qualidade necessários para que o produto seja produzido de acordo com as especificações desde a primeira vez. Correspondem a custos anteriores à produção e têm impacto financeiro na cadeia produtiva.
- **Custos da avaliação da qualidade:** Concernem principalmente aos testes de qualidade empregados nos produtos ou equipamentos, treinamentos etc. São as inspeções de adequação da matéria-prima e do produto, ou seja, são os testes de avaliação da qualidade. Nesses testes, produtos são escolhidos e testados com base nos requisitos de qualidade, os quais, no entanto, não são comercializados, sendo descartados em muitos casos.

+ **Custos de não conformidades internas:** São os custos decorrentes de falhas em produtos que resultam em sua eliminação ou reprocessamento, se possível. Também abarcam os gastos com *recall*, quando há necessidade de promover a retirada de produtos do mercado ou a adequação deles.

Para melhor explicar esses custos, propomos um pequeno exemplo matemático simplificado. Consideremos apenas os custos diretos e os indiretos de produção e os custos de qualidade. É importante frisar que nem todas as empresas terão a mesma proporção de custos. O modelo da Tabela 1.1 é uma expressão gráfica para demonstrar o impacto dos custos da qualidade.

Imaginemos qual é custo da qualidade na produção de uma pistola .40. Na Tabela 1.1, há dois exemplos. No primeiro deles (sem custos da qualidade), estabelecemos a porcentagem de lucro para o preço unitário do armamento, supondo o valor fixo de R$ 3.000,00. No exemplo, o lucro hipotético será de 33,3%.

Mas, ao inserir no segundo cálculo (com custos de qualidade) os dados de custos de prevenção, avaliação da qualidade e não conformidades e, ainda, ao considerar o valor de venda de R$ 3.000,00, o lucro hipotético baixa para 30%, conforme Tabela 1.1.

Tabela 1.1 – Demonstrativo dos custos da qualidade

Custos da qualidade para produzir 100 (cem) pistolas .40				
Sem custos da qualidade	Custos	Direto	Matéria-prima e mão de obra	R$ 100.000,00
		Indireto	Rateios, luz, água, projetos, marketing etc.	R$ 100.000,00
		Total de custos (direto + indireto) para 100 pistolas		R$ 200.000,00
	Lucro		Lucro	R$ 100.000,00
			Valor de venda de 100 pistolas	R$ 300.000,00
			Preço unitário	R$ 3.000,00
			% de lucro	33,3%

(continua)

(Tabela 1.1 – conclusão)

Custos da qualidade para produzir 100 (cem) pistolas .40				
Com os custos da qualidade	Custos	Direto	Matéria-prima e mão de obra	R$ 100.000,00
		Indireto	Rateios, luz, água, projetos, marketing etc.	R$ 100.000,00
		Total para 100 pistolas		R$ 200.000,00
	Custos da qualidade	Custo da prevenção	Calibração de equipamentos antes da produção	R$ 6.000,00
		Custo da avaliação da qualidade	Armas separadas para testes de resistência e eficiência	R$ 2.000,00
		Custo das não conformidades	Armas com defeitos de produção que devem ser destruídas	R$ 2.000,00
		Total para 100 pistolas		R$ 10.000,00
	Total de custos (direto + indireto + qualidade)			R$ 210.000,00
Lucro			Lucro	R$ 90.000,00
			Valor de venda de 100 pistolas	R$ 300.000,00
			Preço unitário	R$ 3.000,00
			% de lucro	30,0%

É logico que, na prática, na vida real, esses valores poderão ser muito diferentes. O exemplo, no entanto, serve à finalidade de demonstrar que, para haver qualidade ou lucro, é preciso embutir diversos outros custos ligados à qualidade do produto/serviço, que variam em cada processo específico. Não existe uma regra, mas deve haver a consciência e o cuidado de verificar quais deles se aplicam e registrá-los no cálculo. Ao observar a Tabela 1.1, fica evidenciado que, para trabalhar com gestão da qualidade, é necessário investimento em várias fases.

Assim, podemos aplicar a mesma analogia aos serviços de segurança pública. Não basta investir no custo direto desses serviços, como em viaturas, equipamentos e armamentos, uma vez que é necessário incluir no orçamento custos ligados ao controle da qualidade dos serviços.

Cabe salientar, ainda, que o investimento das empresas nos custos da qualidade representa, ao longo do tempo, uma diminuição nos custos totais de produção. Esse fato é perceptível na prática, quando há investimento em prevenção, tais como:

- **Calibragem de equipamentos (prevenção)**: Evita produzir itens fora das especificações.
- **Teste de qualidade (eficiência e eficácia)**: Testa o produto e verifica se seus mecanismos funcionam adequadamente.
- **Teste de sobrecarga**: Evita falhas externas que determinem, por exemplo, *recall* de lotes.

Portanto, de modo geral, investir em qualidade representa menos prejuízo, mais agilidade na produção, menos desperdício, além de contribuir para o aumento da lucratividade ou, no caso dos serviços públicos de segurança pública, a maior satisfação do cidadão.

Gráfico 1.1 – Evolução do investimento em qualidade

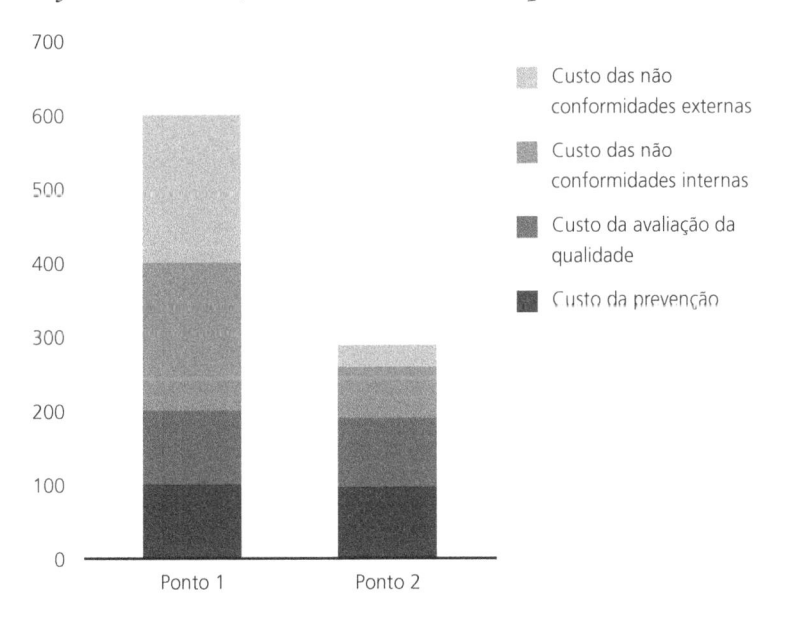

No Gráfico 1.1, está esquematizado como se deu o investimento na qualidade ao longo do tempo diminuindo a porcentagem das perdas do ponto 1 para o ponto 2.

1.2.3.2 Controle total da qualidade

Um dos grandes responsáveis pelo controle total da qualidade foi Armand Vallin Feigenbaum (1961, 1991) com seu livro *Total quality control*, publicado originalmente em 1961, e traduzido, posteriormente, para diversos idiomas. Para esse autor, a qualidade deveria ser resultado de uma visão sistêmica e muito mais abrangente, que envolvesse todo o processo de produção: elaboração do projeto, matéria-prima, mão de obra, execução, comercialização e, finalmente, se encerraria com a satisfação do cliente final.

Para Feigenbaum (1961), havia necessidade de criar, dentro das empresas, setores ou departamentos para gerenciar com exclusividade a qualidade. Para isso, deveriam ser cumpridas quatro etapas:

1. Padronizar: Estabelecer e definir padrões, tanto de custo, quanto desempenho de um produto;

2. Avaliar: Comparar o desempenho dos produtos com padrões estabelecidos;

3. Agir: Se necessário, deve-se tomar providências de correção quando os padrões fossem violados;

4. Planejar: Aprimorar e realizar esforços para maximizar os padrões, tanto de custo, quanto de desempenho. (Feigenbaum, 1961, p. 56)

Essa visão mais abrangente apontava que a qualidade deveria ser responsabilidade de todos, e não de setores isolados. Isso porque a ação preventiva realizada pela qualidade diminuía os custos de produção e aumentava a satisfação dos clientes.

Trata-se de um sistema eficaz para integrar os esforços de desenvolvimento, manutenção e melhoria da qualidade dos vários grupos em uma organização, a fim de permitir produtos e serviços com níveis mais econômicos que possibilitem a plena satisfação do cliente (Feigenbaum, 1961).

O controle total da qualidade se espalhou pelo mundo e ganhou força especialmente no Japão, que necessitava de metodologias adequadas para reconstruir o país rapidamente. Atualmente, segundo Campos (2004, p. 13), entre os japoneses, o sistema conta com a participação de todos os departamentos e de todos os colaboradores, que se envolvem no estudo e na condução dos diversos processos da qualidade. Campos (2004, p. 13-14) acrescenta:

> O TQC é baseado em elementos de várias fontes: emprega o método cartesiano, aproveita muito o trabalho de Taylor, utiliza o controle estatístico de processos, cujos fundamentos foram lançados por Shewhart, adota os conceitos sobre comportamento humano lançados por Maslow, e aproveita todo o conhecimento ocidental sobre qualidade, principalmente o trabalho de Juran.

Campos reuniu, em uma mesma definição, várias contribuições de estudiosos da qualidade e demonstrou como a qualidade evolui ao ponto de se tornar um método amplo, que não pode ser negligenciado quer por empresas, quer por setores como o da segurança pública.

Apesar da obra de Campos ter sido publicada há quase duas décadas, o conceito por ele formulado permanece atual, e a aplicabilidade dessa noção ainda é negligenciada por muitas empresas e, principalmente, por diversos serviços públicos, incluindo os de segurança pública.

Embora a maioria das bibliografias se refira a empresas e respectivos clientes, essa filosofia de gestão pode e deve ser aplicada pelo setor público, o qual, embora não objetive lucros, deve primar pela satisfação da população e pela sensação de segurança.

Portanto, se em uma empresa todos os colaboradores devem estar envolvidos na aplicação da qualidade total, o mesmo deve acontecer com a segurança pública, uma vez que o envolvimento no setor deve abranger tanto quem cumpre a função operacional (linha de frente) quanto os órgãos de apoio (departamentos), a direção ou os comandos.

Vale dizer que esse método, no entanto, que foi disseminado há mais de 60 anos e absorvido por diversas empresas que experimentaram o crescimento econômico em razão da satisfação de seus clientes, ainda é ignorado por algumas instituições que cuidam do bem-estar da população e da proteção do patrimônio público e privado.

Segundo Campos (2004, p. 16), o controle total da qualidade deveria ser regido pelos seguintes princípios elementares:

a. Produzir e fornecer produtos e/ou serviços que atendam às necessidades dos clientes;

b. Garantir a sobrevivência da empresa por meio do lucro contínuo adquirido pela qualidade;

c. Identificar o problema crítico e solucioná-lo com prioridade;

d. Decidir com dados e com base em fatos;

e. Gerenciar a empresa ao longo do processo e não por resultados;

f. Reduzir as dispersões por meio do isolamento de suas causas fundamentais;

g. O cliente é o rei;

h. Prevenir a origem dos problemas;

i. Nunca permitir que o mesmo problema se repita pela mesma causa;
j. Respeitar os empregados como seres humanos independentes;
k. Definir e garantir a execução da Visão Estratégica da Alta Direção da Empresa.

Esses princípios podem ser aplicados ao segmento de segurança pública, principalmente quando o cidadão é tratado como o cliente final do serviço. É evidente que os órgãos públicos desse setor, federais, estaduais, municipais, ou ainda os de estrutura civil/militar, não têm expectativas de lucros financeiros diretos. Então, qual seria o impacto da violência no cenário econômico de uma cidade ou país?

Segundo o relatório da Secretaria Especial de Assuntos Estratégicos, intitulado *Custos econômicos da violência no Brasil* (Brasil, 2018, p. 9), "nosso país está entre os 10% das nações com as maiores taxas de homicídio do mundo". Isso se reflete principalmente quando jovens entre 13 e 25 anos perdem a vida de forma violenta, o que representa, segundo o mencionado relatório, uma perda de capacidade produtiva (decorrente de homicídios entre 1996 e 2015) que supera os 450 bilhões de reais.

Portanto, embora as instituições não visem lucro, ao não ter melhor eficiência, contribuem negativamente para o desempenho econômico do país com impactos no Produto Interno Bruto (PIB).

O citado relatório (Brasil, 2018) ainda expressa que os custos econômicos da criminalidade cresceram de forma substancial entre 1996 e 2015, passando de cerca de 113 bilhões de reais para 285 bilhões de reais; e, em 2015, representaram cerca de 4,38% da renda nacional, distribuídos conforme o Gráfico 1.2.

Gráfico 1.2 – Percentual do PIB com segurança pública

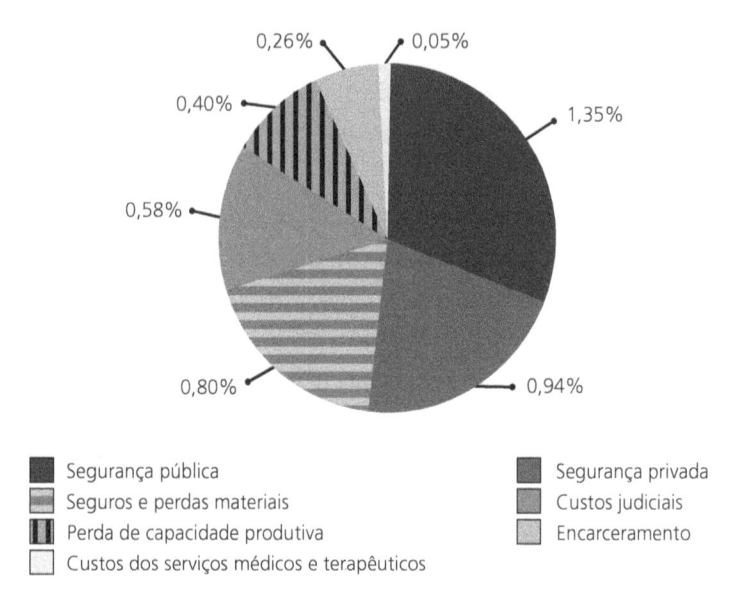

- Segurança pública: 1,35%
- Segurança privada: 0,94%
- Custos judiciais: 0,80%
- Perda de capacidade produtiva: 0,58%
- Seguros e perdas materiais: 0,40%
- Custos dos serviços médicos e terapêuticos: 0,26%
- Encarceramento: 0,05%

Fonte: Brasil, 2018, p. 12.

Seguindo os princípios elementares do controle total da qualidade, na segurança pública também é importante usar técnicas adequadas para identificar os problemas do setor e gerenciar todo o processo, e não apenas os resultados estatísticos de violência.

Com base no exposto, deve-se realizar a gestão da qualidade na segurança pública com enfoque não apenas na meta de baixar o índice de violência, mas também em outras vertentes que considerem o cidadão um trabalhador ou empresário que paga seus impostos e tem direito de se manter seguro.

1.2.3.3 Técnicas ou engenharia de confiabilidade

Com o final da Segunda Guerra Mundial, também houve um grande incremento da indústria militar e aeroespacial, além de diversas inovações tecnológicas que tinham de despertar confiabilidade. Assim, vários métodos estatísticos de probabilidade e tendência passaram a ser utilizados em grande escala, principalmente pelo fator preventivo e econômico.

Nesse contexto, as indústrias investiram em novos métodos para prevenir ou minimizar riscos de produção. Uma das grandes marcas deste período foi a análise dos modos de falha e seus efeitos (em inglês, *failure mode and effect analysis* – FMEA). Esse foi um dos primeiros métodos desenvolvidos com exclusividade para analisar as falhas de processo. Segundo Palady (2004), ele foi criado no ano de 1949 para analisar operações militares, tendo sido chamado de **procedimentos para realização de um modo de falha, efeitos e análise de criticidade** (em inglês, *procedures for performing a failure mode, effects and criticality analysis*). Consistia já em sua origem em uma técnica de avaliação da confiabilidade para determinar os efeitos nos sistemas e falhas em equipamentos. Essas falhas eram classificadas conforme os impactos no sucesso das missões ou como predição da confiabilidade de armamentos e equipamentos.

Resumidamente, o método FMEA procura, mediante o gerenciamento de falhas potenciais, realizar ações de melhoria de processo e evitar ou minimizar a ocorrência desses problemas. Posteriormente, esse método foi aplicado pela agência espacial norte-americana National Aeronautics and Space Administration (Nasa), pela indústria automobilística, atualmente, pelo setor de saúde e, por vezes, por alguns órgãos de segurança ou de defesa nacional.

Outro exemplo de técnica é a chamada *curva da banheira*, muito utilizada na engenharia da confiabilidade. Segundo Moubray (1997), ela possui três partes: 1) uma taxa de falha decrescente, conhecida como *falhas precoces*; 2) uma taxa de falha constante, designada *falhas aleatórias*; 3) uma taxa crescente de falhas, dita *falhas de desgaste*. Adaptando-a para a realidade da segurança pública, é possível usar a curva da banheira para determinar, por exemplo, a taxa de defeitos na vida útil de uma viatura policial. Quando são adquiridas frotas novas, a taxa de falhas nas viaturas apresenta maior índice, normalmente por problemas de fabricação (adaptação de celas), defeitos de instalação, problemas elétricos etc. Após a fase inicial, os veículos passam a ser utilizados sem maiores problemas decorrentes da fabricação, usufruindo da vida útil normalmente e, de modo geral, voltando a elevar os custos de manutenção quando começam a ficar desgastados, conforme demonstra o Gráfico 1.3.

Gráfico 1.3 – Curva da banheira: taxa de manutenção de viatura

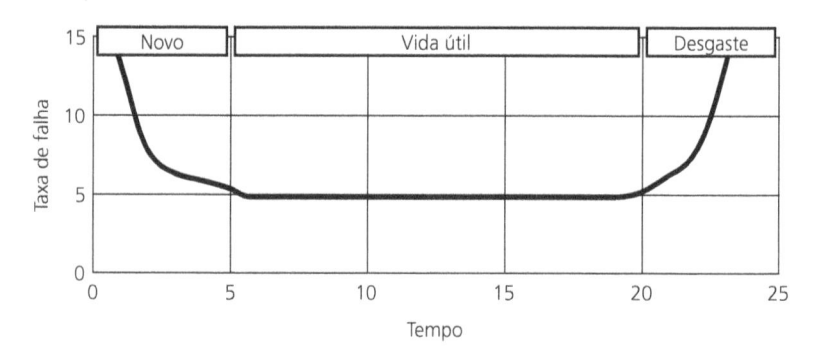

1.2.3.4 Zero defeito

O programa Zero defeito foi desenvolvido pelo engenheiro Philip Crosby em 1957. Nele, o pesquisador estabeleceu diversas etapas para melhorar a qualidade dos processos. Para Crosby (1979), o produto deveria ser feito corretamente, ou seja, em conformidade com as especificações, desde a primeira vez. Como comentaremos nos próximos capítulos, seu método envolvia aspectos relacionados a ações preventivas que contribuíam para a diminuição dos custos e para o aumento da satisfação dos clientes (internos ou externos).

A base filosófica desse método é resumida, segundo Garvin (2002), em quatro princípios de gestão da qualidade:
1. A qualidade é definida como conformidade aos requisitos.
2. O sistema leva à qualidade e à prevenção.
3. O padrão de execução é o zero defeito.
4. A medida da qualidade é o preço da não conformidade.

Com essa visão, Crosby estimulava a participação de todos no processo para que a qualidade fosse efetivamente atingida. Para isso, sugeria uma série de medidas de aplicação do método, uma vez que, em sua opinião, media-se o nível da qualidade pelos custos das não conformidades, ou seja, pelos defeitos apresentados até o final da linha de produção.

1.2.4 Era da gestão da qualidade total

No final dos anos 1970, a indústria japonesa havia se recuperado graças à aplicação de diversas técnicas da qualidade. Seus produtos demonstravam grande aceitação no mundo, já que denotavam muita qualidade.

A gestão da qualidade total surgiu como uma visão mais ampla sobre todo o processo, utilizando e aprimorando as técnicas dos períodos anteriores. A visão, que então passava a ser mais ampliada, envolvia o desenvolvimento de fornecedores de matéria-prima, o projeto, a execução, os treinamentos, a administração, os departamentos de apoio, de venda e, principalmente, de pós-venda.

A qualidade começava a ser vista como um processo sistêmico e integrado que deveria medir a satisfação do cliente, uma vez que este sempre associava o produto à marca. Os japoneses perceberam, por exemplo, que mesmo um produto com excelente qualidade poderia comprometer a imagem da marca se o cliente não fosse bem atendido e não tivesse dúvidas esclarecidas na medida de sua expectativa.

Essa nova visão fez a direção das empresas apurarem sua percepção, com base nos dados mais fidedignos da satisfação do cliente, percebendo que trabalhar com gestão da qualidade total, além de diminuir os custos, aumentava significativamente a competitividade.

O processo então começava a ser implementado pelas empresas nos planejamentos estratégicos, tendo como premissa o foco *do* cliente, e não mais o foco *no* cliente.

Há evoluções significativas também na legislação dos países com requisitos contratuais que previssem sanções nos casos de não conformidades. Com o advento da internet na década de 1990, a sociedade foi transformada significativamente, já que as pessoas passaram a ter acesso, de forma global, a um número muito maior de informação. E esse acesso continuou até hoje com a explosão dos aplicativos e das redes sociais que passam a divulgar a qualidade ou os defeitos agora em escala de milhões de visualizações.

Atualmente, as empresas monitoram as redes sociais, os *sites* de reclamação de clientes ou qualquer sistema que possa afetar a imagem do produto ou da marca. É bem verdade que hoje em dia é altíssima a disseminação de informação, contexto que requer o bom senso de separar o que é verdade daquilo que se caracteriza como *fake news*.

Assim, a gestão da qualidade total começou a exigir que a empresa definisse o planejamento estratégico com visão nos requisitos do cliente, embora tenha atribuído metas e objetivos para todas as áreas. É necessário que se faça o desdobramento da estratégia dentro da empresa e que todos os colaboradores tenham conhecimento de para onde e como a organização caminha.

Outro fator importante foi o crescimento da busca das empresas dos mais diversos segmentos por certificações de qualidade, principalmente àquelas relacionadas às normas ISO, que passaram a ser sinônimo de qualidade. Como é um padrão internacional, a ISO facilmente se disseminou pelo mundo, fazendo as empresas exigirem de seus fornecedores, principalmente aqueles sediados em outros países, a apresentação de certificações de qualidade.

Esse fenômeno também contribuiu para a disseminação da qualidade e de seus princípios, colocando várias empresas no caminho da gestão mais adequada, as quais entenderam que os custos do processo de certificação eram, na verdade, um investimento.

Isso facilitou o comércio exterior dos países, pois, como as nações têm legislações específicas, aspectos culturais e níveis de qualificação de mão de obra distintos, além de outras diferenças, uma norma que certificasse a qualidade com padrão global passou a ser sinônimo de aumento de exportações.

O Brasil também sofreu impactos desse processo, sobretudo com a criação, em 1973, do Instituto Nacional de Metrologia, Normatização e Padronização Industrial (Inmetro), responsável pelos programas de avaliação da conformidade, tendo as seguintes atribuições:

- executar as políticas nacionais de metrologia e da qualidade;
- verificar e fiscalizar a observância das normas técnicas e legais no que se refere a unidades de medida, métodos de medição, medidas materializadas, instrumentos de medição e produtos pré-medidos;
- manter e conservar os padrões das unidades de medida, assim como implantar e manter a cadeia de rastreabilidade dos padrões das unidades de medida no País, de forma a torná-las harmônicas internamente e compatíveis no plano internacional, visando a sua aceitação universal e a sua utilização com vistas à qualidade de bens e serviços;
- fortalecer a participação do País nas atividades internacionais relacionadas com Metrologia e Avaliação

da Conformidade, promovendo o intercâmbio com entidades e organismos estrangeiros e internacionais;

- prestar suporte técnico e administrativo ao Conselho Nacional de Metrologia, Normalização e Qualidade Industrial e aos seus comitês assessores, atuando como sua secretaria executiva;

- estimular a utilização das técnicas de gestão da qualidade nas empresas brasileiras;

- planejar e executar as atividades de Acreditação de Laboratórios de Calibração e de Ensaios, de provedores de ensaios de proficiência, de Organismos de Avaliação da Conformidade e de outros necessários ao desenvolvimento da infraestrutura de serviços tecnológicos no País;

- coordenar, no âmbito do Sistema Nacional de Metrologia, Normalização e Qualidade Industrial, a atividade de Avaliação da Conformidade, voluntária e compulsória de produtos, serviços, processos e pessoas;

- planejar e executar as atividades de pesquisa, ensino, desenvolvimento tecnológico em Metrologia e Avaliação da Conformidade; e

- desenvolver atividades de prestação de serviços e transferência de tecnologia e cooperação técnica, quando voltadas à inovação, à pesquisa científica e tecnológica em Metrologia e Avaliação da Conformidade. (Inmetro, 2020)

A qualidade no Brasil ganhou destaque nos anos 1990, principalmente em razão da necessidade de exportação de produtos. Para isso, muitas empresas buscaram certificação de qualidade para atender aos pré-requisitos dos importadores. No âmbito nacional, em 1990, houve o lançamento do Programa Brasileiro de Qualidade e Produtividade (PBQP) e a publicação do Código de Defesa do Consumidor pela Lei n. 8.078, de 11 de setembro de 1990 (Brasil, 1990b).

É importante ressaltar que a era da gestão da qualidade (ou quarta era da qualidade) atua hoje nos mais diversos segmentos como uma ferramenta e uma filosofia de gestão para órgãos públicos e privados.

Nos próximos capítulos, explicitaremos em que contribuíram os diversos gurus da qualidade e como é possível aproveitar e adaptar seus ensinamentos no campo da segurança pública.

> *Para saber mais*
> GARVIN, D. A. **Gerenciando a qualidade.** Rio de Janeiro: Qualitymark, 1982.
> Para aprofundar os estudos sobre as noções trabalhadas neste capítulo, sugerimos a leitura desse livro, que versa sobre diversos conceitos ligados à qualidade, demonstrando como a indústria japonesa conseguiu se reconstruir e se reinventar com uma gestão fundamentada na qualidade.

Síntese

Neste capítulo, expusemos que a qualidade evoluiu com o ser humano desde a época das cavernas* até hoje e continuará a evoluir com a humanidade. Explicamos que a era da inspeção em massa não era eficiente e foi substituída pelo controle estatístico, que passou a utilizar ferramentas matemáticas de controle de qualidade. Também esclarecemos o que foi a era da garantia da qualidade, que contribuiu para os cálculos dos custos da qualidade, técnicas

✦ ✦ ✦
* Período Paleolítico.

de engenharia de confiabilidade e defeito zero. Finalmente, abrangemos a era da gestão da qualidade total, que contribuiu com uma visão mais sistêmica e integrada na mensuração da satisfação dos clientes interno e externo; e evidenciamos a relação dessas épocas a diversas aplicações na segurança pública que ainda podem ser implementadas na atualidade.

Questões para revisão

1. Considerando a evolução da qualidade na história e suas contribuições, assinale a alternativa correta:
   a. A atividade da qualidade é um processo recente na humanidade, marcado principalmente pela introdução dos computadores, dos *softwares* e das mídias sociais.
   b. Na época dos artesãos, eles controlavam vários processos que envolviam a qualidade: concepção do produto, projeto, matéria-prima, produção, inspeção da qualidade, comercialização e satisfação do cliente.
   c. A Revolução Industrial manteve a forma de produzir do artesão, mas se diferenciou pelo aumento da escala de produção, tendo mantido o crescimento organizado e moderado das indústrias.
   d. A era do controle estatístico tinha como único foco as especificações do produto.
   e. Um marco da Primeira Guerra Mundial foi o surgimento da era da garantia da qualidade no Japão.

2. Com relação aos custos da qualidade estabelecidos por Juran em 1951, as falhas nos produtos ou serviços implicam prejuízos que devem ser contabilizados como meio de implementar melhorias. Correlacione os itens da Coluna A com os respectivos conceitos da Coluna B:

COLUNA A	COLUNA B
(A) Custo total	( ) São todos os gastos recorrentes, como salários de empregados, aluguel, prestações, segurança etc. Essas despesas não dependem da produção.
(B) Custos de produção	( ) São todos os custos relacionados diretamente ao produto e não dependentes de rateio.
(C) Custos fixos	( ) Somatória de todos os custos que a empresa tem para produzir e comercializar um produto ou serviço. Inclui matéria-prima, mão de obra, administração, equipamentos, comércio etc.
(D) Custos variáveis	( ) Correspondem a compras e aquisições que não ocorrem todos os meses. Seus valores dependem diretamente do volume produzido em determinado período.
(E) Custos diretos	( ) São os gastos realizados para a compra de produtos ou equipamentos de produção.

Assinale a alternativa com a sequência correta de correlação, de cima para baixo:

a. E, C, A, D, B.
b. A, E, C, B, D.
c. C, E, A, D, B.
d. C, E, A, B, D.
e. D, E, B, C, A.

3. Leia as cinco afirmações seguintes sobre as contribuições de Walter Andrew Shewhart na era do controle estatístico e assinale a afirmativa **incorreta**:

   a. Um dos instrumentos que Shewhart apresentou na época foi a Carta de Controle, que consistia em uma maneira simples e diária de acompanhamento e avaliação da produção.
   b. Philip Crosby, considerado o pai do controle de qualidade, contribuiu significativamente para a obra de Shewhart intitulada *Economic Control of Quality Manufactured Product*.

c. Shewhart descobriu que certos defeitos e as variabilidades destes ao longo do tempo podiam ser interpretados e previstos com técnicas de probabilidade e, principalmente, estatísticas.

d. Com parâmetros estatísticos, Shewhart conseguiu prever e estabelecer quais produtos teriam variações anormais, fora dos limites aceitáveis.

e. Shewhart ajudou no desenvolvimento de métodos eficazes de amostragem que foram incorporados à grande maioria das técnicas estatísticas de controle da qualidade usadas até hoje.

4. Considerando a manutenção de armamentos e seus custos, responda qual é a porcentagem de custos com qualidade, tendo conhecimento dos seguintes dados:

A. Custo direto: R$ 50.000,00

B. Custo indireto: R$ 35.000,00

C. Custo da prevenção: R$ 2.000,00

D. Custo da avaliação da qualidade: R$ 1.500,00

E. Custo das não conformidades: R$ 850,00

5. Como a era da gestão da qualidade total pode contribuir atualmente para as organizações de segurança pública?

Questões para reflexão

1. Verifique em sua cidade quais são as organizações de segurança pública e se elas demonstram de alguma forma preocupação com a gestão da qualidade. Procure averiguar se elas, por exemplo, realizam pesquisa de satisfação com a comunidade e apresentam relatórios periódicos dos resultados. Você também pode analisar se os índices de violência

têm diminuído. Este último caso você atribuiria a que fatores? Tecnologia e equipamentos mais efetivos ou gestão mais eficiente?

2. Considere as eras da qualidade e reflita sobre as formas de aplicação prática de ensinamentos que ainda se mostram atuais.

3. Procure verificar com amigos ou profissionais da segurança pública se a organização em que atuam conta com dados estatísticos ligados à gestão, tais como locais de crime, índice de violência. Investigue como os cálculos são realizados.

4. Imagine, para algumas atividades de segurança pública, como o controle estatístico pode ajudar não só no resultado, mas também nos processos internos.

5. Atualmente, as mídias sociais fazem parte do cotidiano e funcionam, muitas vezes, como locais de críticas e/ou elogios aos órgãos de segurança. Como você percebe a participação desses órgãos nestes meios? Os órgãos de segurança de seu município se comunicam mediante as mídias sociais (Facebook, Twitter etc.)? Se sim, há interação com os usuários dessas mídias?

✦ ✦ ✦

capítulo dois

Gurus da qualidade e segurança pública

Conteúdos do capítulo

- Armand Vallin Feigenbaum.
- Walter Andrew Shewhart.
- Philip Crosby.
- Joseph Moses Juran.
- Kaoru Ishikawa.
- William Edwards Deming.
- Shigeo Shingo.
- Frederick Winslow Taylor.
- Jules Henri Fayol.
- David Alan Garvin.

Após o estudo deste capítulo, você será capaz de:

1. diferenciar as visões dos estudiosos da qualidade;
2. relatar como os gurus contribuíram para a qualidade atual;
3. detalhar como os ensinamentos dos gurus da qualidade podem ser adaptados para a segurança pública;
4. descrever as técnicas de cada guru e as influências delas na gestão da qualidade.

É importante saber o que os grandes estudiosos, ou chamados *gurus*, da qualidade deixaram de contribuição para o mundo e de que forma é possível adaptar os ensinamentos deles para a gestão da qualidade na segurança pública.

Cabe salientar que muitos dos métodos aqui mencionados foram ensinados há muito tempo, porém muitas instituições de segurança pública ainda não aplicam as técnicas propostas. O objetivo deste capítulo é assinalar que as lições desses pensadores continuam atuais e podem ser aplicadas.

2.1 *Armand Vallin Feigenbaum*

Nascido nos Estados Unidos em 1922, Armand Vallin Feigenbaum foi responsável pela formulação do conceito de **controle total da qualidade**, tendo estabelecido como fundamentos a abordagem de qualidade e a lucratividade, influenciando, desse modo, a estratégia de gestão e a produtividade dos diversos mercados no mundo.

Segundo Feigenbaum (1961, p. 67): "O controle total da qualidade é um sistema eficaz para integrar os esforços de desenvolvimento, manutenção e melhoria da qualidade dos vários grupos de uma organização, a fim de possibilitar a produção e o serviço nos níveis mais econômicos que permitem a satisfação total do cliente".

Um dos conceitos propagados pelo autor foi a chamada *planta oculta*, cuja definição é a de que, em todas as empresas, existia uma taxa da produção que resultava em desperdício todas as vezes que o produto não era finalizado conforme os requisitos, ou seja, não acertavam o produto na primeira vez que o planejavam, "afirmando que tal desperdício poderia chegar a 40% aproximadamente" (Feigenbaum, 1961, p. 31).

Como temos feito, vale traçarmos um paralelo disso com a segurança pública em um setor crítico: os chamados *telefones de emergência* recebem um alto índice, no Brasil inteiro, de trotes, os quais representam desperdício do serviço público.

> No Brasil, a prática de chamadas falsas vem evoluindo perante o avanço tecnológico vivenciado pela sociedade atual, tornando o acesso relativamente fácil e consequentemente, aumentando o número de chamadas falsas "trotes telefônicos". Os serviços de emergências no Brasil como a Polícia Militar, Corpo de Bombeiro e Serviço de Atendimento Móvel de Urgência (SAMU) são os mais afetados diariamente, chegando a um montante de 20% a 70% das ligações totais, dependendo do órgão e da localidade. (Santos, 2017, p. 5)

Um grande número de chamadas feitas gera enorme prejuízo aos cofres públicos, além, é claro, de comprometer outras ocorrências obviamente prioritárias. Assim sendo, podemos analisar, sob a visão de Feigenbaum, que as corporações que atendem a emergências, tais como polícias e bombeiros militares, guardas municipais ou polícia rodoviária federal, estão sujeitas às chamadas "plantas ocultas", nesse caso com o viés da qualidade dos serviços, e não o da produção de bens e consumo.

Para Feigenbaum (1961), a qualidade seria a percepção que os clientes têm dela, não o que a empresa pensa. Logo, ao se adaptar essa visão para os órgãos de segurança pública, é preciso também, guardadas as devidas proporções, verificar como atender a essa necessidade.

O ponto correspondente é, portanto, o seguinte: se você deseja descobrir qualidade, "é melhor não permanecer no próprio escritório e passar por análises e oscilações mentais. É melhor passar pelo trabalho difícil e angustiante de conversar com o usuário" (Feigenbaum, 1961, p. 86, tradução nossa).

Na visão de Feigenbaum (1961), a qualidade sofre influência de alguns fatores, chamados **9 Ms**:

Quadro 2.1 – 9 Ms de Feigenbaum

9M		Descrição
Markets	Mercados	Competição e velocidade de mudanças.
Money	Dinheiro	Margens de lucro estreitas e investimentos.
Management	Gestão	Qualidade do produto e assistência técnica.
Man	Pessoas	Especialização e engenharia de sistemas.
Motivation	Motivação	Educação e consciência para a qualidade.
Materials	Materiais	Diversidade e necessidade de exames complexos.
Machines	Máquinas	Complexidade e dependência da qualidade dos materiais.
Methods	Métodos	Melhores informações para tomada de decisão.

Fonte: Feigenbaum, 1961, p. 55, tradução nossa.

Comparativamente, é possível traçar alguns paralelos com a segurança pública, adaptando alguns conceitos, conforme expresso no Quadro 2.2.

Quadro 2.2 – Aplicação dos 9 Ms na segurança pública

	Descrição
Mercados	Competição e velocidade de mudanças.
	Os órgãos de segurança pública precisam estar atualizados sobre o que acontece com a sociedade, seja nos costumes, seja na tecnologia aplicada e disponível.
Exemplo	Em uma sociedade em que tecnologia, aplicativos e redes sociais estão disponíveis para quase todos os cidadãos, é necessário se inserir nesses meios para acompanhar as informações ou mesmo para melhor planejar um bloqueio de forma adequada, de tal modo que aplicativos de GPS não sinalizem a localização, prejudicando ações de polícia preventiva ou mesmo prisões.
Dinheiro	Margens de lucro estreitas e investimentos.
	Embora os serviços de segurança pública não objetivem lucro, eles podem e devem implantar ações para evitar desperdícios e fazer, sempre que possível, investimentos.
Exemplo	Investimento em tecnologia para diminuir trotes. Investimento em sistemas inteligentes de despacho de viaturas.
Gestão	Qualidade do produto e assistência técnica.
	Verificação da qualidade do serviço entregue.
Exemplo	Realização de pesquisa de satisfação do cidadão realizadas pelas próprias corporações e não por terceiros, como a imprensa.
Pessoas	Especialização e engenharia de sistemas.
	Atualmente, qualquer segmento da sociedade tem algum nível de sistemas. Órgãos de segurança pública deveriam estar sempre atualizados para que o menos efetivo fosse empregado nas atividades de apoio.
Exemplo	Investimento em sistemas para evitar retrabalhos ou redundância de atividades.
Motivação	Educação e consciência para a qualidade.
	A visão de que diretores, superintendes, oficiais ou graduados são os únicos responsáveis pela qualidade do sistema de segurança pública é equivocada. A qualidade é responsabilidade de todos.
Exemplo	Programas de treinamento em gestão da qualidade para todos que forem efetivos.

(continua)

(Quadro 2.2 – conclusão)

	Descrição
Materiais	Diversidade e necessidade de exames complexos.
	A necessidade de equipamentos, viaturas e armamentos deveria ser precedida de estudo técnico-científico.
Exemplo	Estudo de custo-efetividade para equipamentos e armamentos.
Máquinas	Complexidade e dependência da qualidade dos materiais.
	A condição do armamento, do equipamento e das viaturas está relacionada diretamente à qualidade, muito embora não sejam os principais fatores ligados às expectativas do cidadão.
Exemplo	Não basta dispor da melhor viatura, do melhor equipamento e da melhor arma se o capital humano não receber treinamento adequado.
Métodos	Melhores informações para tomada de decisão.
	Quanto mais dados houver, mais informação e mais conhecimento para estratégias de segurança pública haverá.
Exemplo	Utilizar ciência de dados para o planejamento da atividade policial

Fonte: Elaborado com base em Feigenbaum, 1961, p. 55.

Com base no exposto, é plenamente possível adaptar técnicas como os 9 Ms de Feigenbaum, utilizadas na indústria, para a área de segurança pública e, assim, aproveitar seus fundamentos para melhorar a gestão da área.

2.2 *Walter Andrew Shewhart*

Nascido nos Estados Unidos, em 1891, formado em física, engenharia e estatística, Walter Andrew Shewhart fez grandes contribuições principalmente para o controle estatístico de processo (CEP).

Segundo Donald e Chambers (2010, p. 34), em 1931, Shewhart publicou a obra *Economic Control of Quality of Manufactured Product*, na qual propôs os fundamentos do controle da qualidade. Uma das ferramentas que ele criou foi o ciclo de Shewhart ou ciclo PDCA (*plan – do – check – action*. Em português, planejar – fazer – checar – agir). O CEP, proposto por Shewhart (2015), tem como objetivos:

+ monitorar todos os processos antes que o produto apresente defeito;
+ eliminar as causas dos defeitos suprimindo as ocorrências de não conformidades;

Shewhart foi um dos primeiros a utilizar técnicas estatísticas e tomada de decisão baseada em números (e não mais no modelo de inspeção), sendo, por isso, considerado o pai do controle estatístico da qualidade. Para aplicar o controle estatístico do processo, Shewhart criou a carta de controle, com a qual passava a ser possível monitorar a produção desde o início, agindo de maneira preventiva. Com isso, as correções podiam ser efetuadas antes de o problema tomar volume, razão pela qual as decisões passavam a ser mais econômicas e eficazes.

O Gráfico 2.1 apresenta uma demonstração da carta de controle para o tempo médio da chegada de uma viatura policial no local da ocorrência.

Gráfico 2.1 – Tempo médio de chegada de viatura (vtr) no local de ocorrência

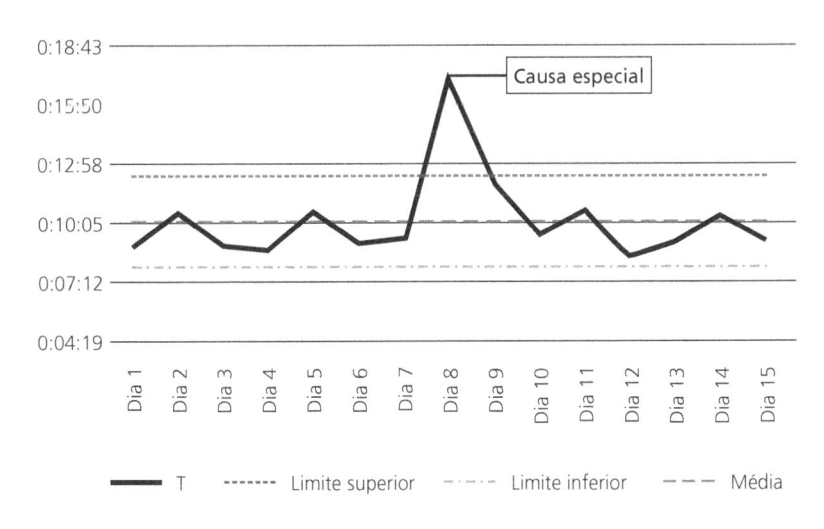

Verificando o Gráfico 2.1, e utilizando os princípios expostos anteriormente, é possível notar que a variação estatística deveria ser objeto de análise crítica para avaliar se houve ou não uma causa especial para que a viatura extrapolasse o limite superior de tempo. Como explicaremos nos próximos capítulos, os cálculos para os limites superior e inferior são o resultado do desvio padrão dos registros dos tempos, e não de um número qualquer definido ao acaso.

Por isso, neste caso, o gestor da qualidade deve verificar quais foram as causas que contribuíram para o problema a fim de tomar medidas corretivas e, principalmente, preventivas para a não reincidência do fato.

2.3 *Philip Crosby*

Crosby, engenheiro e consultor de qualidade nascido em 1926 nos Estados Unidos, preconizava o conceito de defeito zero, segundo o qual o processo deveria ser realizado de maneira correta desde a primeira vez, evitando, assim, desperdícios e retrabalhos. Crosby (1979, p. 53) também recomendou catorze etapas para melhorar a qualidade e lograr a participação de todos nas empresas:

Etapa 1. Compromisso de gerenciamento

Etapa 2. Equipes de melhoria da qualidade

Etapa 3. Medição da qualidade

Etapa 4. Custo da avaliação da qualidade

Etapa 5. Consciência da qualidade

Etapa 6. Ação corretiva

Etapa 7. Planejamento para defeitos zero

Etapa 8. Treinamento da supervisão

Etapa 9. Zero defeitos

Etapa 10. Estabelecimento de metas

Etapa 11. Eliminação da causa dos erros

Etapa 12. Reconhecimento

Etapa 13. Conselhos de qualidade

Etapa 14. Repetição das etapas

Esses passos podem ser utilizados pelas instituições de segurança pública que resolverem adotar a filosofia da gestão da qualidade como método. A seguir, detalhamos como isso pode ser efetuado em cada etapa definida por Crosby:

+ Etapa 1: Compromisso de gerenciamento

   Para que a gestão da qualidade tenha eficiência e eficácia, deve existir o compromisso do alto comando (militares) e da alta direção (civis) em adotar uma gestão cartesiana, ou seja, baseada em fatos e dados – uma gestão que paute a tomada de decisão em dados objetivos e cujo efetivo esteja, em sua totalidade, envolvido nesse processo.

   É bem verdade que os órgãos policiais, por sua natureza pública, dependem muitas vezes de orçamento prévio para certas implantações ou mudanças no modelo de gestão. Por isso, é essencial a participação da alta direção para prover recursos e estratégias nesse sentido e, acima de tudo, adotar medidas legais para que o modelo de gestão da qualidade não esteja ligado a um comando ou direção. Isso porque ele precisa ser um modelo institucional sem ligação com quem está na chefia pelo tempo que a conveniência política desejar.

- Etapa 2 e 13: Equipes de melhoria da qualidade e conselhos de qualidade

    Qualquer empresa que priorize a gestão da qualidade deve investir em equipes, departamentos ou comitês de qualidade com o objetivo de disseminar as técnicas e os fundamentos da gestão da qualidade.

    Essas equipes devem ser formadas por profissionais que dominem o tema e tenham interesse em disseminar a filosofia da qualidade. Principalmente no setor público, deve haver maior cuidado na escolha desses profissionais. Pelo caráter de servidor público estável, a escolha deve recair naquelas qualidades, e não em eventuais profissionais que, por terem cometido alguma falha administrativa ou penal, sejam deslocados para esse setor tão importante.

    Vale lembrar que as equipes de melhoria da qualidade são os disseminadores e facilitadores do processo. Devem, portanto, ter apoio formal da alta direção para que tenham sucesso na implantação e manutenção da gestão da qualidade.

- Etapa 3: Medição da qualidade

    Não é raro encontrar órgãos de segurança pública que tenham um bom controle estatístico de locais de crime, por exemplo. São chamados muitas vezes de *polígonos vermelhos*, *pontos críticos* ou qualquer outra denominação ligada ao resultado da atividade externa das corporações.

    Contudo, a medição da qualidade não se restringe a isso, muito pelo contrário. Há a necessidade de monitorar vários processos internos, pois é mediante as atividades de apoio que essas instituições conseguem realizar a atividade-fim.

    Embora haja diversas possibilidades de fazê-lo a depender do nível de aprofundamento e envolvimento na qualidade, sugerimos estas três grandes categorias:

1. **Estrutura:** Engloba estrutura físico-funcional, equipamentos, armamentos, tecnologia, recursos etc.
2. **Processo:** Consiste na medição estatística das diversas atividades das instituições, como avaliação de eficácia de treinamentos, custo-efetividade de modelos de viatura, tempo médio de atendimento de ocorrências, nível de satisfação do cidadão, pesquisa de clima institucional, absenteísmo, dispensas médicas, acidentes em serviço etc.
3. **Resultados:** Refere-se a taxa de homicídios, furtos, roubos, metas, objetivos etc.

- Etapa 4: Custo da avaliação da qualidade

  Normalmente os órgãos de segurança pública apresentam excelente controle sobre os orçamentos, visto que, pela natureza pública do serviço, só podem utilizar as verbas selecionadas em determinadas rubricas orçamentárias.

  Nesse contexto, é importante relembrarmos alguns conceitos sobre a Administração Pública e como ela se relaciona com a gestão da qualidade. Qualquer agende público deve seguir as regras que determinem um bom desempenho das atividades do setor público. Esses mandamentos estão descritos no art. 37 da Constituição Federal: "A administração pública direta e indireta de qualquer dos Poderes da União, dos Estados, do Distrito Federal e dos Municípios obedecerá aos princípios de legalidade, impessoalidade, moralidade, publicidade e eficiência" (Brasil, 1990a, p. 56).

  Neste sentido, é necessário clarificar o que o legislador pretendia estabelecer ao incluir na Constituição Federal os seguintes princípios:

  - **Legalidade:** Significa que os órgãos públicos e toda ação do administrador público estão condicionados aos aspectos legais, ou seja, só se pode fazer o que a lei manda; e as empresas e pessoas podem fazer tudo o que a lei não proíba. Neste quesito, também poderíamos incluir o atendimento a procedimentos e normas internas como uma forma de manter o trabalho público dentro da legalidade.

- **Impessoalidade:** Quer dizer que todos os atos praticados pelo servidor têm finalidade pública, sendo vedada a promoção pessoal em qualquer situação. Assim, quando afirmamos que a gestão da qualidade deve ser um programa a longo prazo, ela não deve estar presa a um programa de comando ou direção, mas a algo perene e contínuo.
- **Moralidade:** Não corresponde à obediência à legislação, mas à observância dos padrões éticos estabelecidos pelas respectivas instituições, normalmente traduzidos por códigos de ética ou conduta.
- **Publicidade:** Evidencia que o princípio básico da Administração Pública é a transparência de seus atos, que devem ser demonstrados por publicações para que a sociedade tenha conhecimento deles e possa controlar os atos públicos.
- **Eficiência:** Está intimamente ligada à gestão da qualidade ou, pelo menos, deveria estar. Ser eficiente no setor público é cumprir rigorosamente suas competências e realizar suas atividades de modo perfeito, seguindo o planejado e conseguindo o melhor resultado e o menor custo.

Para Hely Lopes Meirelles (2011, p. 57), eficiência é o dever que

> se impõe a todo agente público de realizar suas atribuições com presteza, perfeição e rendimento profissional. É o mais moderno princípio da função administrativa, que já não se contenta em ser desempenhada apenas com legalidade, exigindo resultados positivos para o serviço público e satisfatório atendimento das necessidades da

comunidade e de seus membros [...] o dever da eficiência corresponde ao dever da boa administração.

Ao verificarmos o conceito descrito por Meirelles, percebemos que o legislador também se preocupou com certos fundamentos da gestão da qualidade em todos os setores. Podemos compará-los com base no que informa o Quadro 2.3.

Quadro 2.3 – Comparativo entre os setores público e privado

Setor	Eficiência	Requisitos	Cliente
Privado	Produzir certo deste a primeira vez (produto/serviço)	Atender aos requisitos de qualidade do produto/serviço	Satisfação do cliente
Público	Presteza, perfeição e rendimento profissional	Resultados positivos	Satisfatório atendimento das necessidades da comunidade e seus membros

Desse modo, a Administração Pública também deveria, em várias fases de seus processos, monitorar a qualidade e a eficiência de seus serviços. Os órgãos de segurança pública deveriam monitorar, além dos resultados da atividade-fim, aspectos internos e externos que impactam no índice de satisfação das necessidades da comunidade e seus membros, conforme registra Meirelles (2011).

- Etapa 5: Consciência da qualidade

A consciência da qualidade apregoada por Crosby é o ato de desdobrar o conhecimento da filosofia da qualidade para todos os níveis das corporações de segurança pública, desde o cargo inicial até o alto comando.

Embora os cargos de gerenciamento devam ter função de controle do processo policial, é necessário que toda a escala hierárquica tenha conhecimento dos requisitos de qualidade aos quais deve atender. E aqui se trata não de realizar um inquérito policial ou atendimento de uma ocorrência de forma rápida, mas de saber como ela foi atendida. Será que o cidadão ficou satisfeito? Não basta uma viatura chegar rápido do local de ocorrência ou o escrivão lavrar rapidamente um flagrante se, nesses casos, a comunicação (ou o trato) com o cidadão for marcada por falta de educação ou algum grau de grosseria.

Portanto, a consciência da qualidade é importante para todos os envolvidos no processo. Não é uma atividade que pode ser dividida em partes que alguns cumprem e outros não. Para o cidadão, a imagem não é a do agente público que cometeu um abuso ou não atendeu aos requisitos de qualidade. Para o cidadão, é a corporação como um todo que falhou.

Como comparação, imagine que, ao viajar de avião, você tenha um problema de atendimento de qualidade no trajeto. Em casos como esse, normalmente você não se referiria a determinado funcionário, mas a empresa como um todo, ao fazer uma reclamação. Logo, a má qualidade é definida para o todo, razão pela qual as instituições de segurança pública sofrem quando ocorrem falhas no atendimento. É necessário disseminar a filosofia da qualidade como mais um equipamento, e não apenas um conceito abstrato, como algo que burocratiza a gestão.

+ Etapa 6 e 11: Ação corretiva e eliminação da causa dos erros

Quanto ao aspecto ação corretiva, os órgãos de segurança pública estão bem-servidos com as corregedorias. Entretanto, sob a ótica da gestão da qualidade, não se trata só disso. As ações desses departamentos estão ligadas a violações funcionais, transgressões disciplinares ou crimes praticados no exercício ou fora dele.

Além do viés disciplinador, as organizações deveriam aproveitar mais esses fatos como matéria-prima para treinamentos ou mesmo como *cases* para melhorar a atividade.

Em muitas organizações, quando o inquérito ou sindicância se realiza, às vezes o servidor é punido, mas não se extrai ensinamentos desse fato. Há diversas situações em que o processo disciplinar, ou mesmo o inquérito, pode ser subsídio para melhorar o desempenho do efetivo. Quantos casos de acidente ou morte em serviço são usados pelas corporações como ações preventivas para o mesmo evento?

A gestão da qualidade não exclui punições quando efetivamente forem necessárias para a correção do servidor ou militar, mas recomenda que todos os fatos que puderem ser objeto de estudo e de disseminação de ações preventivas sejam implementados como tal, guardadas as devidas questões de confidencialidade ou de sigilo, se for o caso.

Em outro ponto, as organizações deveriam estabelecer ações corretivas em todos processos, tal como em uma grande fábrica, que tem de atingir metas e estabelecer pontos de inspeção em toda a linha de produção, para controlar e fiscalizar as atividades e realizar correções se necessário, antes que o problema chegue ao cidadão.

Logo, agindo de modo preventivo e eliminando as causas dos erros, é possível melhorar as atividades de algum modo. O que não se admite é que, ano após ano, o sistema de segurança apresente os mesmos problemas sem que sejam solucionados ou, ao menos, minimizados.

- Etapa 7 e 9: Planejamento para defeito zero

O planejamento para defeito zero na segurança pública é algo muito difícil de acontecer pela natureza do serviço, o que não significa, no entanto, que as organizações não devam procurar seguir essa meta, implementando procedimentos de melhoria contínua em seus processos e sistemas.

Recomenda-se, portanto, que o planejamento das atividades e dos processos tenha objetivos e metas mensuráveis para que toda a organização disponha de meios de monitorar o próprio desempenho em busca da máxima perfeição possível, mesmo que, na prática, não se consiga chegar, em alguns casos, ao defeito zero.

- Etapa 8: Treinamento da supervisão

Toda organização, tanto pública quanto privada, necessita de um programa forte de treinamento e capacitação de coordenadores. É notório que muitas instituições carecem de efetivo ou sofrem com a sobrecarga de trabalho.

Infelizmente esse é um ciclo vicioso sobre o aspecto da qualidade. Afinal, não se realiza treinamento porque não se tem efetivo disponível. Não tendo efetivo treinado adequadamente, pode haver má qualidade do serviço. A má qualidade no serviço de segurança pública gera maiores insatisfações da sociedade.

Na prática, os gestores são pressionados a colocar efetivo na rua ou nas delegacias ou a diminuí-los para realizar treinamento. Na verdade, esse ciclo vicioso deveria ser interrompido. O que seria melhor? Um grande efetivo sem treinamento e capacitação adequada ou um efetivo menor e mais eficiente?

- Etapa 10: Estabelecimento de metas

Toda organização, pública ou privada, deve estabelecer metas e objetivos a serem atingidos. No entanto, cabe reforçar que não se trata de estabelecê-los apenas para a atividade-fim.

Há inúmeros outros pontos que devem ser controlados, monitorados e baseados em metas; por exemplo, o processo de formação do agente público, a qualidade de equipamentos, armamentos e viaturas, e a qualidade do serviço de saúde destinado aos agentes de segurança pública.

É importante ter em mente que, em toda atividade, seja administrativa, seja operacional, podem ser implantadas metas a serem atingidas com certas ferramentas de qualidade, que ajudam a gerenciar esses indicativos tomando ações disciplinares ou preventivas para correção de rumos.

As metas demandam várias ferramentas da qualidade que impõem nas instituições ciclos de melhoria contínuos. Empresas ou organizações que não têm metas claras são, na verdade, barcos sem rumos, para os quais qualquer vento serve.

- Etapa 12: Reconhecimento

Todo ser humano, ao desenvolver sua atividade, aprecia o reconhecimento, uns em maior, outros em menor grau. No entanto, o elogio a um serviço bem-feito deve ser tão rigoroso quanto as punições disciplinares.

Nunca é demais elogiar um policial que arrisca a vida pelo patrimônio ou pela vida de alguém. Reconhecer formalmente policiais que fizeram um bom trabalho não é só cumprir a obrigação, é uma dedicação ao próximo.

Normalmente, a sociedade pouco reconhece esses valorosos profissionais que também são pais, mães, filhos, filhas, irmãos e até mesmo avós. São profissionais que, como qualquer outro, têm famílias para sustentar e criar. Em sua grande maioria, são abnegados, altruístas e, por que não dizer, exercem uma das mais nobres profissões da humanidade. Se a sociedade, às vezes, só se lembra da classe quando dela precisa, por que os que têm cargos de direção e comando não podem dedicar algumas palavras de reconhecimento por esse tão nobre serviço?

A qualidade recomenda o reconhecimento como forma de incentivo e envolvimento dos colaboradores em todas as atividades. Quando um policial ou guarda é elogiado, todo o efetivo recebe o resultado de uma gestão de qualidade.

- Etapa 14: Repetição das etapas

  O princípio de fazer tudo novamente ou recomeçar do zero significa que a gestão da qualidade não tem linha de chegada. Trata-se de um processo contínuo, estruturado em ciclos constantes de melhoria e aprimoramento.

  Por isso, quando os princípios e fundamentos da gestão da qualidade são adequadamente implantados, o processo com certeza vai melhorar. Isso não significa que uma organização que comece hoje a implantar essa filosofia vai amanhã recolher seus frutos. É um processo de médio a longo prazo, ou seja, são necessários anos e anos para colocar a maior parte do sistema nesse modelo de gestão.

2.4 *Joseph Moses Juran*

Nascido em 1904, na Romênia, Joseph Moses Juran mudou-se para os Estados Unidos ainda criança. Formou-se em engenharia elétrica e trabalhou como consultor na América do Norte e no Japão pós-guerra.

A teoria de Juran é muito utilizada hoje em dia e se sustenta basicamente em três pontos fundamentais, indicados na Figura 2.1 e descritos na sequência.

Figura 2.1 – Fundamentos de Juran

```
              Planejamento
              ↙         ↘
        Controle  ←→  Melhora
```

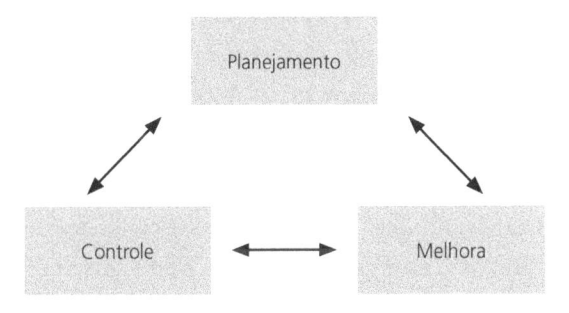

1. **Planejamento:** A primeira atitude a ser adotada pelas empresas e órgãos de segurança pública abrange o planejamento e a padronização das atividades, tanto as administrativas quanto as operacionais. O planejamento engloba todos os requisitos de qualidade que o cidadão deseja. É bem verdade que, neste planejamento, deve-se impor certos limites nos requisitos de qualidade do cidadão, embora se deva tentar chegar próximo das demandas deste. Afinal, o ideal para o cidadão, por exemplo, seria a presença de uma viatura na frente de sua casa ou empresa. Embora isso seja impossível de realizar, é viável adotar sistemas de patrulhamento que, de outro modo, aproximem-se desse anseio.
2. **Controle:** Controlar um processo, em uma fábrica, uma delegacia ou um quartel, não significa fiscalizá-los com intuito disciplinador. Trata-se, na verdade, de monitorar os resultados nas diversas fases do processo e de implantar pontos de inspeção para que a atividade de segurança sofra ajustes, se necessário. Também diz respeito ao ato de vigilância das atividades como um todo, envolvendo comparações de resultados dos objetivos com as metas propostas.
3. **Melhoria:** Quando detectados desvios na fase do controle, as organizações devem desenvolver seus processos e sistemas para melhorar o desempenho. Com a prática da gestão da

qualidade, os gestores têm de identificar as diversas necessidades de estrutura, sistemas, recursos ou mesmo de processos para superar as metas propostas.

Na teoria de Juran (1991), a qualidade deve ter fundamentos e parâmetros atrelados à satisfação do cliente, já que, somente assim, o desempenho será adequado.

Na segurança pública, ao se aplicar esse conceito, determina-se que o resultado do desempenho dos órgãos policiais deve ser medido pela satisfação do cidadão, e não apenas por resultados estatísticos de queda da criminalidade; isso porque, embora este seja um bom resultado, ele não necessariamente se reflete na imagem da instituição.

Para resumir seu método, Juran (1991) apresentou a trilogia da qualidade conforme detalhado no Quadro 2.4.

Quadro 2.4 – Trilogia da qualidade de Juran adaptada para segurança pública

Planejamento da qualidade	• Identificar quem são os clientes internos e externos.
	• Determinar as necessidades desses clientes e traduzir para a realidade da segurança pública.
	• Desenvolver um serviço que possa responder a essas necessidades.
	• Otimizar os recursos do serviço para atender às necessidades dos clientes internos e externos.
Melhoria da qualidade	• Desenvolver um processo capaz de resultar no produto.
	• Otimizar o processo.
Controle da qualidade	• Provar que o processo pode produzir um serviço em condições operacionais com inspeção mínima.
	• Transferir o processo para operações.

Fonte: Elaborado com base em Juran, 1991, p. 96.

Com esse fundamento, Juran (1991) conferiu para o planejamento da qualidade uma visão mais ampla, que envolve também o cliente interno, a otimização dos processos e o controle do processo da qualidade.

2.5 *Kaoru Ishikawa*

Nascido em 1915, no Japão, Kaoru Ishikawa foi um engenheiro e professor que teve papel importante no desenvolvimento de técnicas de qualidade, todas as quais ajudaram o Japão a superar a destruição que sofreu durante a Segunda Guerra Mundial, sendo considerado, por isso, pai da qualidade japonesa.

Entre suas numerosas contribuições, duas se destacam: 1) o diagrama de Ishikawa, também chamado de *diagrama de espinha de peixe* ou *diagrama de causa e efeito*; e 2) os círculos da qualidade.

O **diagrama de espinha de peixe** é assim chamado em razão de sua forma, e seu objetivo é identificar as causas ou áreas a serem melhoradas no processo. O diagrama agrupa classes de causas que podem ser adaptadas de acordo com a necessidade.

Figura 2.2 – Exemplo de aplicação do diagrama de espinha de peixe à segurança pública

Método	Máquina	Material	
Demora no despacho da ocorrência	Rádio da viatura com interferências	Má qualidade do bloco de anotações	Atraso no atendimento da ocorrência n. X
Trajeto usado para chegar ao local	Viatura com problemas mecânicos		
Falta de conhecimento do local	Não há sistemas que priorizem o despacho da viatura mais próxima	Dificuldade de localizar o endereço	
Policial recém-formado		Dificuldade de acesso	
Mão de obra	**Medida**	**Meio ambiente**	

O **círculo de qualidade**, por sua vez, nada mais é do que o grupo de pessoas treinadas para identificar e solucionar problemas, coletar dados e informações e propor mudanças nos processos. Normalmente, esses grupos ou círculos não pertenciam à alta direção, mas à linha de produção, ou seja, estavam próximos de onde aconteciam os problemas. Tinham, portanto, mais condições de analisar as causas e consequências das próprias ações.

Adaptando os ensinamentos de Ishikawa (1986) para a segurança pública, as finalidade dos círculos são:

- diminuir as não conformidades e os erros tanto no serviço operacional quanto no serviço administrativo;
- melhorar a qualidade do processo, do atendimento e do produto;
- aumentar a eficiência da equipe de trabalho;
- envolver o servidor (civil ou militar) com a qualidade da corporação;

- valorizar a participação dos servidores como agentes de melhoria dos processos;
- desenvolver a capacidade de análise e de resolução de problemas do processo de segurança pública;
- gerenciar riscos, antecipando possíveis problemas dos processos;
- formar lideranças, valorizando as competências individuais dos servidores;
- clarificar os processos e conscientizar os servidores (civis ou militares).

Por fim, percebe-se que esses fundamentos podem ser aplicados na segurança pública. Entretanto, é necessário haver estudo e aplicação prática conforme a destinação e a finalidade de cada ferramenta da qualidade. Além disso, é preciso persistência, principalmente para vencer os incrédulos que, muitas vezes, não acreditam na aplicação da gestão da qualidade nos serviços públicos.

2.6 *William Edwards Deming*

Nascido em 1900 nos Estados Unidos, William Edwards Deming foi engenheiro elétrico e fez mestrado e doutorado em matemática e física. Deming ficou muito conhecido no Japão durante a recuperação econômica do país.

No Japão, ele treinou, ao longo de dez anos, mais de 20 mil engenheiros, tendo contribuído para o uso de fundamentos estatísticos. Posteriormente, difundiu seu método pelos Estados Unidos, que perceberam que os produtos japoneses haviam crescido significativamente em qualidade (Deming, 1986).

No livro *Qualidade, produtividade e competitividade*, Deming (1986, p. 52, grifos nossos) apresenta sua teoria de gestão da qualidade baseado em 14 pontos:

- Ponto 1: **Criar constância de propósitos** no sentido de melhorar o produto e o serviço, com o objetivo de se tornar competitivo, permanecer no negócio e gerar empregos.

- Ponto 2: **Adote a nova filosofia.** A administração ocidental deve despertar para o desafio, deve aprender suas responsabilidades e assumir a liderança para a mudança.

- Ponto 3: Deixe de confiar na inspeção em massa para obter qualidade. **Elimine a necessidade de inspeção em massa**, incorporando qualidade ao produto em primeiro lugar.

- Ponto 4: Acabar com a prática de conceder negócios com base no preço. Em vez disso, **minimize o custo total.**

- Ponto 5: **Melhorar constantemente** e para sempre o sistema de produção e serviço, para melhorar a qualidade e a produtividade e, assim, diminuir constantemente os custos.

- Ponto 6: Instituir **treinamento** no trabalho.

- Ponto 7: **Estabeleça líderes.** O objetivo da supervisão deve ser ajudar pessoas, máquinas e equipamentos a fazer um trabalho melhor.

- Ponto 8: **Afaste o medo**, para que todos possam trabalhar efetivamente para a empresa.

- Ponto 9: **Derrubar barreiras entre departamentos.** As pessoas em pesquisa, design, vendas e produção devem trabalhar em equipe, para prever problemas de produção e uso que possam ser encontrados com o produto ou serviço.

- Ponto 10: Eliminar slogans, exortações e metas para a força de trabalho, solicitando zero defeitos e novos níveis de produtividade.
- Ponto 11: Eliminar os padrões de trabalho (**cotas**) no chão de fábrica.
- Ponto 12: Remova as barreiras que roubam o direito dos trabalhadores ao orgulho do trabalho.
- Ponto 13: Instituir um **programa vigoroso de educação** e autoaperfeiçoamento.
- Ponto 14: Coloque todos na empresa para trabalhar para realizar a transformação. **A transformação é o trabalho de todos.**

Levando em consideração o que Deming apregoou em 1986, detalharemos a seguir como esses pontos podem ser aplicados à segurança pública. Na verdade, nossa intenção é complementá-los com o que os outros gurus estabeleceram e com o que expusemos anteriormente.

Ponto 1

A constância de propósitos para melhorar o produto ou serviço de segurança pública não tem a mesma finalidade do setor privado, mas deve estabelecer processos para a melhoria contínua das atividades. Não se trata apenas de novas modalidades de policiamento, por exemplo, mas também de aprimoramentos de todos os processos internos.

Ponto 2

Quando Deming recomenda adotar uma nova filosofia, ele deseja incutir na alta direção o ímpeto de inovar. É ter a mente aberta para experimentos a fim de melhorar a qualidade. Nesse sentido, as forças de segurança pública, independentemente de suas estruturas civis ou militares, devem adotar novos modelos de gestão. Adotar uma nova filosofia é, às vezes, abandonar preceitos antigos, o que não significa abandonar tradições. É, na verdade, criar inovações conforme as novas conjunturas.

Ponto 3

A inspeção na segurança pública poderia denotar fiscalização ou monitoramento disciplinar. Não é isso o que Deming apregoa. É bem verdade que sua teoria estava mais voltada a um produto; ainda assim, partindo de uma visão mais ampla, o serviço de segurança também pode ser considerado um "produto", com os requisitos de qualidade e a cadeia de valor muito semelhante.

Ponto 4

Em vez de acabar com a prática de conceder negócios com base no preço, deve-se minimizar o custo total. Num paralelo com o tema a que nos dedicamos nesta obra, isso significa dizer que, apesar de os órgãos públicos serem obrigados a seguir legislações específicas (Lei n. 8.666, de 21 de junho de 1993) para a compra de equipamentos, armamentos e viaturas (Brasil, 1993), isso não implica investir em insumos de má qualidade. Vale lembrar que o princípio constitucional da eficiência é o melhor resultado a menor custo.

Ponto 5

Igualmente ao ponto 1, as instituições devem ter sistemas que invistam na melhoria constante de suas atividades. Contudo, esse propósito deve ser das organizações, fundamentadas em conhecimentos técnicos e experiências práticas por quem está envolvido por carreira no setor de segurança pública. Isso significa que não se deve seguir projetos políticos oportunistas que, muitas vezes, não têm fundamentação técnica, apenas apelo eleitoral.

Ponto 6

Como mencionamos anteriormente com Feigenbaum e Crosby, o investimento e a prioridade dos órgãos de segurança pública deveriam ser capacitar e treinar constantemente seus efetivos. Afinal, o que é mais eficiente? Um número grande de profissionais maltreinados ou um número menor deles mais bem capacitados?

Ponto 7

Formar líderes requer uma análise mais profunda. Oficiais ou graduados, delegados ou superintendentes ou similares de outras forças de segurança não são necessariamente líderes. Assumir esses cargos não significa necessariamente ter liderança.

> Líderes excepcionais são pessoas que veem oportunidade em tudo. Exalam positividade. Eles se compreendem a si mesmos, entendem seus pensamentos, emoções e atitudes, e estão abertos para o outro. São receptivos a ideias opostas. São ávidos por conexões e conseguem tocar profundamente as pessoas. Eles enfrentam desafios e assumem riscos pessoais, com a confiança de que, se nada der certo, irão seguir em frente. (Barsh; Lavoie, 2014, p. 53)

Ponto 8

Afastar o medo, segundo Deming (1986), nada mais é do que envolver todos da organização no processo da qualidade. Antigamente, pressupunha-se que aqueles que ocupavam os cargos mais altos nas organizações de segurança pública teriam mais preparação e capacitação para elaborar projetos, controlar o processo e propor inovações. Isso se devia ao fato de que o país estava em diferente estágio econômico e social. Atualmente, em muitos concursos públicos para as forças de segurança, há candidatos muito qualificados. Vários destes até têm mestrado e doutorado em diversas áreas e passam em concurso público para cargos de início de carreira. Embora estejam na base da pirâmide, não estão impedidos de participar, contribuindo para a melhoria na gestão da qualidade dessas instituições. Afastar o medo seria, por exemplo, entender que o conhecimento ou cultura não tem posto, graduação ou cargo.

Ponto 9

Para os órgãos de segurança pública, derrubar barreiras entre departamentos significa que a qualidade não pode ser responsabilidade exclusiva de um departamento. A qualidade deve ser uma filosofia que faz parte da missão, da visão e dos valores da instituição.

Ponto 10

Eliminar *slogans* e novos níveis de produtividade, para Deming (1986), significa não se limitar a exigir o cumprimento de metas. De que adianta o encarregado de um inquérito concluir todos os seus procedimentos, mas não encontrar autor e materialidade em nenhum deles? É necessário que os inquéritos sejam produzidos dentro do tempo estabelecido (eficiência) e que atinjam os objetivos (eficácia).

Ponto 11

Aplicando à segurança pública a recomendação de eliminar as cotas para o "chão de fábrica", pode-se afirmar que não é suficiente, por exemplo, determinar que policiais cumpram um "cartão-programa" de policiamento todos os dias sem que se meça o resultado desse trabalho. Não basta estabelecer rotas de patrulhamento diário sem medir a eficácia do serviço. Esse raciocínio, combinado com o ponto 10, indica que as atividades policiais devem ser sempre atreladas ao monitoramento do resultado, e não a simples escalas de trabalho sem que o policial saiba qual é a consequência de seu esforço e sem que a organização saiba se efetivamente os recursos humanos e materiais são efetivos.

Ponto 12

Deming fala em remover as barreiras que roubam o direito dos trabalhadores ao orgulho do trabalho. Como informamos ao tratar da Etapa 12 de Crosby (1979), vale ressaltar a necessidade de reconhecer o bom trabalho de quem atua no segmento da segurança pública. Um excelente desempenho de certo policial numa ocorrência ou investigação de grande vulto não deveria ser interpretado como obrigação. Afinal, a matéria-prima para esse desempenho muitas vezes pode ser o sacrifício da própria vida.

Ponto 13

Nesse ponto, a recomendação de Deming é instituir um programa vigoroso de educação. O treinamento e a capacitação no setor de segurança pública deveriam ser priorizados no Brasil, mas, na prática, a escassez crônica de efetivo serve como subterfúgio para deixar em segundo plano uma atividade tão importante. Goldstein (1976, p. 44) assim se pronuncia sobre o assunto:

> O treinamento policial, ou seja, o processo de atualização e aperfeiçoamento dos conhecimentos referentes às práticas policiais, é percebido pelos departamentos de polícia como um luxo. Tal investimento só será realizado se o tempo, os recursos e a equipe permitirem, pois ainda não são considerados indispensáveis para um trabalho complexo e tão sério.

Ponto 14

O último apontamento de Deming é empenhar todos na empresa a realizar a transformação. A transformação é trabalho de todos, portanto. Assim como em qualquer empresa do setor privado, as instituições de segurança pública têm de, obrigatoriamente, envolver todo o efetivo no processo de gestão da qualidade. Transformar organizações por vezes centenárias não é um trabalho rápido, principalmente em um país que ocupa as últimas posições no *ranking* mundial de educação (Brasil, 2019). Num universo de 79 países, o Brasil ocupou o 59º lugar em leitura, o 73º em matemática e o 67º em ciências.

2.7 *Shigeo Shingo*

Nascido em 1909, no Japão, Shigeo Shingo foi um renomado engenheiro e um dos maiores especialistas no sistema toyota de produção (do inglês, *Toyota Production System* – TPS), apesar de não ter sido o responsável pela criação dele.

Entre as várias contribuições de Shingo, destacamos:

- ***Just-in-time***: Nada mais é que fornecer ao cliente exatamente aquilo de que eles necessitarem no momento em que eles necessitarem, reduzindo, assim, estoques e custos de armazenamento.
- **Troca de matriz de um minuto (do inglês, *Single Minute Exchange of Die* – Smed)**: Corresponde à reengenharia do processo de produção que elimina processos desnecessários e redundantes – produção enxuta.
- ***Poka-yoke***: Refere-se ao termo japonês que significa interromper o processo de produção assim que qualquer defeito apareça. Nessa técnica, é necessário identificar imediatamente a causa do defeito e evitar a reincidência. Desse modo, teríamos um produto ou serviço final com "zero defeitos" (Shingo, 2007).

O TPS é considerado um sistema criado pela empresa para organizar de forma mais eficiente todo o processo de fabricação dos automóveis, incluindo neste a forma de atuação dos fornecedores, passando pela logística interna e por projetos com o objetivo de diminuir drasticamente os custos e os desperdícios.

Uma das inovações foi a entrega (dos fornecedores) *just-in-time*, ou seja, a entrega no exato momento da produção, evitando investimentos em grandes estoques e número grande de colaboradores para controlar e gerenciar o inventário e a distribuição. Outro ponto importante que esse processo propiciava era o aumento do fluxo de caixa da empresa, justamente por não haver um estoque imobilizado.

O objetivo principal do TPS, segundo Shingo (2007, p. 45), é eliminar em todo o processo três problemas básicos: "sobrecarga, inconsistência na produção e produção de resíduos".

Nesse modelo de gestão, Shingo (2007) esclarece que a empresa elabora um processo que deve apresentar repetições sem não conformidades, evitando, desse modo, a inconsistência da linha de produção (*Muri*) com diminuição do estresse ou da sobrecarga (*Mura*). Com a ausência da inconsistência, a empresa reduz drasticamente os resíduos da produção que não são necessariamente materiais.

Ainda segundo Shingo (2007), existem oito tipos de desperdícios que, no Quadro 2.5, adaptamos para a gestão da qualidade na segurança pública.

Quadro 2.5 – Desperdícios e segurança pública

Desperdícios	Segurança pública
1. Desperdício de superprodução	Para adaptar este fundamento à segurança pública, podemos comparar, por exemplo, as situações de policiamento ostensivo por vezes sobrepostos que desperdiçam efetivo, viaturas e/ou equipamentos
2. Perda de tempo disponível	Aguardar despacho de documentos, compras, entrega de equipamentos etc.

(continua)

(Quadro 2.5 – conclusão)

Desperdícios	Segurança pública
3. Desperdício de transporte	Deslocar viaturas para local de ocorrência sem sistema que escolha a mais próxima dali.
4. Desperdício de superprocessamento	Concluir inquéritos de maneira rápida, mas sem eficácia na investigação
5. Desperdício de estoque	Comprar materiais ou insumos sem planejamento, contribuindo para o vencimento sem uso.
6. Desperdício de movimento	Realizar atividades redundantes por falta de investimento em sistemas.
7. Resíduos da fabricação de produtos defeituosos	Neste fundamento, é possível traçar um paralelo com as falhas de atendimento policial que resultam em abuso, equívocos ou erros, quando existe deslocamento de servidores destinados à realização de procedimentos disciplinares em vez de atuarem na atividade-fim.
8. Resíduos de trabalhadores subutilizados	Não ter plano adequado de emprego de pessoal em operações.

Fonte: Elaborado com base em Shingo, 2007, p. 83.

2.8 Frederick Winslow Taylor

Nascido nos Estados Unidos, em 1856, Frederick Winslow Taylor era engenheiro mecânico e foi um dos responsáveis pela introdução da chamada **administração científica** (Taylor, 1987), que causou uma revolução na maneira de gerenciar o processo produtivo, tendo contribuído, por isso, para a teoria geral da administração.

Taylor publicou, em 1909, o livro *Princípios da administração científica*, no qual propôs um novo modelo de gestão, segundo o qual todos na empresa, dos gestores até os operacionais, deveriam trabalhar em cooperação para simplificar as operações e aumentar a produção (Kanigel, 1997).

Segundo Chiavenato (1993, p. 63), a teoria de Taylor pode ser sintetizada em quatro recomendações:

1. Substitua o trabalho por "regra de ouro" ou hábito simples e bom senso e, em vez disso, use o método científico para estudar o trabalho e determinar a maneira mais eficiente de executar tarefas específicas.
2. Em vez de simplesmente designar trabalhadores para qualquer trabalho, combine-os com seus empregos com base na capacidade e motivação e treine-os para trabalhar com a máxima eficiência.
3. Monitore o desempenho do trabalhador e forneça instruções e supervisão para garantir que eles estejam usando as maneiras mais eficientes de trabalhar.
4. Aloque o trabalho entre gerentes e trabalhadores para que os gerentes gastem seu tempo planejando e treinando, permitindo que eles executem suas tarefas com eficiência.

O que chama atenção na teoria de Taylor é o caráter científico da gestão, ou seja, trata-se de uma administração pautada em fatos e dados e em análises matemáticas e estatísticas para monitorar todo o processo.

Contrariando essa recomendação, há ainda hoje diversas instituições que executam as atividades de maneira informal ou o fazem por usos e costumes, como se isso fosse método científico.

Segundo Gonzaga (2006, p. 34), "método científico é um conjunto de etapas que o cientista deveria seguir usando passos e sequências organizadas para estudar os diversos fenômenos". Essas etapas estão demonstradas na Figura 2.3.

Figura 2.3 – Método científico

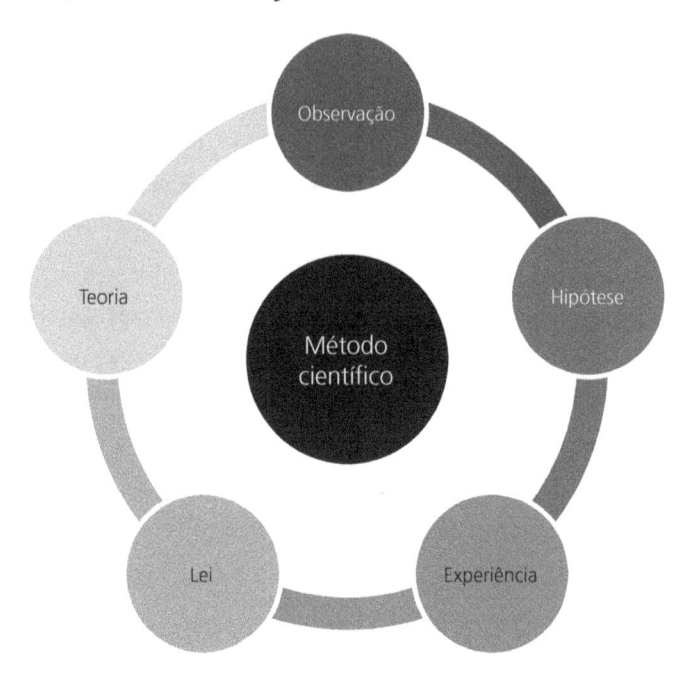

Método científico: Observação, Hipótese, Experiência, Lei, Teoria.

Em qualquer área, é possível aplicar o método científico. O setor de segurança pública deveria utilizá-lo como ferramenta de apoio para as diversas atividades que realiza, seja na polícia judiciária, seja nas atividades de policiamento ostensivo/repressivo ou de manutenção da ordem pública.

Para elucidar o que temos mostrado, podemos adotar as seguintes orientações sobre o método científico. Para isso, tomaremos um exemplo muito comum da gestão da segurança pública: a dificuldade crônica para aquisição de equipamentos.

- **Observação:** Perante uma situação ou um problema, deve-se buscar formas de entender o que leva a acontecer esse fenômeno. Observando todos os pontos, deve-se formular um conjunto de questionamentos ou lista de perguntas

Exemplo:
1. Existe rubrica orçamentária para a compra dos equipamentos?
2. Se não, por que não foi prevista? Quem deveria tê-la solicitado? Por que não foi solicitada? Há cronograma de compras? Há estudo de custo-efetividade?
3. Se sim, a verba está liberada? Está autorizada a licitação?
4. Quanto tempo, em média, a organização leva entre solicitar o processo licitatório e a entrega efetiva e o uso do equipamento?
5. Quanto tempo, em média, leva cada fase da compra (desde a petição inicial até o uso)?
6. Qual é a durabilidade do equipamento?
7. São solicitados todos os itens necessários para o perfeito funcionamento do equipamento?
8. Há necessidade de treinamento? Ele foi previsto?
9. Há necessidade de contrato de manutenção? Ele foi previsto?
10. O equipamento foi previsto para todo o efetivo?

- **Hipótese:** Seria uma tentativa inicial de responder às perguntas feitas pela observação.
- **Experiência:** Depois de formuladas as hipóteses, quem estiver aplicando o método científico deve verificar se elas são realmente verdadeiras. Para isso, o responsável deve realizar experiências controladas, verificar *in loco* as informações ou utilizar-se de instrumentos de medição (matemáticos). Diante dos resultados, o cientista tem de descartar aquelas que não podem ser objeto de comprovação e propor sua **teoria** (**lei**) sobre os fatos, relatando aqueles que ocorrem de maneira sistemática ou sem variações significativas.

Quadro 2.6 – Exemplo de método científico

Observação	Hipótese	Experiência
1. Existe rubrica orçamentária para compra dos equipamentos?	Não foi prevista	Verificou-se na Lei de Diretrizes Orçamentárias (LDO) que há orçamento e rubrica orçamentária para aquisição de equipamentos.
2. Se não existe rubrica, por que não foi prevista? a. Quem deveria tê-la solicitado? b. Por que não foi solicitada? c. Há cronograma de compras? d. Há estudo de custo-efetividade?	a. Chefe do departamento de logística. b. Teriam sido priorizadas compras de viaturas. c. Não há. As compras seriam realizadas de acordo com a liberação de verbas. d. Não. As solicitações seriam realizadas de acordo com a experiencia pessoal do gestor.	a. Foi confirmado que é o chefe do departamento de Logística. b. O chefe do departamento de Logística deveria ser provocado pelo chefe do departamento de Planejamento, que não fez a solicitação por estar com alta demanda de trabalho. c. De acordo com os chefes dos departamentos de Planejamento e de Logística, a organização não trabalha com cronograma de aquisições, realizando-a quando há liberação de orçamento. d. Não há estudo de custo-efetividade (planilhas de cálculo) para verificar quais marcas de equipamentos são mais duráveis e têm custo de manutenção menor.
3. Se sim, a verba está liberada? Está autorizada a licitação?	Estaria liberada e autorizada há mais de dois meses.	Sim, segundo o chefe do setor de Logística, a verba está liberada há dois meses.
4. Quanto tempo em média a organização leva entre solicitar o processo licitatório e a entrega efetiva e o uso do equipamento?	Não haveria estudo sobre isso, apenas estimativas.	O chefe do departamento de Planejamento confirmou que não há estudo.

(continua)

(Quadro 2.6 – conclusão)

Observação	Hipótese	Experiência
5. Quanto tempo (em média) leva cada fase da compra (desde a petição inicial até o uso)?	Não existiria estudo para saber qual é o tempo médio de cada etapa do processo de compra.	O chede do departamento de Planejamento confirmou que não há estudo.
6. Qual é a durabilidade do equipamento?	Não haveria estudo sobre isso, apenas estimativas.	Não existe estudo sobre isso na corporação nem em outras organizações no âmbito nacional, apenas em outros países.
7. São solicitados todos os itens necessários para o perfeito funcionamento do equipamento?	Não, em tese, as licitações para insumos auxiliares seriam realizadas por outro processo licitatório.	O plano de compra previu comprar insumos em licitação distinta para aproveitar rubricas diferentes que tinham prazo para utilização, caso contrário deveria ser devolvido.
8. Há necessidade de treinamento? Ele foi previsto?	Sim, haveria necessidade de treinamento.	Sim, há necessidade de treinamento, pois são equipamentos de modelos novos no mercado.
9. Há necessidade de contrato de manutenção? Ele foi previsto?	Sim, haveria necessidade de contrato de manutenção graças à natureza do equipamento.	Sim. Os equipamentos requerem manutenção preventiva e corretiva.
10. O equipamento foi previsto para todo o efetivo?	A previsão seria apenas para as grandes cidades.	Segundo o chefe de Planejamento, foi previsto para todas as cidades cobertas pelas organizações.

- **Teoria:** É a explicação do cientista relativa à lei (teoria) proposta. Desse modo, ele deve explicar as questões ou perguntas formuladas (hipóteses), mas também os eventuais questionamentos que apareceram durante a fase de experiência ou de comprovação dos fatos.

> **Exemplo de teoria**
>
> Há orçamento previsto na LDO para aquisição de equipamentos, sob responsabilidade do chefe do departamento de Logística. Ele deve ser solicitado após prévio estudo realizado pelo departamento de Projetos, que não tem cronograma estabelecido para compra de equipamentos de forma regular. Em razão da ausência de cronograma, as solicitações dos diversos setores se acumulam nesse departamento sem sofrer critério de prioridade e/ou cronograma de compras. A ausência de metodologia de organização no departamento resulta em desperdício de tempo, verbas e desorganização.
>
> As aquisições não respeitam critério científico de custo-efetividade, contribuindo com muita frequência para a compra de marcas diferentes, o que, por sua vez, resulta em custos adicionais para treinamento e manutenções, principalmente por não existir histórico da durabilidade deste material. Também não existe método de controle sobre quanto tempo o documento de solicitação de compra de equipamentos fica "parado" em cada departamento esperando o despacho. Há, ainda, equívocos na escolha de dividir as licitações diferentes, que contribuem para a não conciliação da entrega do material na mesma época, além de, em várias ocasiões, o processo licitatório não prever treinamento, atrasando mais ainda a entrega e o uso dos equipamentos. Outro fator importante é a falha em prever, no mesmo processo licitatório, as manutenções preventiva e corretiva que implicam, a médio prazo, ineficiência na utilização por necessidade de manutenções. Finalmente, conclui-se que há necessidade de aprimoramento no processo licitatório (unificação das compras, treinamento e manutenções), organização do setor com cronograma e carta de prioridade e realização do custo-efetividade da compra de novos equipamentos.

2.9 Jules Henri Fayol

Nascido em 1841, na Turquia, Jules Henri Fayol estabeleceu-se depois na França. Foi um dos estudiosos da teoria clássica da administração. Um de seus clássicos foi o livro *Administration Industrielle et Générale* (em português, *Administração industrial e geral*), publicado originalmente em 1916. Segundo Fayol (1994, p. 45), a administração é um processo que afeta todas as atividades humanas, e, para o administrador, os objetivos devem seguir cinco funções básicas: "previsão, organização, comando, coordenação e controle".

Essas funções elementares podem ser aplicadas em qualquer atividade, tanto pública quanto privada, como um roteiro de gestão. Fayol (2002) ainda defendia que a administração deve ser responsabilidade de todos, e não apenas dos gestores ou de alguns departamentos.

> Não existe uma linha clara de demarcação entre o departamento administrativo e os outros departamentos; eles se entrelaçam, se interpenetram, se influenciam mutuamente, ele interage com os outros apesar de manter-se distinto, como, por exemplo, o sistema nervoso e as outras funções do corpo humano. O departamento administrativo, assim como o departamento técnico, possui subsidiárias em todas as áreas e até mesmo nas mais detalhadas ramificações da organização social. (Fayol, 2002, p. 911)

Sua teoria focaliza grandemente a estrutura organizacional, com uma visão mais econômica, à procura constante da eficiência. Fayol, segundo Silva (2001), estabeleceu 14 princípios para um trabalho ser considerado completo, devendo, para isso, ser dividido em tarefas.

1. **Divisão do trabalho:** o trabalho deve ser desenvolvido por pessoal específico com competências e habilidades específicas, pois, desse modo, a produção potencialmente aumenta. Apregoa-se, portanto, a especialização de todos, desde a alta direção até a linha de produção.
2. **Autoridade e responsabilidade:** Os cargos superiores têm a prerrogativa de dar ordens que, em tese, devem ser obedecidas à risca, tendo é lógico a responsabilidade como um encargo.

3. **Disciplina:** Equivale ao conjunto de regras que devem ser obedecidas para o perfeito funcionamento dos processos.
4. **Unidade de comando:** O subordinado deve receber ordens de apenas um superior, ou seja, do cargo ao qual está imediatamente subordinado, evitando que mesmo posições mais altas interfiram na cadeia de comando ou chefia.
5. **Unidade de direção:** Todos na empresa e na corporação devem seguir o planejamento estratégico proposto, evitando desvios ou direções contrárias.
6. **Interesse individual subordinado ao coletivo:** As questões individuais ou pessoais devem ser ignoradas para prevalecer o interesse coletivo da organização.
7. **Remuneração:** Os colaboradores devem receber um salário que lhes traga satisfação e motivação, pois isso pode influenciar de forma muito significativa a produção.
8. **Centralização:** A autoridade deve ser concentrada para atividades vitais da organização na alta direção.
9. **Hierarquia:** Toda organização precisa definir a hierarquia, bem como o respeito a seus cargos e à autoridade definida. Caso contrário, a linha de autoridade pode ser comprometida e, por consequência, a produção.
10. **Ordem:** A organização deve imperar dentro de toda organização, desde uma simples mesa de trabalho até a organização de grandes equipamentos e departamentos. A desorganização gera, em maior e menor graus, índices consideráveis de desperdício.
11. **Equidade:** A justiça deve imperar em toda a organização, em todos os cargos e em todas as situações a fim de se manterem apenas gestores honestos e imparciais e colaboradores comprometidos com os preceitos éticos.

12. **Estabilidade:** Para ter um funcionamento adequado, a organização deve evitar a rotatividade de colaboradores para que os processos não sejam impactados por novos colaboradores ou perda de funcionários com capital intelectual importante.
13. **Iniciativa:** A participação dos colaboradores com ideias e projetos pode fornecer maior nível de satisfação e de produção, visto que passam a ter importância na proposição de solução ou melhorias.
14. **Espírito de equipe:** Deve-se incentivar a participação dos grupos para atingir um alto grau de comunidade na empresa e, assim, criar um ambiente de confiança e camaradagem necessários para um clima organizacional adequado.

Esses princípios, apesar de terem sido propostos há mais de cem anos, continuam modernos e podem ser aproveitados nas instituições de segurança pública de estrutura militar (polícia ou bombeiro militares) ou civil (polícia civil, federal, rodoviária federal, guardas municipais etc.).

2.10 David Alan Garvin

Nascido em 1952, nos Estados Unidos, David Alan Garvin foi professor de administração de empresas. Como pesquisador do processo organizacional, acreditava que o sucesso permanente de qualquer empresa estava fundamentado em uma forte cultura de treinamento e capacitação. Isso evitaria imprevisibilidades, improvisações ou ajustes empíricos dos processos (Garvin, 1987).

Em sua obra *Learning in Action: A Guide to Putting the Learning Organization to Work* (em português, *Aprendizagem em ação: um guia para colocar a organização de aprendizado em prática*), Garvin (2003) propôs aos gestores algumas diretrizes e ferramentas práticas para a empresa sempre ficar à frente das concorrentes. Ele argumentava que o treinamento e a capacitação de todos deveriam ser um conjunto de processos projetados e implantados, fornecendo exemplos detalhados de organizações que usaram com sucesso o aprendizado para buscar melhorias e mudanças (Garvin, 2003).

Garvin ganhou notoriedade com a publicação do artigo "Quality on the line", na *Harvard Business Review*. Nesse texto, relatou os resultados de seu estudo de vários anos sobre a qualidade e o "desempenho de aparelhos de ar condicionado fabricados nos EUA e no Japão, documentando as taxas de falhas americanas que eram mil vezes maiores que as dos concorrentes japoneses" (Garvin, 1983, tradução nossa).

Em suas pesquisas, Garvin identificou e propôs oito dimensões da qualidade que também podem ser incorporadas à gestão da segurança pública: "Desempenho, características, confiabilidade, conformidade, durabilidade, facilidade de manutenção, estética e qualidade percebida" (Garvin, 1987). A seguir, descrevemos cada uma delas:.

1. **Desempenho:** Está relacionado às características operacionais de um produto ou serviço.
2. **Características:** São atributos secundários ao produto, chamados de *acessórios*.
3. **Confiabilidade:** Corresponde à probabilidade de um produto não falhar, ou seja, de não apresentar problemas diante da expectativa do cliente.
4. **Conformidade:** Refere-se ao atendimento dos requisitos estabelecidos para o produto ou serviço.
5. **Durabilidade:** Está relacionada à vida útil do produto.
6. **Facilidade de manutenção:** É a velocidade com que o produto pode ser reparado.
7. **Estética:** Trata-se de uma dimensão subjetiva que demonstra a resposta de preferência do indivíduo/cliente.
8. **Qualidade percebida:** Está ligada à reputação do produto ou marca.

Para Garvin (1983), embora as organizações devam dar importância para o foco do cliente – ensinamento praticamente comum a todos os estudiosos da qualidade –, é preciso propor uma visão mais ampla, considerando as seguintes proposições:

- **Transcendental:** Qualidade é uma "excelência inata" que só pode ser reconhecida pelo cliente mediante sua própria experiência com o produto.
- **Centrada no produto:** Qualidade é uma variável mensurável e precisa ser encontrada no conjunto das características e dos atributos de um produto.
- **Centrada no valor:** Qualidade está em função do nível de conformidade do produto a um custo aceitável. Isso vincula as necessidades do consumidor aos requisitos da fabricação.
- **Centrada na fabricação:** Qualidade depende da conformidade com os requisitos, conforme estabelecido pelo projeto do produto.
- **Centrada no cliente:** Qualidade é definida pelo atendimento às necessidades e às conveniências do cliente. Este enfoque é subjetivo, pois as preferências do cliente variam (Garvin, 1987).

Os ensinamentos de Garvin podem, guardadas as devidas proporções, ser aplicados na administração de serviços prestados à sociedade pelas instituições de segurança pública. Por exemplo, o aspecto transcendental ocorre quando o cidadão percebe as ações de segurança desenvolvidas pelos diversos governos (federal, estadual e municipal). Trata-se de uma experiência que pode demonstrar qual é o nível de satisfação com a atividade. É claro que um cidadão cujo carro foi furtado terá certa percepção disso, mas, aqui, devemos considerar um conjunto maior de pesquisa: a percepção de como os impostos pagos são utilizados. É essa relação que o cidadão-cliente estabelece ao verificar a qualidade.

Portanto, a qualidade deve estar centrada no cidadão para que consiga atingir o maior número possível de requisitos de qualidade que ele deseja. E aqui não se trata de colocar um policial na frente de cada casa, mas de desenvolver a percepção e execução da sensação de segurança.

> *Para saber mais*
>
> THE DEMING INSTITUTE. Disponível em: <https://deming.org/>. Acesso em: 4 nov. 2020.
> No site do Instituto Deming, você encontra, entre outros assuntos, a história do autor, além de eventos relacionados à qualidade, aos programas, aos seminários, às teorias e aos ensinamentos.
>
> ISO – International Organization for Standardization. About Us. Disponível em: <https://www.iso.org/about-us.html/>. Acesso em: 3 nov. 2020.
> No *site* da ISO, você poderá tomar conhecimento de aspectos relacionados à história da organização, além de ter acesso a notícias e normas atualizadas internacionalmente.

Síntese

Neste capítulo, apresentamos diversos pensadores e as respectivas visões particulares deles sobre a gestão da qualidade. Citamos vários pontos em comum entre eles e contribuições interessantes. Por exemplo, para Feigenbaum, a qualidade seria a percepção que os clientes têm sobre o produto, e não o que a empresa pensa. Também mencionamos que o PDCA foi um aperfeiçoamento de Shewhart e que Philip Crosby preconizava o conceito de defeito zero.

Comentamos que a teoria de Juran é muito utilizada até hoje em razão dos fundamentos **padronização**, **treinamento** e **melhoria**. Referimos as contribuições de japoneses, como Ishikawa, com o diagrama de espinha de peixe, e os oito tipos de desperdícios elencados por Shigeo Shingo.

Explicamos que Deming apresenta a teoria de gestão da qualidade baseado em 14 pontos, e que Taylor propôs um modelo de gestão segundo a qual todos na empresa deveriam cooperar para simplificar as operações e aumentar a produção.

Relatamos que Fayol apregoava que a administração deveria ser responsabilidade de todos, e não apenas dos gestores ou de alguns departamentos. Por fim, demonstramos que Garvin identificou e propôs oito dimensões da qualidade que também podem ser aplicadas à gestão da segurança pública.

Finalmente, com base na conjugação dos pensamentos de todos os estudiosos, vimos que é possível adaptá-los à realidade da segurança pública, independentemente de sua natureza civil ou militar.

Questões para revisão

1. Considerando os "gurus" da qualidade e seus ensinamentos, analise as afirmações a seguir:
    I. Taylor propôs um modelo de gestão no livro *Princípios da administração científica*.
    II. Fayol apregoava que a administração deve ser responsabilidade apenas dos gestores, pois estes detinham o poder de decidir sobre as mudanças.
    III. Garvin identificou e propôs oito dimensões da qualidade que podem ser adaptadas à segurança pública.
    IV. Na obra *Qualidade, produtividade e competitividade*, Deming (1986) apresenta sua teoria de gestão da qualidade baseado em 14 pontos.
    V. Feigenbaum afirmava que a qualidade é a percepção da empresa sobre o que é a qualidade, não o que o cliente pensa.

Estão corretas apenas as afirmativas:
a. I, II, IV e V.
b. I, III e IV.
c. I e III.
d. I, II e V.
e. II, III e IV.

2. Com relação às recomendações de Deming e a seus pontos, assinale a alternativa correta sobre sua metodologia:
   a. Deve-se afastar o medo para que todos possam trabalhar para a empresa.
   b. Não há necessidade de adotar uma nova filosofia, pois a empresa deve aproveitar a tradição da gestão e a experiência de seus líderes.
   c. Deve-se implantar a inspeção em massa para incorporar a qualidade ao produto em primeiro lugar.
   d. É preciso incentivar *slogans*, exortações e metas para a força de trabalho.
   e. Deve-se fortificar as barreiras entre departamentos para isolar os problemas.

3. Fayol defendia que a administração é um processo que afeta todas as atividades humanas e, por isso, estabeleceu 14 princípios para que um trabalho seja considerado completo, o que demanda dividi-lo em tarefas. Com base nisso, leia as proposições a seguir:
   I. Equidade: Para uma organização funcionar adequadamente, deve-se evitar a rotatividade de colaboradores.
   II. Estabilidade: A justiça deve imperar em toda a organização, em todos os cargos e em todas as situações.

III. Autoridade e responsabilidade: Os cargos superiores têm a prerrogativa de dar ordens que em tese devem ser seguidas.

IV. Disciplina: Corresponde ao conjunto de regras que devem ser seguidas para o perfeito funcionamento dos processos.

V. Unidade de comando: Todos na empresa e na corporação devem seguir o planejamento estratégico proposto, evitando desvios ou direções contrárias.

Estão corretas apenas as afirmativas:

a. I e III.
b. III e IV.
c. II e V.
d. II, III e IV.
e. IV e V.

4. Descreva como a primeira etapa, destinada a melhorar a qualidade e conseguir a participação de todos nas empresas, conforme defende Crosby, pode ser adaptada à realidade da segurança pública.

5. Explique como usar o método científico na gestão pública.

Questões para reflexão

1. Como adotar o ensinamento de Feigenbaum segundo o qual a qualidade caberia à percepção dos clientes sobre o que seja a qualidade, e não da empresa?

2. Reflita sobre como empresas com excelente reputação de suas marcas valorizam a qualidade e como isso poderia ser adaptado à segurança Registre suas considerações em um breve texto.

3. Verifique como as oito dimensões da qualidade propostas por Garvin são aplicadas nas organizações policiais. Pesquise em jornais, revistas, artigos Liste essas observações em um texto.

4. Por que ensinamentos quase centenários ainda não são aplicados na gestão pública?

5. Teorize por que muitos gestores da segurança pública não consideram prática a gestão da qualidade.

capítulo três

Conceitos e ferramentas básicas da qualidade

Conteúdos do capítulo

+ Conceitos de qualidade – um reforço objetivo.
+ Ferramentas da qualidade:
    + Histograma e carta de controle;
    + Diagrama de dispersão e folha de verificação;
    + Diagrama de Ishikawa e diagrama de Pareto;
    + 5W2H e Matriz GUT;
    + Ciclo PDCA e PDSA;
    + Programa 5S.

Após o estudo deste capítulo, você será capaz de:

1. explicar os diferentes conceitos de qualidade;
2. descrever o funcionamento de algumas ferramentas da qualidade
3. usar as ferramentas da qualidade;
4. identificar como e quando usar os instrumentos de apoio à gestão.

É preciso ter clareza sobre alguns conceitos de qualidade principalmente para entender qual é a finalidade desse modelo de gestão. As definições ajudam a compreender que trabalhar com qualidade significa fazer o certo e o planejado; também auxilia a estabelecer padrões a serem seguidos por qualquer tipo de organização, seja na iniciativa privada, seja na delegacia de polícia, seja no batalhão policial militar.

Neste capítulo, recorreremos a definições e conceitos de estudiosos no assunto e os adaptaremos ao tema da segurança pública. Ainda, apresentaremos noções sobre ferramentas ou instrumentos da qualidade.

Uma observação importante e prática a fazer sobre as ferramentas da qualidade é que elas devem ser rigorosamente seguidas conforme as respectivas especificações. É muito comum as organizações não as usarem de modo adequado e depois culpá-las pela ineficiência ou, ainda, criticá-las, dizendo que são instrumentos burocráticos e que não teriam aplicação prática no segmento da segurança pública.

As ferramentas da qualidade poderiam ser comparadas a medicamentos prescritos pelo médico para eliminar uma doença – um paciente deve tomar, por exemplo, um antibiótico de oito em oito horas por dez dias para eliminar uma infecção. Muitas vezes, o paciente começa bem, mas, como os sintomas somem no início do tratamento, ele abandona o medicamento. Como não seguiu à risca as especificações, o problema volta e ele culpa o médico ou o remédio. Na prática das empresas, é isso que analogamente acontece por diversas vezes. As organizações escolhem quais ferramentas vão utilizar e, com o passar do tempo, as relegam a segundo plano. Assim como o antibiótico que não foi usado corretamente, as ferramentas não atingem os objetivos e erroneamente são criticadas por serem ineficazes.

Vale o alerta para quando se escolhe as ferramentas da qualidade. É imprescindível seguir rigorosamente a especificação do instrumento e, principalmente, usar o que se chama de *nove certos*.

1. com o objetivo certo;
2. com a finalidade certa;
3. de modo certo;
4. no tempo certo;
5. na profundidade certa;
6. no local certo;
7. para o processo certo;
8. com o treinamento certo; e
9. com a amplitude certa.

3.1 *Conceitos de qualidade*

O conceito de qualidade é algo muito subjetivo, pois depende muito do ponto de vista do cliente ou do cidadão. Para um mesmo produto ou serviço, podem ser encontradas inúmeras versões sobre o que seria qualidade.

Para a American Society for Quality (ASQ, 2020, p. 12, tradução nossa) é:

> Um termo subjetivo para o qual cada pessoa ou setor tem sua própria definição. No uso técnico, a qualidade pode ter dois significados: 1) as características de um produto ou serviço que se relacionam com sua capacidade de satisfazer necessidades declaradas ou implícitas; 2) um produto ou serviço livre de defeitos. Segundo Joseph Juran, qualidade significa "adequação ao uso"; de acordo com Philip Crosby, significa "conformidade com os requisitos".

Verificamos aqui uma definição abrangente e muitas vezes particular, porém, em todas as visões ou conceitos, a qualidade é algo bom, agradável, satisfatório, ou seja, produz uma sensação positiva.

Isso não significa, entretanto, que as empresas deveriam voltar à época dos artesãos e personalizar produtos ou serviços. Significa algo mais abrangente. Trata-se de um conceito mais global, uma sabedoria coletiva do que é bom e moderno.

Por isso, quando estão voltadas para o foco do cliente, as organizações sempre procuram inovar e atender à necessidade da clientela, agregando valor a seu produto, fidelizando seu cliente ou transformando sua marca ou produto em sinônimo de qualidade.

Nesse ponto, podemos traçar uma analogia com a segurança pública, focalizando algumas atividades que, para a maioria da população e mesmo dentro das corporações, são sinônimos de qualidade ou de eficiência, as unidades ou operações especiais como: Bope (Batalhão de Operações Especiais), COE (Comando de Operações Especiais), Rota (Rondas Ostensivas Tobias de Aguiar), Gate (Grupo de Ações Táticas Especiais), Swat (*Special Weapons And Tactics* – em português, Armas e Táticas Especiais), Cope (Centro de Operações Policiais Especiais), Dope (Departamento de Operações Policiais Estratégicas), GOE (Grupo de Operações Especiais) etc.

Por que elas têm uma imagem melhor que outros segmentos e por que os policiais sentem mais orgulho de pertencer a esses grupos? A resposta não é tão simples, mas é notório e público que, para tais segmentos, há necessidade de uma seleção mais criteriosa. A formação é muito mais rigorosa. Além disso, os treinamentos são prioridade. Para eles, são destinados melhores equipamentos, armamentos e viaturas. Até a farda ou o uniforme são diferenciados, embora pertençam à mesma organização-mãe.

A sensação de melhor qualidade é a soma desses requisitos e fatores que produzem no cidadão a ideia de que essas forças apresentam um trabalho melhor. Isso não significa que outros departamentos não possam ter igual ou até melhor qualificação e condições operacionais, mas o que ocorre no Brasil e no mundo são posturas diferentes de gestão da qualidade. Afinal, o soldado que atua numa radiopatrulha tem a mesma quantidade de horas/treinamento de um policial do Grupo de Operações Especiais?

Uma das frases atribuídas a Henry Ford é a de que qualidade "é fazer certo quando ninguém está olhando" (Ford; Crowther, 1922, tradução nossa). Uma expressão que, em tempos de *smartphones*, é contrariada pelas ações de alguns policiais que cometem abusos e são flagrados e expostos nas mídias sociais e na imprensa.

Analisemos agora as definições de qualidade propostas por outros estudiosos.

Para Feigenbaum (1991, p. 28, tradução nossa), qualidade é:

> Um conjunto de características do produto ou serviço em uso, as quais satisfazem as expectativas do cliente. Qualidade é a correção dos problemas e de suas causas ao longo da série de fatores relacionados com *marketing*, projetos, engenharia, produção e manutenção, que exercem influência sobre a satisfação do usuário.

Para Juran (1991, p. 22), "qualidade é ausência de defeitos".

Já para Deming (1990, p. 13), "Qualidade é tudo aquilo que melhora o produto do ponto de vista do cliente. Somente o cliente é capaz de definir a qualidade de um produto. O conceito de qualidade muda de significado na mesma proporção em que as necessidades dos clientes evoluem". Crosby (1979, p. 10, tradução nossa) definiu **qualidade** como " fazer certo na primeira vez".

Shewhart (2015, p. 78, tradução nossa), por sua vez, estabeleceu o seguinte:

> É passo fundamental para o controle das características desejáveis no produto e apresenta dois pontos: no primeiro, levar-se-iam em conta as características objetivas do produto, desconsiderando-se a existência do homem (qualidade objetiva); e, no segundo, pelo contrário,

> seriam considerados todos os fatores humanos, como sentimentos, pensamentos e sensações, resultantes do contato com a realidade objetiva, conduzindo à qualidade subjetiva.

Como, então, conciliar o conceito de qualidade com o âmbito da segurança pública? Antes, é necessário revisar o conceito de **segurança pública**. Segundo Souza (2009, p. 18): "É um estado que possibilita (viabiliza) o livre exercício dos direitos, liberdades e garantias consagrados na Constituição e na Lei. A segurança é, simultaneamente, um bem individual e coletivo, tal como a sociedade pertence a todos e a cada um".

Ou, ainda, segundo Fabretti (2014), a segurança pública é um direito fundamental consignado na Constituição Federal e assegura ao cidadão as prerrogativas para garantir a dignidade humana, a liberdade e a proteção de seus direitos e bens endossados pelo ordenamento jurídico nacional.

Portanto, nos conceitos de segurança pública formulados por Souza e Fabretti, é possível identificar alguns requisitos da qualidade neles embutidos. O bem-estar individual e coletivo traduzido pela garantia jurídica de respeito à dignidade humana, a liberdade e a proteção aos diretos do cidadão resultam em um rol de critérios de qualidade que deveriam ser preenchidos pelos órgãos de segurança pública.

Finalmente, podemos definir que qualidade na segurança pública é atender ao cidadão com respeito à dignidade humana, de modo preciso, rápido e eficiente proporcionando proteção a sua pessoa, a seus bens e à coletividade, respeitando as leis e superando as expectativas da sociedade. Ou, ainda, num conceito bem simples: segurança pública é o atendimento dos anseios da sociedade por proteção da vida, do patrimônio e das leis, com eficiência na utilização de recursos públicos.

Vale lembrar que a filosofia da qualidade não tem foco apenas no cidadão-cliente, uma vez que se aplicam as mesmas recomendações e técnicas para as relações do cliente interno e seus processos, muitas vezes esquecidos pelas organizações.

3.2 *Ferramentas da qualidade*

As ferramentas da qualidade são instrumentos de gestão utilizados para medir, controlar, analisar ou identificar soluções para eventuais problemas que possam interferir em qualquer processo de produção de um bem ou serviço. O uso dessas ferramentas permite ao gestor estabelecer ciclos de melhoria e de tomada de decisão.

Elas podem ser utilizadas em inúmeros processos, com diversas finalidades, cabendo ao gestor escolher a que melhor se adapta a sua atividade ou etapa de seus processos. Não existe uma regra geral sobre onde utilizá-las, mas existem técnicas de como operar o instrumento.

Na gestão da segurança pública também podemos encontrar várias aplicações dessas ferramentas, para controle tanto dos processos administrativos quanto dos operacionais. Reforçamos aqui a necessidade de serem aplicadas com base nos nove certos, expostos no início deste capítulo.

Outro ponto importante é o fato de alguns gestores públicos, por considerarem que a Administração Pública não busca lucro, pensarem que não teriam a obrigação de fidelizar clientes e não teriam razão em aplicar esses instrumentos. Na verdade, isso demonstra um desconhecimento dos fundamentos básicos de tais instrumentos e, em alguns casos, pode advir de modelos tradicionais de gestão ou mesmo da ausência de normas ou leis que determinem a gestão da qualidade como elemento basilar da gestão e não como inciativas isoladas de alguns.

A seguir, detalharemos os fundamentos e as formas de aplicação dessas ferramentas, às quais os gestores da segurança pública podem e devem recorrer em busca da melhoria contínua.

3.2.1 Histograma

Também chamado de *diagrama de distribuição de frequências*, é representado graficamente por colunas oriundas de uma tabulação prévia de dados coletados em uma planilha. Normalmente é usado para verificar graficamente o desempenho de um fenômeno qualquer. Ele foi criado em 1933, segundo Harris (2000, p. 56), "pelo estatístico francês André Michel Guerry, com o intuito de detalhar sua análise sobre ocorrências criminais".

No gráfico, existe o eixo horizontal, que deve demonstrar os resultados dos valores em determinado intervalo, e o eixo vertical, onde aparece o resultado proporcional de cada intervalo.

Para montar um histograma, é necessário um programa de planilhas e gráficos, que pode ser o Excel ou similar. A seguir, detalhamos as etapas de construção e fornecemos um exemplo prático de construção de um histograma com a quantidade de candidatos a concurso público para uma organização policial.

- **Etapa 1:** Coletar os dados – Em uma planilha de Excel ou programa similar, coletar a frequência (Quant. de candidatos):

Tabela 3.1 – Dados gerais dos candidatos ao concurso público

Altura (m)	Quant. de candidatos
1,40 a 1,50	10
1,50 a 1,55	22
1,55 a 1,60	88
1,60 a 1,65	102
1,65 a 1,70	189

Altura (m)	Quant. de candidatos
1,70 a 1,75	245
1,75 a 1,80	190
1,80 a 1,85	110
1,85 a 1,90	45
1,90 a 1,95	38
Total	1.039

+ **Etapa 2**: Obter a amostra, que, no exemplo, é o total de candidatos (1.039). Além disso, é necessário verificar quais são os maiores e menores números na coluna *Quant. de candidatos*.

Classe	Altura (m)	
1	< 1,40	Menor
15	> 1,95	Maior

+ **Etapa 3**: Calcular a amplitude (A), subtraindo o menor número do maior:

A =	1,95−1,40
A =	0,55

+ **Etapa 4**: Escolher o número de classes que será utilizado para o histograma. Para isso, deve ser escolhido o número de classes mais adequado ao caso, pois não existe uma regra. Escolher muitas classes pode prejudicar a visualização do gráfico; e escolher um número muito reduzido de classes pode gerar um volume insuficiente de informações. Por isso, no exemplo que adotamos, definimos 10 classes já divididas em intervalos de 5 cm:

Tabela 3.2 – Dados gerais dos candidatos separados em classes

Classe	Altura (m)	Quant. de candidatos
1	1,40 a 1,50	10
2	1,50 a 1,55	22
3	1,55 a 1,60	88
4	1,60 a 1,65	102
5	1,65 a 1,70	189
6	1,70 a 1,75	245
7	1,75 a 1,80	190
8	1,80 a 1,85	110
9	1,85 a 1,90	45
10	1,90 a 1,95	38
	Total	1.039

+ **Etapa 5:** Montar o gráfico.

Gráfico 3.1 – Quantidade de candidatos

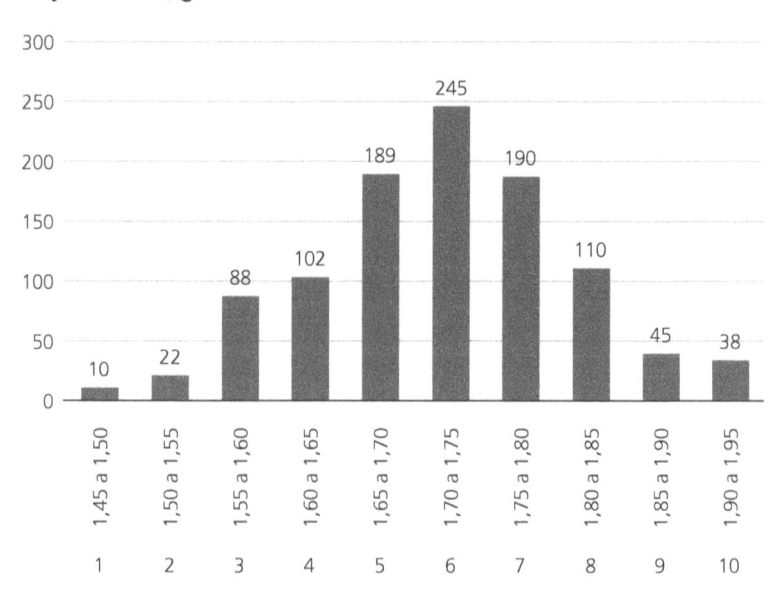

Finalmente, obtemos a distribuição da frequência do número de candidatos. Esse tipo de gráfico pode ser aplicado para diversas situações, tais como: número de ocorrências por dias da semana, ocorrência por faixa de horário, tipo de delito por dia da semana, número de inquéritos por delegacia, número de acidentes de trânsito etc. Portanto, há uma infinidade de aplicações, embora seja importante que se utilize o instrumento de modo contínuo e, acima de tudo, que ele sirva para análise crítica e tomada de decisão. A seguir, mostramos dois gráficos para visualização de dados como os citados.

Gráfico 3.2 – Número de ocorrências por horário

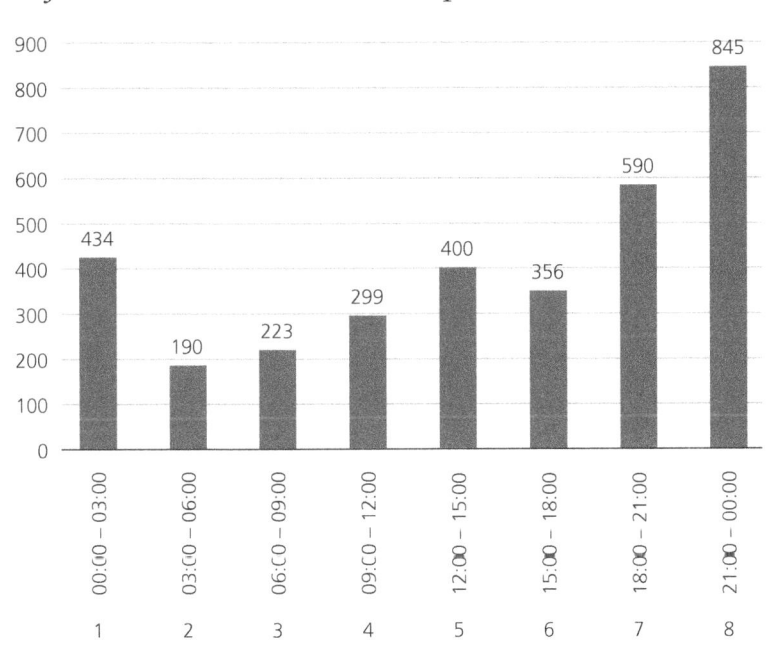

Faixa horária	Ocorrências
00:00 – 03:00	434
03:00 – 06:00	190
06:00 – 09:00	223
09:00 – 12:00	299
12:00 – 15:00	400
15:00 – 18:00	356
18:00 – 21:00	590
21:00 – 00:00	845

Gráfico 3.3 – Número de ocorrências por dia da semana

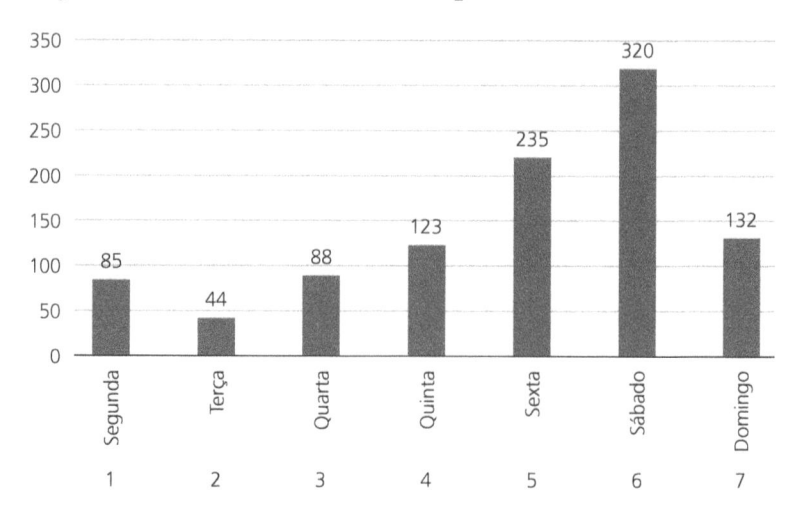

Dia		Valor
Segunda	1	85
Terça	2	44
Quarta	3	88
Quinta	4	123
Sexta	5	235
Sábado	6	320
Domingo	7	132

Nos gráficos mostrados, é possível observar a distribuição das ocorrências identificando-se visualmente a dinâmica no decorrer da semana e nas faixas de horário, contribuindo para decisões mais eficientes e precisas.

3.2.2 Carta de controle

Carta de controle é um tipo de gráfico muito usado para controlar processos. Nele constam limites (superiores e inferiores) e a média de desempenho. Entre as várias aplicações que oferece, serve para demonstrar graficamente se o processo está acontecendo dentro dos limites estabelecidos e eventualmente sinalizar variações cujas causas devam ser investigadas. É na verdade um controle estatístico do processo para eliminar ou diminuir a incidência de não conformidades (ABNT, 2013).

Existem dois tipos de carta de controle: de dados variáveis e de dados provenientes de atributos. Os dados variáveis podem ser expressos em unidades matemáticas, como horas, quilômetros, litros etc. Por sua vez, os atributos são características ou situações que determinam se o produto ou o serviço é ou não aceitável, se está dentro das conformidades ou não. A seguir, apresentamos as etapas para montar uma carta de controle. Para isso, consideremos que precisamos analisar o tempo médio de despacho de uma viatura para uma ocorrência a fim de verificar se o processo de atendimento da chamada de emergência e o momento do despacho da viatura apresentam algum desvio.

- **Etapa 1**: Coletar dados. Inserir os resultados em uma tabela, na qual serão lançados os dados fictícios de 14 dias de coleta de dados (amostra), conforme o Quadro 3.1.

Quadro 3.1 – Tempo médio de despacho de ocorrências

Data	Dia	Tempo médio de despacho
Dia 1	Segunda-feira	0:06:00
Dia 2	Terça-feira	0:07:10
Dia 3	Quarta-feira	0:05:00
Dia 4	Quinta-feira	0:06:34
Dia 5	Sexta-feira	0:09:45
Dia 6	Sábado	0:07:32
Dia 7	Domingo	0:06:12
Dia 8	Segunda-feira	0:06:40
Dia 9	Terça-feira	0:06:31
Dia 10	Quarta-feira	0:05:10
Dia 11	Quinta-feira	0:05:50
Dia 12	Sexta-feira	0:07:20
Dia 13	Sábado	0:06:50
Dia 14	Domingo	0:04:50

+ **Etapa 2:** Calcular a média dos dados (tempo médio de despacho) – (Dia 1 + Dia 2 + ... + Dia 14) / 14 = **0:06:32** e repetir esse resultado nas 14 linhas:

Quadro 3.2 – Tempo médio de despacho de ocorrências e média

Data	Dia	Tempo médio de despacho	Média
Dia 1	Segunda-feira	0:06:00	0:06:32
Dia 2	Terça-feira	0:07:10	0:06:32
Dia 3	Quarta-feira	0:05:00	0:06:32
Dia 4	Quinta-feira	0:06:34	0:06:32
Dia 5	Sexta-feira	0:09:45	0:06:32
Dia 6	Sábado	0:07:32	0:06:32
Dia 7	Domingo	0:06:12	0:06:32
Dia 8	Segunda-feira	0:06:40	0:06:32
Dia 9	Terça-feira	0:06:31	0:06:32
Dia 10	Quarta-feira	0:05:10	0:06:32
Dia 11	Quinta-feira	0:05:50	0:06:32
Dia 12	Sexta-feira	0:07:20	0:06:32
Dia 13	Sábado	0:06:50	0:06:32
Dia 14	Domingo	0:04:50	0:06:32

+ **Etapa 3:** Definir o limite de controle superior (LCS) e o limite de controle inferior (LCI), usando a fórmula estatística de desvio padrão (uma medida de dispersão que indica quanto o conjunto de dados é uniforme) (Moore; Notz; Fligner, 2017).

$$DP = \sqrt{\frac{\sum_{i=1}^{n}(x_i - M_A)^2}{n}}$$

Onde:

- DP: é o desvio padrão;
- x_i: é um valor qualquer no conjunto de dados não posição i;
- M_A: é a média aritmética dos dados do conjunto;
- n: é a quantidade total dos dados do conjunto.

Montagem da fórmula:

$$M_A = \frac{(0{:}06{:}00 + 0{:}07{:}10 + 0{:}05{:}00 + 0{:}06{:}34 + 0{:}09{:}45 + 0{:}07{:}32 + 0{:}06{:}12 + 0{:}06{:}40 + 0{:}06{:}31 + 0{:}05{:}10 + 0{:}05{:}50 + 0{:}07{:}20 + 0{:}06{:}50 + 0{:}04{:}50)}{14}$$

$M_A = 00{:}06{:}32$

$$DP = \sqrt{\frac{((0{:}06{:}00{-}06{:}32)^2 + (0{:}07{:}10{-}06{:}32)^2 + (0{:}05{:}00{-}06{:}32)^2 + (0{:}06{:}34{-}06{:}32)^2 + (0{:}09{:}45{-}06{:}32)^2 + (0{:}07{:}32{-}06{:}32)^2 + (0{:}06{:}12{-}06{:}32)^2 + 0{:}06{:}40{-}06{:}32)^2 + (0{:}06{:}31{-}06{:}32)^2 + (0{:}05{:}10{-}06{:}32)^2 + (0{:}05{:}50{-}06{:}32)^2 + (0{:}07{:}20{-}06{:}32)^2 + (0{:}06{:}50{-}06{:}32)^2 + (0{:}04{:}50{-}06{:}32)^2)}{14}}$$

$DP = 00{:}01{:}15$

Calculado o desvio padrão (DP), aplicar na tabela o LCS e o LCI somando o DP e subtraindo-o da média respectivamente:

Tabela 3.3 – Despacho de ocorrências, DP e limites superior e inferior de controle

Data	Dia	Tempo médio de despacho	Média	DP	LCS = (Média + DP)	LCI = (Média – DP)
Dia 1	Segunda-feira	0:06:00	0:06:32	0:01:15	0:07:47	0:05:16
Dia 2	Terça-feira	0:07:10	0:06:32	0:01:15	0:07:47	0:05:16
Dia 3	Quarta-feira	0:05:00	0:06:32	0:01:15	0:07:47	0:05:16
Dia 4	Quinta-feira	0:06:34	0:06:32	0:01:15	0:07:47	0:05:16
Dia 5	Sexta-feira	0:09:45	0:06:32	0:01:15	0:07:47	0:05:16

(continua)

(Tabela 3.3 – conclusão)

Data	Dia	Tempo médio de despacho	Média	DP	LCS = (Média + DP)	LCI = (Média – DP)
Dia 6	Sábado	0:07:32	0:06:32	0:01:15	0:07:47	0:05:16
Dia 7	Domingo	0:06:12	0:06:32	0:01:15	0:07:47	0:05:16
Dia 8	Segunda-feira	0:06:40	0:06:32	0:01:15	0:07:47	0:05:16
Dia 9	Terça-feira	0:06:31	0:06:32	0:01:15	0:07:47	0:05:16
Dia 10	Quarta-feira	0:05:10	0:06:32	0:01:15	0:07:47	0:05:16
Dia 11	Quinta-feira	0:05:50	0:06:32	0:01:15	0:07:47	0:05:16
Dia 12	Sexta-feira	0:07:20	0:06:32	0:01:15	0:07:47	0:05:16
Dia 13	Sábado	0:06:50	0:06:32	0:01:15	0:07:47	0:05:16
Dia 14	Domingo	0:04:50	0:06:32	0:01:15	0:07:47	0:05:16

No Excel, esses dados são calculados automaticamente pelas fórmulas, sendo necessário apenas replicá-los conforme a Tabela 3.3.

+ **Etapa 4:** Montar o gráfico.

Gráfico 3.4 – Tempo médio e despacho de viatura

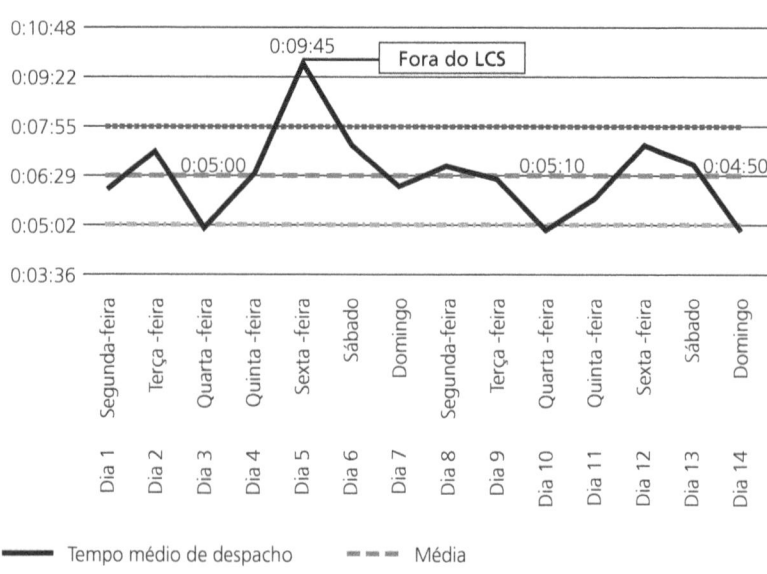

Nesse exemplo, podemos perceber a existência de um ponto acima do LCS e mais três abaixo do LCI. Qualitativamente, os pontos abaixo do LCI não são relevantes (neste caso), pois, quanto menor é o tempo de atendimento, melhor é a eficiência do serviço policial. Entretanto, o ponto acima deve ser objeto de análise de causas para medidas preventivas, visto que não é mais possível corrigir o fato passado.

A carta de controle pode ser aplicada em inúmeras situações, como:

- tempo médio de atendimento de ocorrência;
- tempo de deslocamento;
- quantidade de procedimentos administrativos não conforme;
- defeitos em viaturas;
- monitoramento de incidência de crimes;
- dispensas médicas;
- ocorrências com óbitos etc.

3.2.3 *Diagrama de dispersão*

É uma ferramenta muito útil para comparar duas variáveis distintas, normalmente uma de causa e outra de efeito, quando ainda não se tem clareza sobre os resultados dessas possíveis correlações.

O diagrama de dispersão demonstra graficamente se um evento que acontece em uma das variáveis produziu ou não interferência em outra variável. Pode ser utilizado para detecção de problemas e para a formulação de projetos e ações de melhoria.

Segundo Moore, Notz e Fligner (2017, p. 45): "Esse tipo de diagrama traz números simultâneos das duas variáveis, deixando visível se o que acontece em uma variável causou interferência na outra. Ao estudar a correlação, você tem uma variável dependente Y (efeito), que se relaciona a variáveis independentes X (causas)".

Para montar um diagrama de dispersão, é preciso seguir algumas etapas:

- **Etapa 1:** Definir quais são os dados que se deseja correlacionar e registrar em uma planilha (Excel).

Tabela 3.4 – Taxa de homicídio por unidade da federação

Estado	Taxa por 100 mil habitantes, 2017	Variação 2016-2017
AC	62,2	39,90%
AL	53,7	– 0,90%
AP	48,0	– 1,40%
AM	41,2	13,50%
BA	48,8	3,90%
CE	60,2	48,20%
DF	20,1	– 21,40%
ES	37,9	18,50%
GO	42,8	– 5,60%
MA	31,1	–10,10%
MG	32,9	– 7,70%
MS	24,3	– 2,90%
MT	20,4	– 7,50%
PA	54,7	7,50%
PB	33,3	– 1,70%
PR	24,4	– 11,00%
PE	57,2	21,00%
PI	19,4	– 10,90%
RJ	38,4	5,50%
RN	62,8	17,70%
RS	29,3	2,50%
RO	30,7	– 22,00%
RR	47,5	19,60%
SC	14,2	18,40%
SP	10,9	– 34,50%
SE	57,4	– 11,30%
TO	35,9	– 4,50%

Fonte: Elaborado com base em Ipea; Fórum Brasileiro de Segurança Pública, 2019, p. 23.

Na Tabela 3.4, há duas colunas com duas variáveis diferentes: taxa de mortalidade por cem mil habitantes e a variação entre os anos de 2016 e 2017.

+ **Etapa 2:** Estabelecer quais serão os eixos do gráfico. Em alguns casos, a disposição será: causa = eixo horizontal; e efeito = eixo vertical. Entretanto, em algumas análises, como no exemplo ora em foco, ela não estará tão clara, razão pela qual consideramos o eixo vertical para a taxa de homicídios; e o horizontal, para a variação, com a intenção de verificar se existe correlação entre a alta taxa de homicídios e as variações entre 2016 e 2017.
+ **Etapa 3:** Montar o gráfico.

Gráfico 3.5 – Taxa de homicídios por unidade da federação

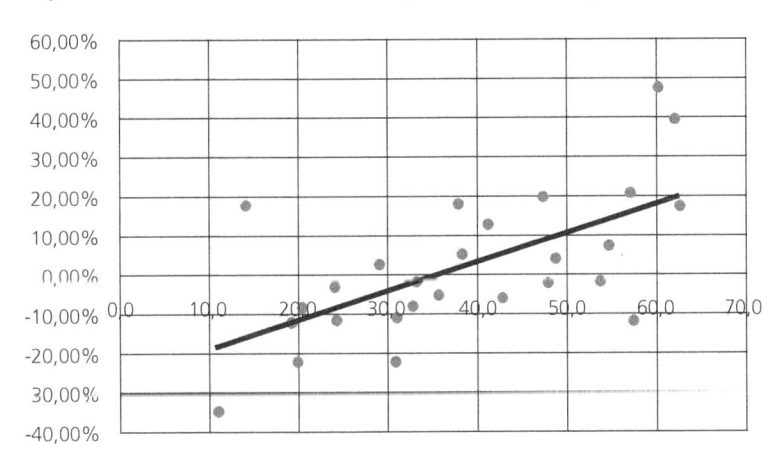

+ **Etapa 4:** Analisar os dados. No exemplo, percebemos que não há correlação entre as taxas de homicídio e a variação ocorrida entre os anos de 2016 e 2017.

À relação entre as variáveis chamamos de *correlação*. Podem existir três tipos de correlações segundo Magalhães e Lima (2009):

1. **Correlação positiva:** É a existência de agrupamentos de pontos com uma tendência crescente. Ou seja, quando um item da variável aumenta, a outra também aumenta. Por exemplo, a relação entre número de veículos/hora e quantidade de acidentes, conforme Gráfico 3.6.

Gráfico 3.6 – *Correlação positiva: veículos/hora e acidentes (n)*

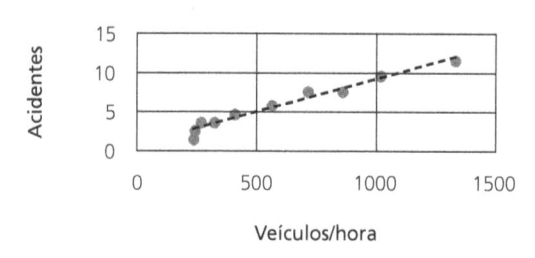

2. **Correlação negativa:** Quando graficamente os pontos se concentram em uma linha que decresce, há uma situação em que, conforme uma variável aumenta, a outra variável diminui. Por exemplo, quanto maior é a carga horária de treinamento, menor é a quantidade de procedimentos disciplinares por denúncias de abusos, como demonstrado no Gráfico 3.7.

Gráfico 3.7 – *Correlação negativa: treinamentos e procedimentos*

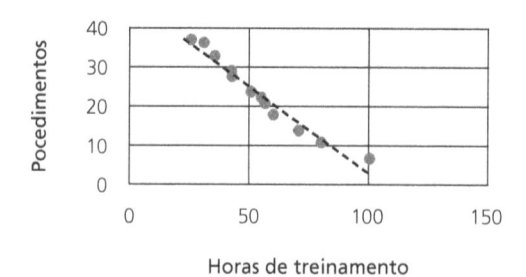

3. **Correlação nula:** É a existência de grande dispersão entre os pontos decorrente do fato de não haver correlação entre as variáveis.

Gráfico 3.8 – Correlação nula: inquéritos e condenações

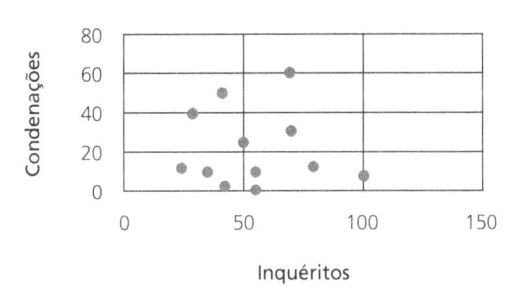

Quanto à dispersão dos pontos, esta pode ser forte ou fraca.

+ **Dispersão forte:** Quanto menor é a dispersão dos resultados, maior é a correlação entre as variáveis.

Gráfico 3.9 – Dispersão forte

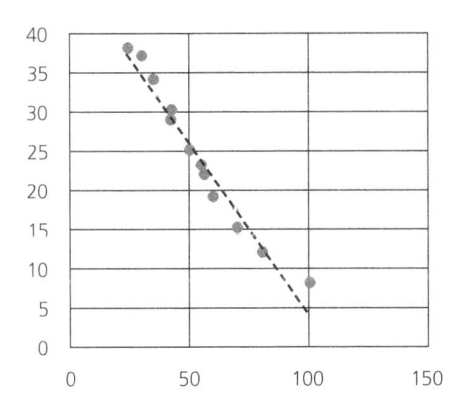

+ **Dispersão fraca:** Quanto mais disperso são os pontos do gráfico, mais fraca é a correlação entre as variáveis.

Gráfico 3.10 – Dispersão fraca

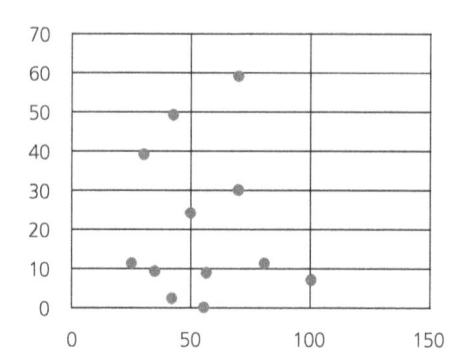

Outra grande aplicação dos gráficos de controle é o chamado *modelo de previsão*, com o qual, mediante fórmulas estatísticas, é possível prever os resultados.

Como exemplo, recorremos a um modelo matemático que pode ser aplicado com a utilização do programa Excel ou similar. Para isso, suponhamos uma quantidade de radar de velocidade necessária para baixar o número de acidentes em determinada rodovia.

+ **Etapa 1:** Elaborar a tabela.

Tabela 3.5 – Radares fixos e acidentes

Radares fixos (n.)	Acidentes (n.)
156	1.350
190	1.280
195	1.211
202	1.150
230	1.077
235	1.022
300	950
325	910
400	830
459	746

+ **Etapa 2:** Elaborar o gráfico de dispersão, incluindo a linha de tendência e a fórmula fornecida pelo Excel.

Gráfico 3.11 – *Radares fixos e número de acidentes*

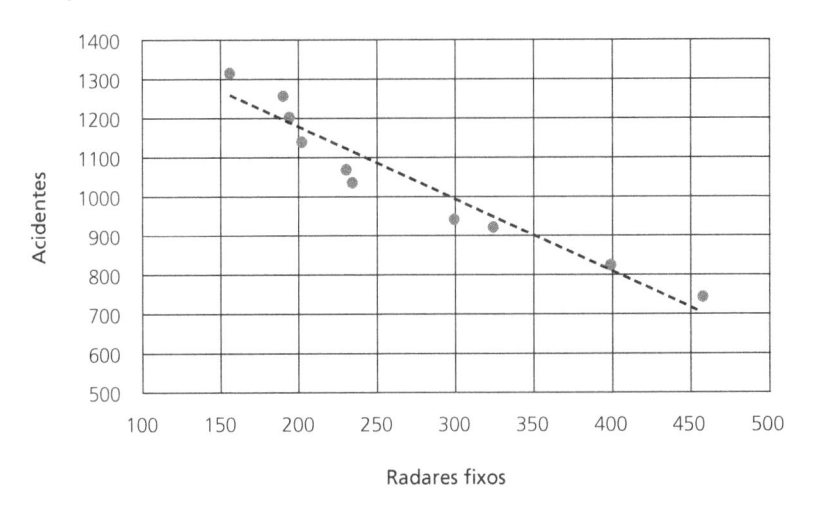

+ **Etapa 3:** Elaborar os modelos de previsão usando a fórmula $(y = bx + a)$.

Tabela 3.6 – *Número de acidentes*

Quant. de radares fixos (x)	N. de acidentes (y)
156	1.320
190	1.260
195	1.211
202	1.150
230	1.077
235	1.045
300	950
325	930
400	830
459	746

Modelo de previsão	Resultados	Fórmulas no Excel
Coef "a"	1544,878458	=INTERCEPÇÃO (C2:C11;B2:B11)
Coef "b"	-1,831272132	=INCLINAÇÃO (C2:C11;B2:B11)
R-quadrado	0,936158806	=RQUAD(C2:C11;B2:B11)
Quant. de radares fixos (x)	600	
N. de acidentes (y)	446	=E3*E5+E2

Nesse modelo, inserimos um valor aleatório (600) para verificar qual seria a projeção teórica do número de acidentes e encontramos o valor de 446. Vale lembrar que, nesse caso, estamos analisando os dados quantitativos e não qualitativos (locais onde os radares estão instalados).

Os modelos de previsão usados nos diagramas de dispersão são muito úteis em diversas aplicações da segurança pública, de processos administrativos a processos operacionais.

3.2.4 *Folha de verificação*

As folhas de verificação são formulários simples de coleta de diversos tipos de dados que permitem uma análise rápida. Normalmente são usados em tempo real nos casos em que deve ser feito um registro sistemático.

As informações registradas podem ser quantitativas (folha de registro) ou qualitativas. É possível utilizar esta ferramenta com a adição de marcas (verificações). Segundo Kaoru Ishikawa (1986), podem ser dos seguintes tipos: de classificação, de defeitos, de frequência, e de escala de medição.

- **Folha de verificação de classificação:** Nesse modelo, deve existir categoria para facilitar a análise crítica; caso contrário, o resultado pode contribuir pouco para implementar processos de melhoria – por exemplo: criar uma folha de verificação para analisar quantas vezes no mês a central de emergência recebe trotes; se não criar uma categoria, somente é possível obter resultado quantitativo, não havendo condições de propor um plano de ação eficiente. A seguir, citamos dois exemplos, um sem classificação e um com classificação.

Sem classificação

Quadro 3.3 – Folha de verificação I (trotes)

Trotes (06:00 – 00:00)			
Data	Total	Data	Total
1	214	17	199
2	214	18	238
3	202	19	228
4	180	20	187
5	200	21	235
6	175	22	210
7	202	23	241
8	217	24	224
9	176	25	217
10	228	26	227
11	237	27	236
12	240	28	249
13	199	29	229
14	200	30	227
15	226	31	228
16	212	Total	6.697

Nesse primeiro exemplo da folha de verificação, sem a classificação, foram anotados o número de trotes recebidos no dia (entre 6h e 0h). Observe que esse formulário não fornece muita informação, apenas o total desse tipo de ligação.

Com classificação

Tabela 3.7 – Folha de verificação II (trotes)

Trotes (06:00 – 00:00)

Data / Faixa horária	Segunda-feira						Terça-feira						Quarta-feira						Quinta-feira		
	06:00–09:00	09:00–12:00	12:00–15:00	15:00–18:00	18:00–21:00	21:00–00:00	06:00–09:00	09:00–12:00	12:00–15:00	15:00–18:00	18:00–21:00	21:00–00:00	06:00–09:00	09:00–12:00	12:00–15:00	15:00–18:00	18:00–21:00	21:00–00:00	06:00–09:00	09:00–12:00	12:00–15:00
1	2	4	3	12	4	2	3	3	4	10	6	5	5	3	4	9	3	4	4	4	3
2	5	3	4	9	3	4	4	4	3	12	2	3	4	5	4	9	5	4	8	9	9
3	8	9	9	15	6	5	1	2	3	4	5	1	2	4	3	12	4	2	3	3	4
4	4	4	3	12	2	3	4	5	4	9	5	4	1	1	4	12	4	3	2	3	4
5	8	9	9	11	6	5	1	2	3	4	5	1	1	1	6	13	1	3	1	4	3
6	2	1	5	8	5	2	3	3	1	9	1	1	1	1	6	9	2	2	1	4	4
7	2	4	2	11	4	2	4	3	4	9	6	5	4	3	5	9	3	3	4	6	4
8	2	4	3	9	4	2	4	3	4	10	6	4	5	3	4	9	2	4	4	4	3
9	3	3	4	10	6	5	5	3	4	8	1	1	2	2	6	8	2	2	1	4	4
10	5	3	4	9	3	4	4	4	3	12	2	3	4	5	4	9	5	4	8	9	9
11	4	5	4	9	5	4	8	9	9	15	6	5	1	2	3	4	5	1	4	3	12
12	4	3	12	2	3	4	5	4	9	5	4	8	9	9	15	6	5	1	5	2	10
13	3	3	4	10	6	5	5	3	4	9	3	4	4	3	3	4	10	6	5	5	3
14	4	4	3	12	2	3	4	5	4	9	5	4	2	2	6	8	2	2	1	5	5
15	2	3	4	9	6	4	5	3	4	8	1	1	4	4	3	12	2	3	4	5	4
16	4	3	12	2	3	4	5	4	9	5	4	8	9	9	15	6	5	1	2	3	4
17	4	5	4	9	5	4	8	9	9	15	6	5	1	2	3	4	5	1	2	3	4
18	4	4	3	12	2	3	4	5	4	9	5	4	8	9	9	15	6	5	1	3	4
19	2	4	3	9	4	2	4	3	4	10	6	4	5	3	4	9	2	4	4	4	3
20	3	3	4	10	6	5	5	3	4	8	1	1	2	2	6	8	2	2	1	4	4
21	5	3	4	9	3	4	4	4	3	12	2	3	4	5	4	9	5	4	8	9	9
22	3	3	4	10	6	5	5	3	4	9	3	4	4	3	3	4	10	6	5	5	3
23	2	4	3	12	2	3	4	5	4	9	5	4	8	9	9	15	6	5	1	3	4
24	5	3	4	9	3	4	4	4	3	12	2	3	4	5	4	9	5	4	8	9	9
25	4	4	2	10	2	3	6	3	3	9	5	4	8	9	9	15	6	5	1	2	2
26	4	4	2	12	1	3	4	5	2	8	5	4	8	10	10	12	6	5	1	2	3
27	4	4	1	10	2	2	5	6	4	9	5	4	4	5	4	9	5	4	8	9	9
28	4	3	12	2	3	4	5	4	9	5	4	8	9	9	15	6	5	1	4	3	12
29	5	3	4	9	3	4	4	4	3	12	2	3	4	5	4	9	5	4	8	9	9
30	5	3	4	9	3	4	4	4	3	12	2	3	4	5	4	9	5	4	8	9	9
31	5	3	4	9	3	4	4	4	3	12	2	3	4	5	4	9	5	4	8	9	9
TOTAL	121	118	143	291	116	112	135	126	134	289	117	115	135	143	183	281	138	103	125	156	178

(continua

(Tabela 3.7 – conclusão)

Sexta-feira							Sábado							Domingo							TOTAL
15:00 – 18:00	18:00 – 21:00	21:00 – 00:00	06:00 – 09:00	09:00 – 12:00	12:00 – 15:00	15:00 – 18:00	18:00 – 21:00	21:00 – 00:00	06:00 – 09:00	09:00 – 12:00	12:00 – 15:00	15:00 – 18:00	18:00 – 21:00	21:00 – 00:00	06:00 – 09:00	09:00 – 12:00	12:00 – 15:00	15:00 – 18:00	18:00 – 21:00	21:00 – 00:00	
12	2	3	4	5	4	9	5	4	8	9	9	15	6	5	1	2	3	4	5	1	214
15	6	5	1	2	3	4	5	1	7	8	9	11	4	3	3	3	3	3	3	0	214
10	6	5	5	3	4	9	3	4	6	9	8	3	4	2	4	0	2	3	2	2	202
6	4	3	5	6	6	10	3	3	7	6	5	3	4	1	3	2	3	1	2	0	180
9	4	5	4	5	6	9	4	4	4	6	6	13	3	4	3	3	3	0	0	3	200
12	4	1	4	3	4	12	4	0	10	8	7	11	2	3	3	3	2	3	1	1	175
8	3	4	5	2	5	19	7	1	9	10	8	3	5	3	1	1	0	3	0	1	202
12	2	3	4	5	4	9	5	4	8	9	9	15	6	5	1	2	3	4	5	1	217
9	1	3	3	3	4	10	6	5	5	3	4	13	5	4	1	0	1	2	1	0	176
15	6	5	1	2	3	8	5	1	4	4	3	12	2	3	4	5	4	9	5	4	228
2	3	4	5	4	9	5	4	8	9	9	15	6	5	1	4	4	4	5	1	1	237
2	3	4	6	4	5	15	4	9	9	9	17	4	4	4	1	0	1	0	1	1	240
4	9	3	4	4	6	12	2	2	2	2	25	2	2	1	1	1	0	0	1	1	199
10	1	3	3	3	4	10	6	5	5	3	9	15	8	4	1	0	1	2	1	0	200
9	5	4	8	9	9	15	6	5	1	3	21	2	6	6	6	1	1	1	1	1	226
6	4	3	5	6	6	9	3	3	7	6	5	3	3	1	2	1	3	1	2	0	212
6	4	3	4	5	6	8	3	3	7	5	5	2	4	1	2	0	3	1	2	0	199
15	6	5	1	2	3	4	5	1	4	4	3	12	2	3	4	5	4	9	5	4	238
12	2	3	4	5	4	9	5	4	8	9	9	15	6	5	1	2	3	4	5	1	228
9	1	3	3	3	4	10	6	5	5	3	4	13	5	4	1	0	1	2	1	0	187
15	6	5	1	2	3	4	5	1	4	4	3	12	2	3	4	5	4	9	5	4	235
4	9	3	4	4	4	10	6	5	5	3	4	12	5	4	1	1	1	0	1	0	210
15	6	5	1	2	3	4	5	1	4	4	3	12	2	3	4	5	4	9	5	4	241
15	6	5	1	2	3	4	5	1	6	9	8	3	4	2	4	0	2	3	2	2	224
13	7	3	1	2	3	8	4	2	7	6	5	3	4	1	3	2	3	1	2	0	217
12	3	3	1	2	4	13	3	1	4	6	6	13	3	4	3	3	3	0	0	3	227
15	6	5	1	2	3	4	5	1	10	8	7	11	2	3	3	3	2	3	1	1	236
2	3	4	5	4	9	5	4	8	9	9	15	8	5	1	1	0	0	0	1	1	249
15	6	5	1	2	3	4	5	1	6	9	8	3	4	2	4	0	2	3	2	2	229
15	6	5	1	2	3	4	5	1	8	8	11	5	3	1	1	1	1	1	1	1	227
15	6	5	1	2	3	4	5	1	6	10	7	3	4	2	3	0	2	3	1	1	228
319	**140**	**120**	**97**	**107**	**140**	**260**	**143**	**95**	**194**	**201**	**258**	**258**	**124**	**89**	**78**	**55**	**69**	**89**	**65**	**41**	**6.697**

No segundo exemplo, é possível extrair muito mais informações, como:

- o período entre 15h e 18h é a faixa de horário com maior número de trotes;
- o domingo é o dia com menos trotes, e sábado é o dia com o maior número deles.

Diante dessas evidências, o gestor pode buscar identificar as causas ao melhorar a folha de verificação, acrescentando, por exemplo, se as ligações são de crianças ou adultos. Com mais informações, o administrador tem mais condições de propor um plano de ação.

Não há um modelo fixo: o que deve ser feito é registrar os dados separando-os por categorias para facilitar a identificação das causas. É comum nos primeiros usos chegar ao final da verificação e perceber que faltaram alguns dados. Isso não é um problema quando não há um prazo para entregar a análise, simplesmente configurando o ciclo de melhoria sendo implementado na prática para a busca de informações mais precisas.

- **Folha de verificação de defeitos:** Nesse modelo, além das não conformidades, é registrada a localização da falha em um desenho ou ilustração. Em alguns casos, é interessante marcar a exata localização do defeito para facilitar a identificação de uma possível causa.
- **Folha de verificação de frequência:** É o registro do número de não conformidades relacionadas às possíveis falhas de processo, como expresso no Quadro 3.4.

Quadro 3.4 – Procedimentos verificados

Procedimentos verificados – Delegacia A				
Não conformidade	Inquérito	Sindicância	Prisão em flagrante	Conselho de disciplina
Falta de assinatura				
Ausência de laudo				
Ausência de juntada de documento				
Ausência de despacho				
Ausência de provas				
Ausência de perícia				
Ausência de nota de culpa				
Extrapolação de prazos				
Invalidações				

+ **Folha de verificação da escala de medição:** É um formulário com intervalos determinados para a verificação da conformidade das especificações de medida de um produto.

 A vantagem dessa ferramenta é permitir agilidade no levantamento de dados e fácil visualização. Depois de lançados marcas ou dados, o gestor pode iniciar a análise crítica sobre o processo.

3.2.5 Diagrama de Ishikawa

O diagrama de Ishikawa, ou diagrama de espinha de peixe, foi desenvolvido por Kaoru Ishikawa na década de 1960 como técnica para medir os processos de controle da qualidade na indústria naval (Ishikawa, 1986). Com seu formato de espinha de peixe, é usado também para identificar as causas de um problema ou áreas a serem melhoradas em qualquer processo, tanto de produto quanto de serviço, inclusive na etapa de desenvolvimento.

O diagrama normalmente é agrupado em classes de causas que podem ser adaptadas de acordo com a necessidade.

A técnica é bem simples, conforme se vê nas etapas detalhadas a seguir:

- **Etapa 1:** Definir o modelo de diagrama de Ishikawa a ser utilizado.
- **Etapa 2:** Definir o problema ou efeito e colocá-lo no centro direito do diagrama.
- **Etapa 3:** Realizar, como sugestão, um *brainstorming* com a equipe envolvida para preencher as categorias com o maior número de ideias possíveis, orientando-se pela pergunta "Por que isso acontece?". As causas podem ser escritas em vários lugares se estiverem relacionadas a várias categorias.
- **Etapa 4:** Repetir a pergunta "Por que isso ocorre?" sobre cada causa sinalizada para verificar se existem subcausas. Refazer o processo várias vezes até se exaurirem as ideias.
- **Etapa 5:** Tentar eleger as causas principais (causa-mãe) para determinar o plano de ação.

Com o tempo, foram criados diversos modelos de diagrama que podem ser utilizados com a técnica mencionada, como o 6Ms e o 4Ps, que pormenorizamos na sequência.

+ **6 Ms:** composto de método, máquina, material, mão de obra, medida e meio ambiente.

Figura 3.1 – Modelo de diagrama de Ishikawa 6Ms

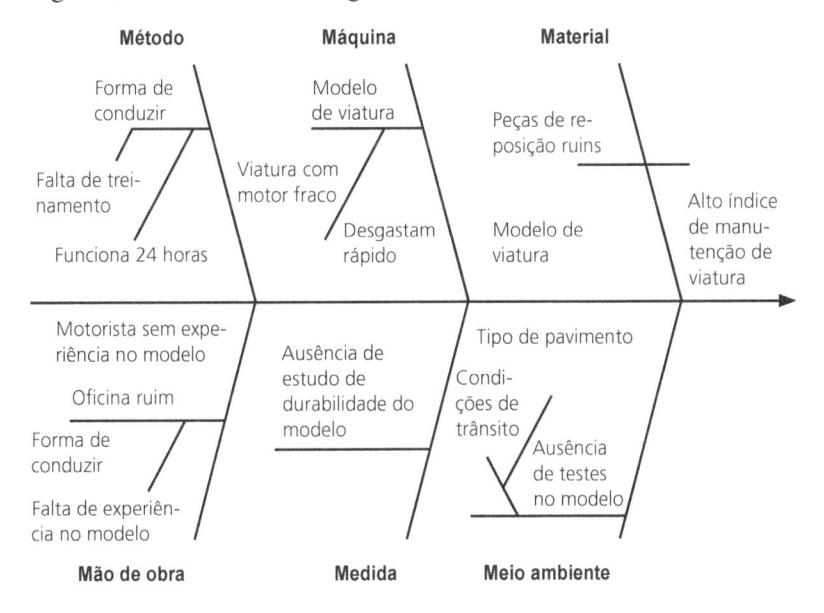

Método	Máquina	Material
Forma de conduzir	Modelo de viatura	Peças de reposição ruins
Falta de treinamento	Viatura com motor fraco	
Funciona 24 horas	Desgastam rápido	Modelo de viatura
		Alto índice de manutenção de viatura
Motorista sem experiência no modelo	Ausência de estudo de durabilidade do modelo	Tipo de pavimento
Oficina ruim		Condições de trânsito
Forma de conduzir		Ausência de testes no modelo
Falta de experiência no modelo		
Mão de obra	**Medida**	**Meio ambiente**

+ **4 Ps**: formado pelas categorias políticas, procedimentos, pessoal e planta.

Figura 3.2 – Modelo de diagrama de Ishikawa 4Ps

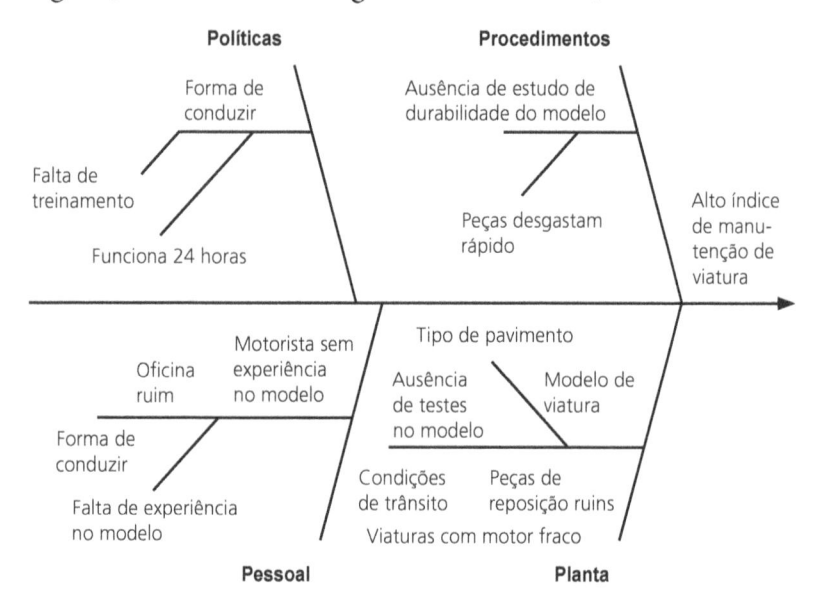

```
                    Políticas              Procedimentos
                 Forma de          Ausência de estudo de
                 conduzir          durabilidade do modelo
     Falta de
     treinamento                                              Alto índice
                                    Peças desgastam           de manu-
               Funciona 24 horas    rápido                    tenção de
                                                              viatura

                    Motorista sem  Tipo de pavimento
           Oficina  experiência    Ausência      Modelo de
           ruim     no modelo      de testes     viatura
     Forma de                      no modelo
     conduzir
                                   Condições    Peças de
           Falta de experiência    de trânsito  reposição ruins
           no modelo               Viaturas com motor fraco
                    Pessoal                 Planta
```

Outra forma prática de adaptar o diagrama de Ishikawa é construir um quadro simples, conforme o apresentado a seguir.

Quadro 3.5 – 6 Ms

Método	Máquina	Material	Mão de obra	Medida	Meio ambiente
Forma de conduzir	Modelo de viatura	Peças de reposição ruins	Motorista sem experiência no modelo	Ausência de estudo de durabilidade do modelo	Tipo de pavimento
Falta de treinamento	Viatura com motor fraco	Modelo de viatura	Oficina ruim		Condições do trânsito

(continua)

(Quadro 3.5 – conclusão)

Método	Máquina	Material	Mão de obra	Medida	Meio ambiente
Funciona 24 horas	Desgasta rápido		Forma de conduzir		Ausência de testes no modelo
			Falta de experiência no modelo		

3.2.6 Diagrama de Pareto

O diagrama de Pareto foi criado pelo sociólogo e economista Vilfredo Pareto (1996), nascido em 1848 na França. No final do século XIX, ele publicou um estudo sobre a economia, no qual menciona que 20% da população italiana possuía 80% das terras da Itália (Marshall Junior, 2006).

Mais tarde, o modelo ficou conhecido como *Regra dos 80/20*. Essa regra prediz que apenas 20% de causas são responsáveis por 80% dos problemas. Esse modelo funciona na maioria das vezes, embora, a depender da situação, possam ocorrer variações mais expressivas.

Normalmente, é uma ferramenta eficiente para concentrar esforço e energia na solução de problemas e evitar desperdícios ou ações ineficientes. Rotineiramente, as organizações precisam resolver problemas em seus departamentos ou processos, razão pela qual começam a implantar medidas corretivas ou preventivas sem critério. O diagrama de Pareto proporciona, mediante um mecanismo simples, um método mais eficaz para resolver as não conformidades encontradas.

Basicamente, o diagrama (ou gráfico) de Pareto consiste em colunas ordenadas em sequência de distribuição, com o uso das quais é fácil perceber o comportamento de cada categoria, como demonstrado no exemplo a seguir.

Suponhamos uma situação em que é necessário treinar uma equipe para o preenchimento de documentos referentes ao atendimento de ocorrências, uma vez que o setor de processamento tem percebido vários problemas.

- **Etapa 1** (o passo mais importante do diagrama de Pareto): Elaborar uma boa fonte de dados. Quanto mais completa for a base de dados, mais eficiente será a ferramenta. Para isso, é válido construir uma carta de controle em uma planilha no Excel ou programa similar com as seguintes informações:
    - item;
    - código do policial;
    - grupamento;
    - tipo de documento;
    - falha;
    - quantidade.

Quadro 3.6 – Carta de controle: não conformidade de documentos I

Item	Cód. policial	Grupamento	Tipo de documento	Falha	Quant.
1	A	Amarelo	Recibo de entrega de pessoas	Descrição incorreta	17
2	B	Amarelo	Recibo de entrega de pessoas	Descrição incorreta	11
3	J	Cinza	Recibo de entrega de objetos	Sem quantidade	4
4	C	Amarelo	Ficha de atendimento de ocorrência	Descrição incorreta	1
5	K	Cinza	Ficha de atendimento de ocorrência	Descrição incorreta	1
6	J	Cinza	Notificação de multa	Descrição incorreta	1

(continua)

(Quadro 3.6 – continuação)

Item	Cód. policial	Grupamento	Tipo de documento	Falha	Quant.
7	A	Amarelo	Ficha de atendimento de ocorrência	Ilegível	27
8	D	Amarelo	Notificação de multa	Descrição incorreta	1
9	B	Amarelo	Ficha de atendimento de ocorrência	Sem horário de chegada	27
10	J	Cinza	Recibo de entrega de objetos	Descrição incorreta	4
11	J	Cinza	Notificação de multa	Descrição incorreta	5
12	A	Amarelo	Recibo de entrega de veículos	Sem acessórios	6
13	B	Amarelo	Notificação de multa	Descrição incorreta	64
14	D	Verde	Notificação de multa	Descrição incorreta	1
15	E	Verde	Ficha de atendimento de ocorrência	Descrição incorreta	7
16	A	Amarelo	Notificação de multa	Descrição incorreta	126
17	J	Cinza	Ficha de atendimento de ocorrência	Incompleta	5
18	D	Verde	Recibo de entrega de objetos	Sem quantidade	1
19	E	Verde	Ficha de atendimento de ocorrência	Sem horário de chegada	1
20	D	Verde	Recibo de entrega de pessoas	Descrição incorreta	1
21	E	Verde	Notificação de multa	Descrição incorreta	1
22	J	Cinza	Recibo de entrega de pessoas	Sem quantidade	3
23	F	Verde	Notificação de multa	Descrição incorreta	1

(Quadro 3.6– conclusão)

Item	Cód. policial	Grupamento	Tipo de documento	Falha	Quant.
24	B	Amarelo	Recibo de entrega de objetos	Sem assinatura	13
25	G	Verde	Recibo de entrega de pessoas	Sem quantidade	7
26	G	Verde	Notificação de multa	Descrição incorreta	1
27	I	Verde	Recibo de entrega de pessoas	Descrição incorreta	1
28	C	Amarelo	Recibo de entrega de pessoas	Sem assinatura	1
29	K	Cinza	Recibo de entrega de pessoas	Sem assinatura	3
30	L	Azul	Recibo de entrega de pessoas	Descrição incorreta	1
31	H	Verde	Ficha de atendimento de ocorrência	Ilegível	4
32	I	Verde	Notificação de multa	Descrição incorreta	1
33	C	Amarelo	Notificação de multa	Sem horário de chegada	5
34	K	Cinza	Notificação de multa	Sem horário de chegada	1
35	D	Verde	Notificação de multa	Descrição incorreta	3
36	H	Verde	Recibo de entrega de objetos	Sem quantidade	1
37	H	Verde	Notificação de multa	Descrição incorreta	1
38	C	Amarelo	Ficha de atendimento de ocorrência	Sem horário de chegada	1
39	K	Cinza	Ficha de atendimento de ocorrência	Sem horário de chegada	1
40	L	Azul	Ficha de atendimento de ocorrência	Sem horário de chegada	5
				Total	366

- **Etapa 2**: Utilizando as ferramentas do Excel é possível criar uma planilha com os dados expostos no Quadro 3.6 e aplicar filtros para iniciar a análise desses dados, separando, por exemplo, o tipo de documento ou o grupamento para visualizar possíveis recorrências.
- **Etapa 3**: Inserir, com base na planilha lançada no Excel, algumas tabelas dinâmicas para: código policial, grupamento, tipo de documento e falha. Para isso, é preciso clicar em qualquer parte da planilha, clicar em Inserir Tabela Dinâmica e seguir conforme as solicitações do Excel, conforme Figura 3.3.

Figura 3.3 – Sequência de telas do Excel para inserção de tabela dinâmica

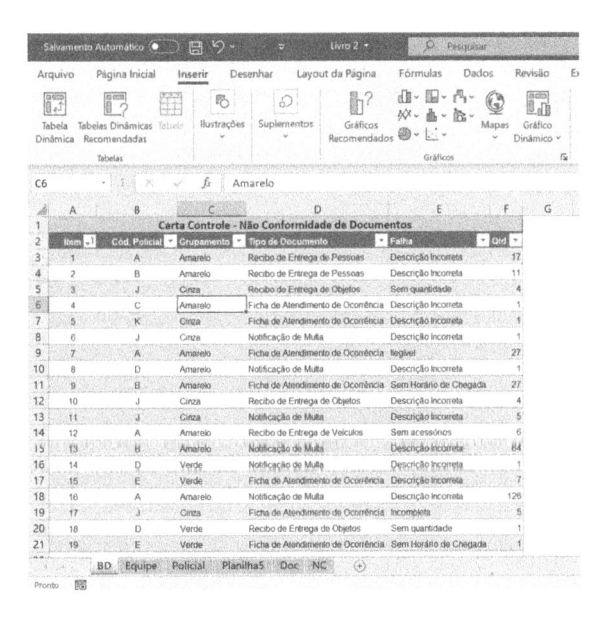

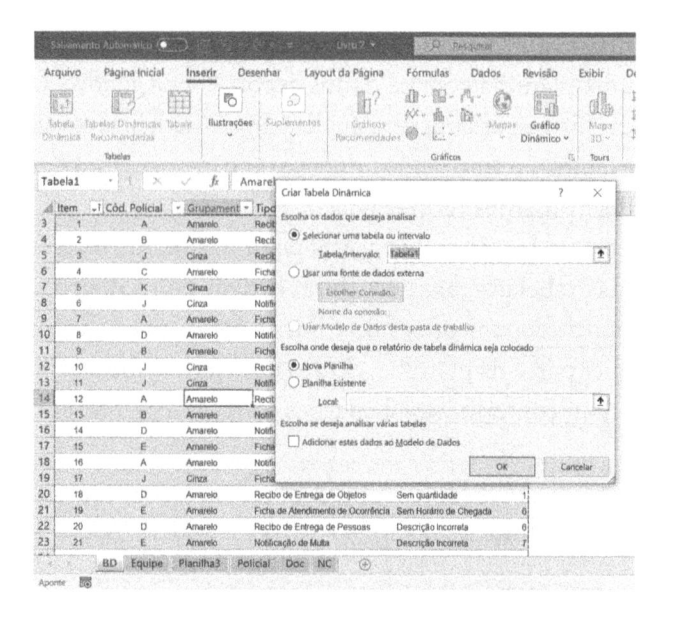

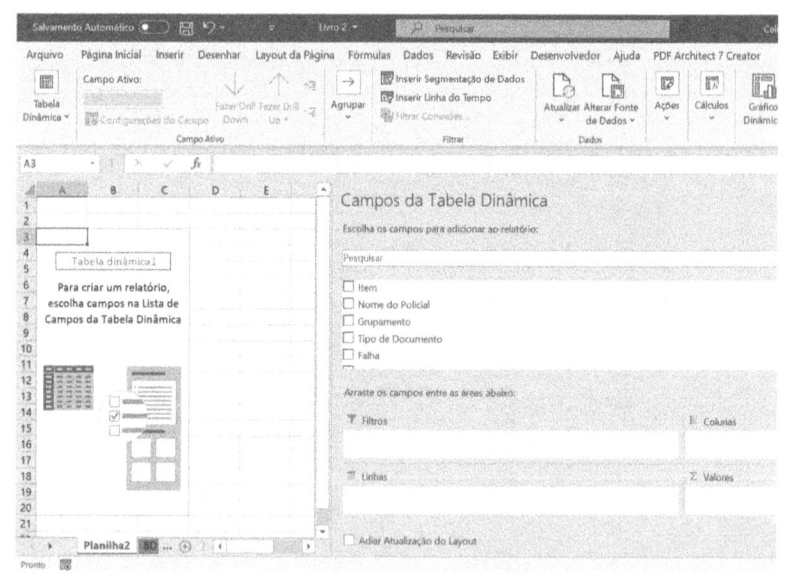

♦ **Etapa 4**: Selecionar o título da linha (Cód. Policial) e somatória das quantidades (Quant.); com isso o Excel monta automaticamente a planilha dinâmica.

Figura 3.4 – Tabela dinâmica gerada pelo Excel

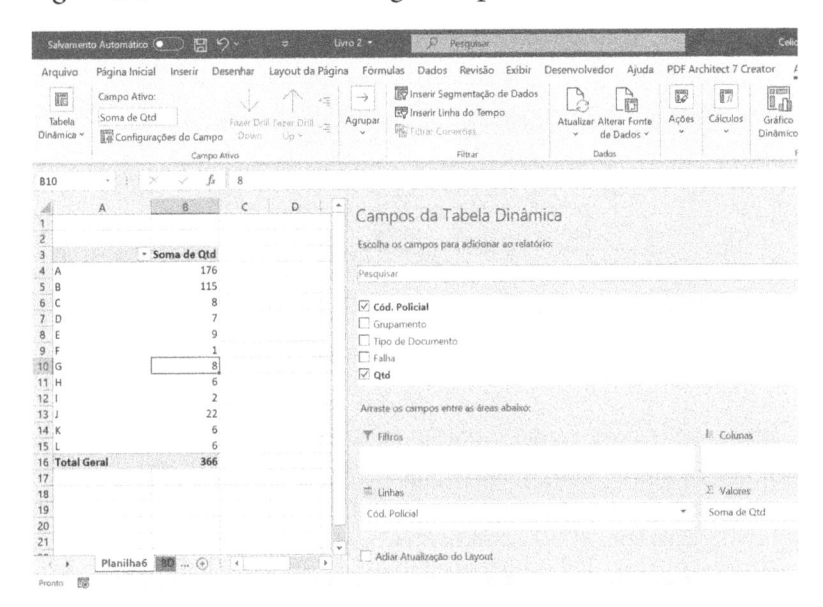

+ **Etapa 5**: Selecionar a coluna Quant. e colocar seu conteúdo em ordem decrescente; o resultado é igual ao da expresso na Tabela 3.8.

Tabela 3.8 – Não conformidade de documentos: relação rótulos de linha e soma das quantidades

Rótulos de linha	Soma das quantidades
A	176
B	115
J	22
E	9
C	8
G	8
D	7
K	6

(continua)

(Tabela 3.8 – conclusão)

Rótulos de linha	Soma das quantidades
H	6
L	6
I	2
F	1
Total geral	366

- **Etapa 6**: Calcular a porcentagem representativa de cada policial no conjunto – (Soma das quantidades / Total geral).

Tabela 3.9 – Não conformidade de documentos: relação policiais, soma das quantidades e fórmulas no Excel

Policiais	Soma das quantidades	Fórmula Excel
A	176	=B3/B$15
B	115	=B4/B$15
J	22	=B5/B$15
E	9	=B6/B$15
C	8	=B7/B$15
G	8	=B8/B$15
D	7	=B9/B$15
K	6	=B10/B$15
H	6	=B11/B$15
L	6	=B12/B$15
I	2	=B13/B$15
F	1	=B14/B$15
Total geral	366	

Observação: O policial C está no Excel na posição **A3**.

Tabela 3.10 – Não conformidade de documentos: relação rótulos de linha, soma das quantidades e porcentagem

Rótulos de linha	Soma de Quant.	%
A	176	48,1%
B	115	31,4%
J	22	6,0%
E	9	2,5%
C	8	2,2%
G	8	2,2%
D	7	1,9%
K	6	1,6%
H	6	1,6%
L	6	1,6%
I	2	0,5%
F	1	0,3%
Total geral	366	

+ **Etapa 7**: Montar a coluna com os dados para o Pareto. A partir do segundo dado (A – 176 – 48,1%), somar sempre com a somatória anterior e depois elaborar o gráfico.

Tabela 3.11 – Não conformidade de documentos: aplicação Pareto

Rótulos de linha	Soma de Quant.	%	Pareto
A	176	48,1%	= A
B	115	31,4%	= A + B
J	22	6,0%	= A + B+ J
E	9	2,5%	= A + B + J + E
C	8	2,2%	= A + B + J + E + C
G	8	2,2%	= A + B + J + E + C + G

(continua)

(Tabela 3.11 – conclusão)

Rótulos de linha	Soma de Quant.	%	Pareto
D	7	1,9%	= A + B + J + E + C + G + D
K	6	1,6%	= A + B + J + E + C + G + D + K
H	6	1,6%	= A + B + J + E + C + G + D + K + H
L	6	1,6%	= A + B + J + E + C + G + D + K + H + L
I	2	0,5%	= A + B + J + E + C + G + D + K + H + L + I
F	1	0,3%	= A + B + J + E + C + G + D + K + H + L + I + F
Total geral	366		

Tabela 3.12 – Não conformidade de documentos: relação Pareto e células Excel

Rótulos de linha	Soma de Quant.	%	Pareto
A	176	=B3/B$15	=C3
B	115	=B4/B$15	=C4+D3
J	22	=B5/B$15	=C5+D4
E	9	=B6/B$15	=C6+D5
C	8	=B7/B$15	=C7+D6
G	8	=B8/B$15	=C8+D7
D	7	=B9/B$15	=C9+D8
K	6	=B10/B$15	=C10+D9
H	6	=B11/B$15	=C11+D10
L	6	=B12/B$15	=C12+D11
I	2	=B13/B$15	=C13+D12
F	1	=B14/B$15	=C14+D13
Total geral	366		

Tabela 3.13 – Não conformidade de documentos: porcentagem de Pareto por policial

Policiais	Soma de Quant.	%	Pareto
A	176	48,1%	48,1%
B	115	31,4%	79,5%
J	22	6,0%	85,5%
E	9	2,5%	88,0%
C	8	2,2%	90,2%
G	8	2,2%	92,3%
D	7	1,9%	94,3%
K	6	1,6%	95,9%
H	6	1,6%	97,5%
L	6	1,6%	99,2%
I	2	0,5%	99,7%
F	1	0,3%	100,0%
Total geral	366		

Gráfico 3.12 – Não conformidade de documentos: aplicação de Pareto por policial

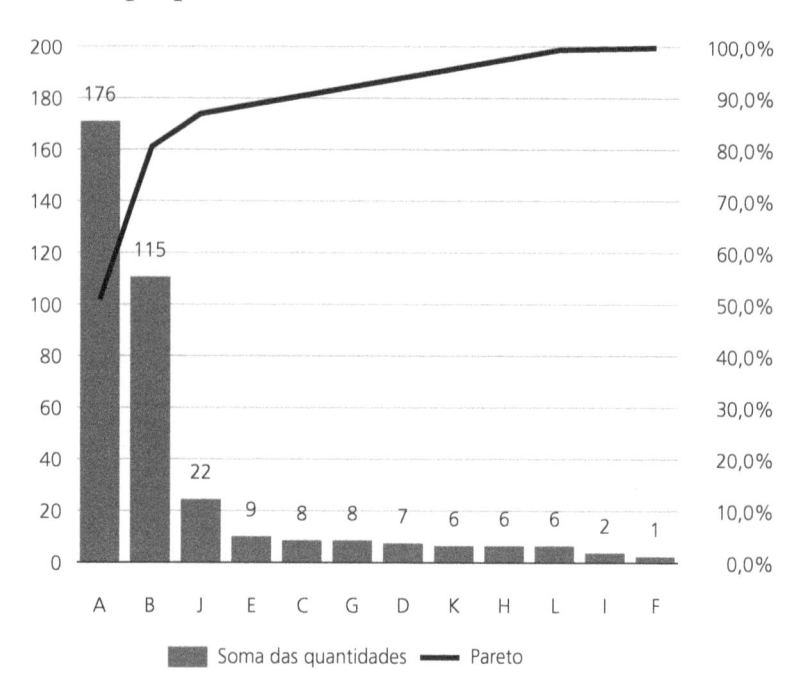

[Gráfico de Pareto com as seguintes quantidades por policial:]
- A: 176
- B: 115
- J: 22
- E: 9
- C: 8
- G: 8
- D: 7
- K: 6
- H: 6
- L: 6
- I: 2
- F: 1

■ Soma das quantidades — Pareto

+ **Etapa 8:** Repetir da 3º à 7º etapa para *equipe, documento* e *falha*.

Tabela 3.14 – Não conformidade de documentos: porcentagem de Pareto por equipe

Equipe	Soma de Quant.	%	Pareto
Amarelo	300	82,0%	82,0%
Verde	32	8,7%	90,7%
Cinza	28	7,7%	98,4%
Azul	6	1,6%	100,0%
Total geral	366		

Gráfico 3.13 – Não conformidade de documentos: aplicação de Pareto por equipe

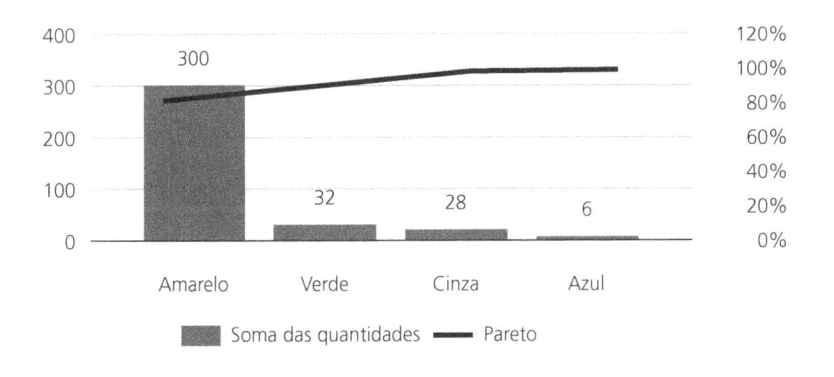

Tabela 3.15 – Não conformidade de documentos: porcentagem de Pareto por tipo de documento

Documento	Soma de Quant.	%	Pareto
Notificação de multa	212	57,9%	57,9%
Ficha de atendimento de ocorrência	80	21,9%	79,8%
Recibo de entrega de pessoas	45	12,3%	92,1%
Recibo de entrega de objetos	23	6,3%	98,4%
Recibo de entrega de veículos	6	1,6%	100,0%
Total geral	366		

Gráfico 3.14 – Não conformidade de documentos: aplicação de Pareto por tipo de documento

	Quantidade	%
Notificação de multa	212	
Ficha de atendimento de ocorrência	80	
Recibo de entrega de pessoas	45	
Recibo de entrega de objetos	23	
Recibo de entrega de veículos	6	

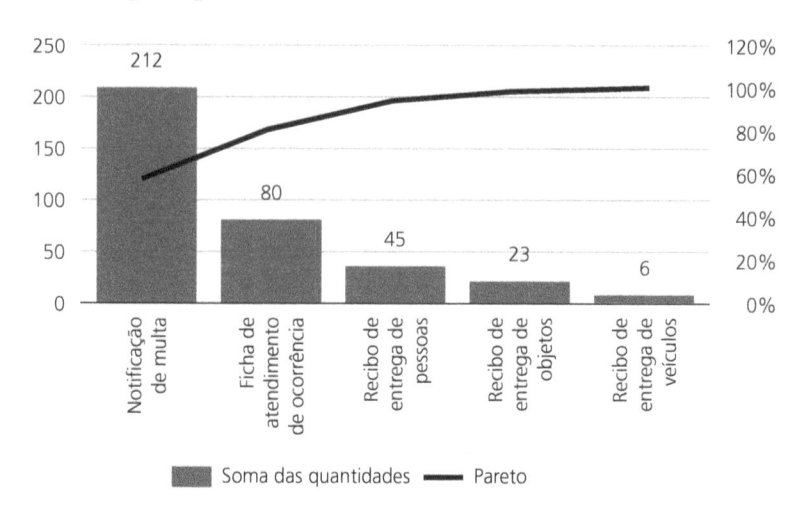

■ Soma das quantidades — Pareto

Tabela 3.16– Não conformidade de documentos: porcentagem de Pareto por falha

Falha	Soma de Quant.	%	Pareto
Descrição incorreta	250	68,3%	68,3%
Sem horário de chegada	41	11,2	79,5%
Ilegível	31	8,5%	88,0%
Sem assinatura	17	4,6%	92,6%
Sem quantidade	16	4,4%	97,0%
Sem acessórios	6	1,6%	98,6%
Incompleta	5	1,4%	100,0%
Total geral	366		

Gráfico 3.15 – Não conformidade de documentos: aplicação de Pareto por falha

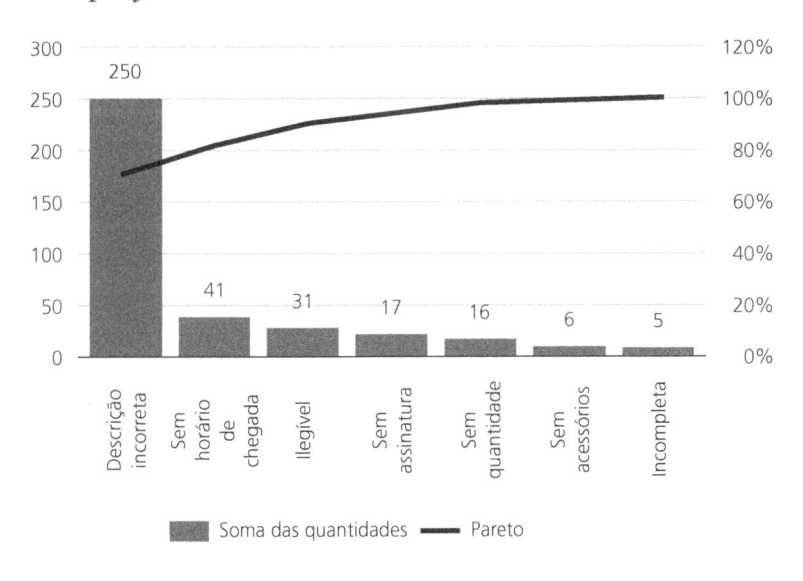

Falha	Quantidade
Descrição incorreta	250
Sem horário de chegada	41
Ilegível	31
Sem assinatura	17
Sem quantidade	16
Sem acessórios	6
Incompleta	5

Legenda: Soma das quantidades — Pareto

+ **Etapa 9**: Realizar a análise dos dados. No exemplo, há dez policiais, quatro equipes, cinco documentos e sete falhas no preenchimento. É necessário, então, verificar os resultados aplicando Pareto:
    + **Policiais**: Dos dez policiais, apenas dois (A e B) são responsáveis por 79,5% de todos os registros de não conformidade. Logo, 20% dos policiais dois contribuem com aproximadamente 80% dos problemas (79,5%). Oito policiais, juntos, correspondem a apenas 20% do total de não conformidades.
    + **Equipes**: Das quatro equipes, só a equipe Amarela é responsável por 82% dos registros, ao passo que a equipe Azul só representa 1,6%.
    + **Documento**: Dos cinco tipos de documento, apenas dois representam 79,8% de todos os problemas (**Notificação de multa** e **Ficha de atendimento de ocorrências**).

- **Falhas:** Das sete falhas registradas, duas representam 79,5% (***Descrição incorreta*** e ***Sem horário de chegada***)
- **Etapa 10:** Proceder à conclusão. Na primeira fase, treinar apenas os policiais A e B (79,5%) como foco nas ***Notificações de multa*** e ***Ficha de atendimento de ocorrências*** (79,8%) e, ainda para estes documentos, treinar com maior intensidade as descrições e a observação para os horários de chegada. Também verificar as causas pelas quais a equipe Amarela é responsável por 82% dos problemas.

Normalmente, quando não se utiliza uma ferramenta adequada para controlar e monitorar os processos, num caso como o do exemplo analisado, a conduta costumeira é reunir todos os policiais em sala de aula, inclusive aqueles que estão fazendo um bom serviço, para tratar das falhas percebidas. Isso, além de não ser eficiente, é um desperdício, porque a ação pode ser focada em apenas dois policiais.

Outro ponto relevante é que os assuntos, com uso do Pareto, recebem um foco muito grande, aumentando significativamente a eficiência dos treinamentos e das ações corretivas ou preventivas.

Se o treinamento é eficiente, a tendência é de que os registros diminuam significativamente e seja possível iniciar um novo ciclo de melhoria, aumentando a abrangência do conjunto e foco. É essencial repetir o processo tantas vezes quantas forem necessárias para que o processo seja controlado.

No exemplo da Tabela 3.17, demonstramos como o processo pode evoluir se forem seguidas as técnicas de gestão da qualidade. Os policiais A e B, após treinamento, melhoraram seu desempenho, contribuindo para uma queda nos registros. Agora, no segundo ciclo, devem ser treinados os policiais C e J, repetindo o processo até chegar ao nível aceitável.

Tabela 3.17 – Não conformidade de documentos: segundo ciclo

Policiais – 2º ciclo	Soma de Quant.	%	Pareto
J	106	71,1%	71,1%
C	13	8,7%	79,9%
D	5	3,4%	83,2%
B	4	2,7%	85,9%
K	4	2,7%	88,6%
A	4	2,7%	91,3%
E	3	2,0%	93,3%
H	3	2,0%	95,3%
L	2	1,3%	96,6%
G	2	1,3%	98,0%
I	2	1,3%	99,3%
F	1	0,7%	100,0%
Total geral	149		

Gráfico 3.16 – Não conformidade de documentos: aplicação de Pareto por policiais no segundo ciclo

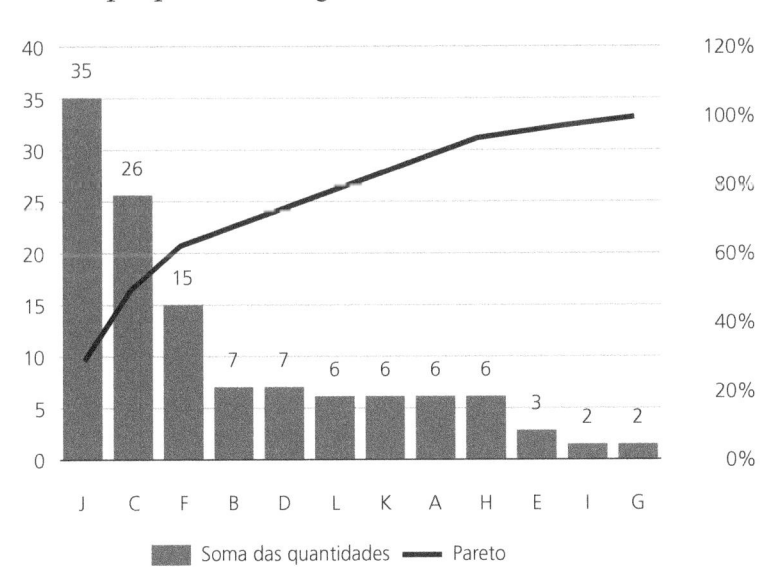

Algumas vezes, podem não ocorrer melhorias, caso em que o gestor deve observar se a ineficiência foi do treinamento ou de limitações dos envolvidos e, se não houver mais possibilidades, verificar se seria um problema disciplinar pontual.

O princípio de Pareto é uma excelente ferramenta de concentração de esforços e uma boa técnica de gestão aplicada em diversos processos.

3.2.7 Fluxograma

O fluxograma é uma representação gráfica da sequência de atividades de um processo qualquer. Pode ser usado em várias situações, tais como planejamento ou mapeamento de um processo; auxílio na elaboração de procedimentos padrão ou revisão de processos existentes.

A história dos fluxogramas começou na década de 1920, quando os engenheiros Frank e Lillian Gilbreth os apresentaram à American Society of Mechanical Engineers (ASME – em português, Sociedade Americana de Engenheiros Mecânicos) (Khan, 2003).

Os fluxogramas também podem ser chamados de *fluxograma do processo, mapa do processo, fluxograma funcional, mapeamento de processos de negócios, modelagem* e *notação de processos de negócios* (BPMN – *business process model and notation*) ou *diagrama de fluxo de processos* (PFD – *process flow diagram*) (Vernadat, 1996).

Segundo Oliveira (2008), em 1947, a ASME adotou um sistema de símbolos para gráficos de processo de fluxo, tendo padronizado, assim, a simbologia utilizada na elaboração dos fluxogramas. O Quadro 3.7 demonstra as mais utilizadas.

Quadro 3.7 – Símbolos de fluxograma

Símbolo	Função
→	Serve para realizar a ligação de um ponto a outro do fluxograma
⬭ ○	Indica início ou fim de processo
▭	Processo ou atividade
◇	Indica decisão
(documento)	Documento
(subprocesso)	Subprocesso
▱	Dados

Fonte: Elaborado com base em Vernadat, 1996.

Para elaborar um fluxograma, é possível empregar *softwares* específicos, como o Visio Microsoft, o Bizagi Modeler ou o Excel, entre os mais comuns.

A grande vantagem do fluxograma, quando aplicado corretamente, é padronizar os fluxos dos mais diversos processos. Pode ser aplicado numa indústria, em um hospital, no judiciário, na delegacia ou em um quartel.

Normalmente, é utilizado como ferramenta para definir processos decisórios e padronizar condutas de atividades quando há mais de um caminho ou solução do trabalho. Quem desenvolve um fluxograma deve ser bem objetivo nas descrições dos processos, já que, depois de definido, será possível redigir, por exemplo, o procedimento padrão daquela atividade com mais detalhes.

Listamos a seguir os principais modelos de mapa de processo:

+ **Mapa de atividades:** Demonstra graficamente as atividades que agregam valor ou não a um processo, facilitando a otimização do fluxo.
+ **Mapa de processo:** Detalha cada etapa do processo.
+ **Mapa de raia:** Apresenta mais de um fluxo dentro da organização, normalmente separando os setores.

Os *softwares* citados anteriormente são bem fáceis de usar e muito intuitivos, oferecendo até mesmo a simbologia-padrão para ser utilizada adequadamente. Para elaborar um fluxograma ou mapeamento de processo, devem ser cumpridas as seguintes etapas:

+ **Etapa 1:** Definir a atividade ou processo a ser mapeado.
+ **Etapa 2:** Identificar quando começa o processo.
+ **Etapa 3:** Identificar as tarefas de modo que tenham uma sequência lógica.
+ **Etapa 4:** Iniciar o desenho do fluxograma com utilização das figuras-padrão.
+ **Etapa 5:** Prestar atenção principalmente aos pontos de decisão.
+ **Etapa 6:** Ao descrever os processos, procurar detalhar as atividades, mas resumindo o conteúdo para que o gráfico fique objetivo. Normalmente, ele deve ter entre uma a duas páginas, embora não exista uma regra limitadora.
+ **Etapa 7:** Fazer a revisão do fluxo para se cientificar de que todas as atividades foram padronizadas.

A grande vantagem de um fluxograma ou mapeamento de processo bem-feito é que ele normatiza as atividades e principalmente as decisões. Com isso, a operação das atividades passa a depender menos das gerências, pois o padrão está preestabelecido. Caso contrário, as gerências seriam constantemente solicitadas para tomar decisões que já poderiam estar padronizadas num fluxograma. Gestores que não trabalham com um método adequado de gestão, segundo Deming (1986, p. 45), são "responsáveis por 85% dos problemas da organização".

Na Figura 3.5, disponibilizamos um exemplo de fluxograma.

Figura 3.5 – Fluxograma: sistema de manutenção de viaturas

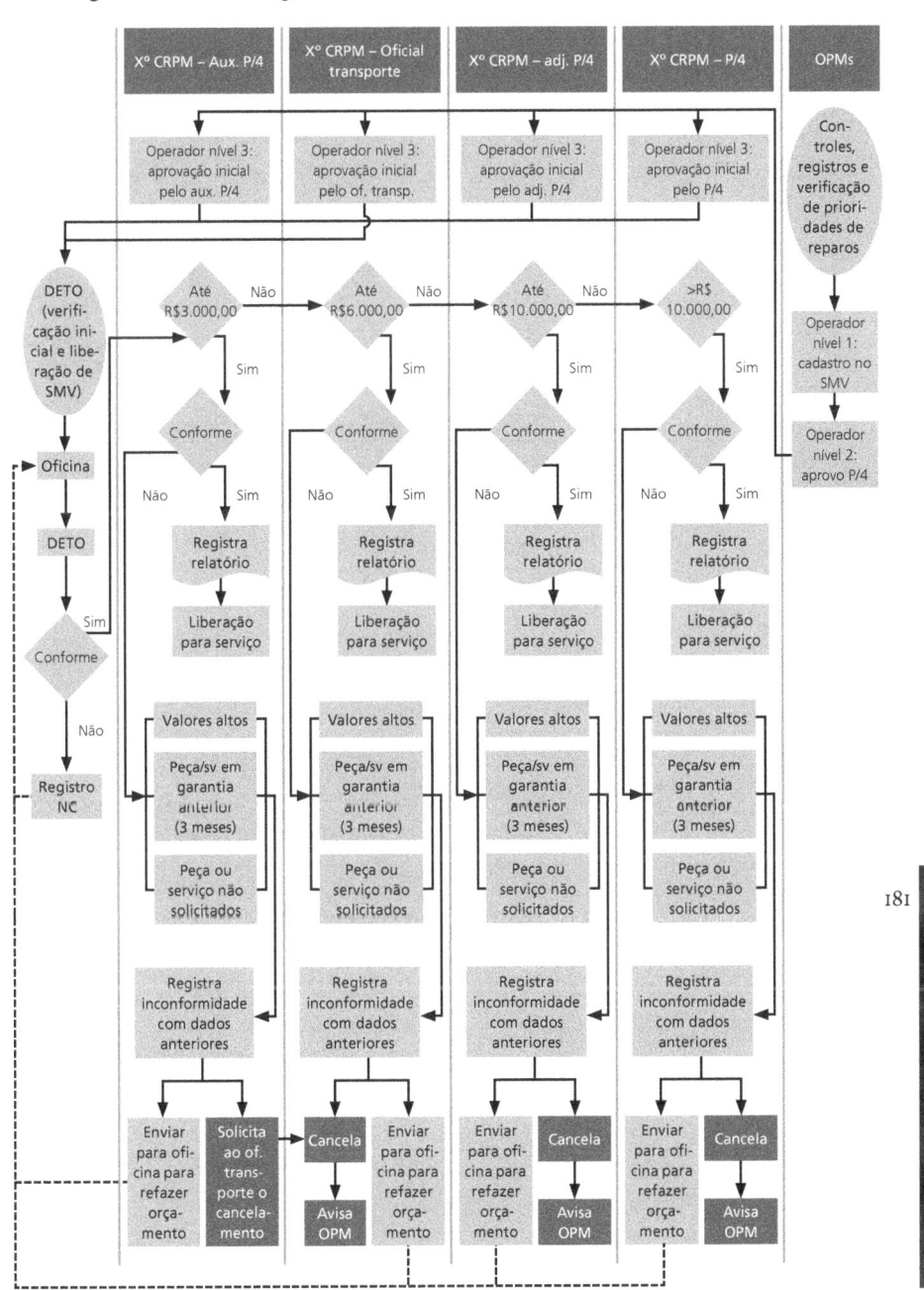

3.2.8 5W2H

A ferramenta 5W2H é um excelente método de controle de projetos ou planos de ação. Por ter estrutura simplificada e ser fácil de utilizar, contribui para organizar, controlar e definir responsabilidades. A sigla é um acrônimo dos termos em inglês *What, Why, Where, When, Who, How* e *How much*, e apresenta os parâmetros descritos no Quadro 3.8.

Quadro 3.8 – 5W2H

What?	O quê?	O que será feito?
		Pode ser subdividido em etapas de ação.
Why?	Por quê?	Por que isso será feito?
		Descreve a justificativa ou motivo do projeto.
Where?	Onde?	Onde isso será feito?
		Define a localização, área ou departamento.
When?	Quando?	Quando isso será feito?
		Estima hora, dias, meses ou datas.
Who?	Quem?	Quem fará isso?
		Especifica quem é responsável pela tarefa.
How?	Como?	Como será feito?
		Descreve o método, processo, descrição.
How much?	Quanto?	Quanto custará fazer?
		Detalha os custos ou despesas envolvidos.

O 5W2H é uma ferramenta muito eficaz para controlar diversas atividades: plano de ação, tarefa, projeto ou qualquer outro processo em que seja necessário determinar prazos, responsabilidades, custos e definir como as tarefas serão executadas.

Figura 3.6 – 5W2H

Normalmente, este instrumento é utilizado no programa Excel, com o qual é possível adaptar alguns recursos adicionais, tais como Status da Tarefa, Prazo ou Nome do Projeto para controlar a demanda, no caso de precisar realizar múltiplas tarefas ou projetos ao mesmo tempo, como no exemplo do Quadro 3.9.

Quadro 3.9 – 5W2H aprimorado

	Projeto/atividade: 100.1_Compra de material de expediente
O quê?	Realizar a compra de material de expediente
Por quê?	Repor o estoque de material de expediente
Onde?	Departamento de compras
Quando?	Nos próximos 6 meses
Quem?	Superintendente "A"
Como?	Iniciar processo licitatório
Quanto?	R$ 50.000,00
Prazo	31/jun.
Status	Prevista

(continua)

(Quadro 3.9 – conclusão)

Projeto/atividade: 100.2_Realizar contrato de comodato para aluguem de viaturas				
O quê?	Proceder à elaboração do contrato de comodato para viaturas	Proceder à assinatura do contrato	Providenciar comunicado às delegacias informando novo fornecedor de manutenção de viaturas	Encaminhar documento para o fiscal do contrato
Por quê?	Concluída a licitação, é necessário formalizar o contrato	Formalizar o ato	Para que tenha ciência do novo fornecedor	Realizar o acompanhamento e fiscalização dos serviços
Onde?	Departamento de Compras	Departamento de Compras	Departamento de Compras	Departamento de *Compliance*
Quando?	Em 60 dias	Em 65 dias	Em 70 dias	Em 75 dias
Quem?	Servidor B	Servidor B	Servidor C	Servidor D
Como?	Copiar o contrato contido no processo licitatório de n. #	Localizar os responsáveis pela assinatura	Encaminhar *e-mail* e ofícios aos superintendentes das delegacias da regional X	Encaminhar cópia da licitação e contratos assinados
Quanto?	R$ 2.000.000,00	-	-	-
Prazo	1º/abr.	6/abr.	11/abr.	16/abr.
Status	Concluída	Concluída	Atrasada	Prevista

3.2.9 Matriz GUT

A matriz GUT, cujo nome é proveniente das iniciais dos termos *gravidade*, *urgência* e *tendência*, serve para o gestor definir prioridades em seus projetos, ações ou atividades. Assim, quando há vários problemas ou projetos importantes, estes podem ser classificados segundo critérios matemáticos, mais objetivos, para dividir quais devem ser resolvidos prioritariamente (Kepler; Tregoe, 1997).

Antes de seguirmos com nossa explanação, vale esclarecermos o significado de cada termo:

- **Gravidade (G)**: Refere-se à seriedade e à profundidade que o impacto do problema pode causar na organização, na equipe, nos colaboradores, clientes, cidadãos ou em qualquer outro processo.
- **Urgência (U)**: Diz respeito ao tempo para resolver o problema, ou seja, quanto menos tempo há, mais urgente é a solução.
- **Tendência (T)**: Concerne ao potencial que o problema tem de piorar com o tempo.

Na matriz GUT, atribui-se uma nota a cada descrição, segunda a distribuição expressa no Quadro 3.10.

Quadro 3.10 – Matriz GUT

Nota	Gravidade	Urgência	Tendência
5	Extremamente grave	Ação imediata	Tende a piorar rapidamente
4	Muito grave	Muito urgente	Tende a piorar a curto prazo
3	Grave	Urgente com atenção no curto prazo	Tende a piorar a médio prazo
2	Pouco grave	Pouco urgente	Tende a piorar a longo prazo
1	Sem gravidade	Não urgente	Tende a não mudar

Fonte: Elaborado com base em Kepler e Tregoe, 1997, p. 58.

A confecção da Matriz GUT é bem simples. Basta montar um quadro com a lista dos problemas e registrar as respectivas notas nas linhas de cada um deles. Em seguida, deve-se realizar o seguinte cálculo matemático:

GRAVIDADE * URGÊNCIA * TENDÊNCIA = GUT

Na sequência, basta classificar em ordem decrescente os problemas, tendo como base a coluna GUT. Desse modo, os números mais altos são aqueles que devem receber prioridade na solução. No Quadro 3.11 consta um exemplo.

Quadro 3.11 – Exemplo de Matriz GUT

Problema	Gravidade	Urgência	Tendência	(G * U * T)	Classificação
Inventário do almoxarifado desatualizado	2	2	3	12	4º
Estoque crítico de uniforme de educação física	2	3	3	18	3º
Troca do armário das armas	2	1	2	4	5º
Estoque mínimo de coletes à prova de bala	5	4	4	80	1º
30% dos fuzis estão parados nas perícias	3	3	4	36	2º
Infiltração no teto do almoxarifado	1	1	2	2	6º

Com essa simulação, é possível notar a ordem de prioridades no conjunto de problemas relacionados e entender quais entre elas merecem mais atenção, facilitando a organização e a tomada de decisão.

3.2.10 Ciclo PDCA e PDSA

A trajetória do ciclo PDCA foi evoluindo graças a vários pensadores, entre os quais alguns nomes se destacam. O modelo atual teve em seus primórdios o ciclo de Walter A. Shewhart, desenvolvido na década de 1920, destinado a contribuir para as práticas de gestão. Esse método, então, foi aprimorado por Edwards Deming, no Japão, e posteriormente disseminado pelo mundo (Kondo, 1995).

O PDCA é uma das ferramentas mais conhecidas entre os que trabalham com gestão da qualidade, pois exprime de forma muito simples o ciclo da qualidade em qualquer segmento. Na verdade, muitos gestores utilizam esse conceito sem usar uma ferramenta gráfica para expressá-la, pois é simples, eficaz e possibilita a organização dos processos de melhoria da instituição.

PDCA é um acrônimo formado pelas iniciais de quatro palavras em inglês, as quais representam cada uma determinada etapa do ciclo, conforme segue:

- P = *plan* = **planejar**: Na primeira etapa, deve-se proceder ao planejamento do que se pretende realizar. É preciso definir, principalmente, o objetivo do projeto/plano e as metodologias a serem seguidas. Quanto mais detalhado for o planejamento, maior será a chance de o plano ter êxito.
- D = *do* = **fazer**: Depois do planejamento, deve ser colocado em prática tudo exatamente como foi detalhado, com supervisão necessária para que sejam respeitadas as etapas padronizadas previamente em P.
- C = *check* = **checar**: Nessa etapa, o gestor deve realizar a análise crítica do planejamento e verificar seus resultados.

Esse passo normalmente ocorre concomitantemente à etapa D, quando são registrados eventuais desvios, falhas de planejamento ou situações não previstas.

+ **A = *act* = ação:** Nessa fase, são adotadas as medidas corretivas e/ou preventivas com base no que foi registrado na fase C. Nesse caso, deve ser feita uma análise de causa do problema, para cuja tarefa se pode adotar, por exemplo, o diagrama de Ishikawa.

Identificadas as causas, deve-se repetir o ciclo com as devidas melhorias implantadas, sempre buscando a evolução contínua ao longo do tempo.

Segundo Campos (2014), o ciclo PDCA pode contribuir de diversas maneiras com a organização, pois pode melhorar os resultados dos processos internos e, com isso, criar rotinas de melhorias ou ciclos de inovação, desde que mantidas a continuidade do planejamento e a implementação dessa ferramenta. Nesse caso, a gestão pode melhorar os processos e também é possível aplicá-la para manter a qualidade de produtos ou serviços, conforme a Figura 3.7.

Figura 3.7 – Ciclo PDCA

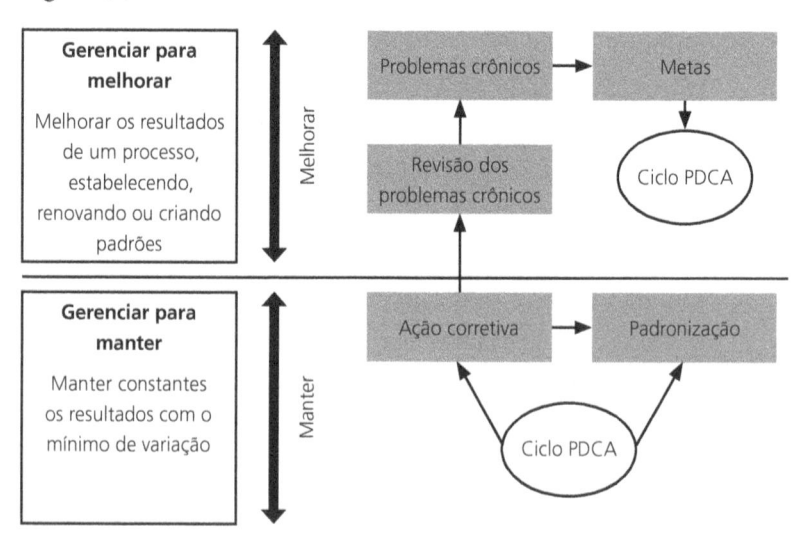

Fonte: Campos, 2014, p. 57.

Vale dizer, no entanto, que, depois de muito ser utilizado, segundo Melo e Caramori (2001), ele passou a se chamar **PDSA**, após a alteração do *"c"* de *check* (checar) para *"s"* de *"study"* (estudar). Isso aconteceu porque, em 1993, conforme Deming defendia, o ciclo PDCA era aplicado com uma distorção do pensamento científico, uma vez que a ideia da ferramenta não era apenas checar ou verificar os fenômenos de maneira simples e empírica. Implicava realizar um estudo sobre o fenômeno com objetivo de desenvolver um nível de aprendizado com a produção de novos conhecimentos, e não de fazer uma simples *checklist* do que deu ou não certo.

É possível aplicar o ciclo PDCA em várias situações, tais como pequenas correções ou projetos de melhorias pontuais ou até de nível estratégico da alta direção ou de qualquer outro setor da organização. No caso do PDSA, o foco é praticamente o mesmo, embora, no ponto S, o fenômeno deva ser estudado para produzir conhecimento sobre o processo.

Na prática do dia a dia, essa diferença na definição tem pouca importância, pois o fator fundamental dessa ferramenta é impor uma filosofia de melhoria contínua que deve ser aplicada tanto para corrigir problemas (C) quanto para produzir conhecimento (S). No Quadro 3.12, disponibilizamos um exemplo prático de PDCA/PDSA

Quadro 3.12 – Ciclo PDCA/PDSA

Etapa	Ações
P	1. Criar um sistema de indicadores sobre a produção dos policiais e divulgar os resultados a cada 3 meses. 2. Definir os indicadores a serem considerados. 3. Verificar o modo de medida do desempenho. 4. Colher os dados. 5. Realizar análise crítica.

(continua)

(Quadro 3.12– conclusão)

Etapa	Ações
D	1. Verificar os indicadores (n. de armas apreendidas, n. de veículos recuperados, n. de pessoas presas e quantidade de drogas apreendidas). 2. Coletar dados no final do turno de serviço das equipes. 3. Concluir a tabulação e a análise crítica.
C/S	1. Verificar por que a metodologia não envolve pessoal administrativo na avaliação de desempenho. 2. Investigar as diferenças nas escalas e nos tipos de serviço. 3. Checar por que determinadas áreas de patrulhamento historicamente não apresentam índice elevado de ocorrências.
A	1. Ajustar o monitoramento para a hora operacional de trabalho a fim de não prejudicar policiais que estão no serviço administrativo. 2. Estabelecer nova metodologia para pessoal administrativo. 3. Criar rodízio entre as equipes para prever locais com baixo índice de ocorrências. 4. Ampliar a amostragem de 3 para 6 meses.

O ciclo PDCA/PDSA impulsiona processos contínuos da qualidade e propõe melhorias.

3.2.11 *Programa 5S*

O programa 5S foi desenvolvido no Japão e aplicado principalmente na Toyota Motor Corporation como forma de diminuir os desperdícios. Não há consenso na literatura sobre quem efetivamente o inventou. Alguns atribuem o método a Ishikawa (Osada, 1992), outros ao fundador da Toyota, Sakichi Toyoda, e ao engenheiro-chefe Taiichi Ohno (Ho, 1999). Há, ainda, os que afirmam que já existia método similar no século XI na construção de navios venezianos (Ribeiro, 1994).

O programa foi adotado pela indústria do Japão como base para que as demais técnicas de controle da qualidade total (TQC) tivessem sucesso. No Quadro 3.13, detalhamos o significado de cada "S" do programa.

Quadro 3.13 – Programa 5S

1	SEIRI	Senso de utilização	Distinguir o que é útil do que não é necessário. Verificar materiais, insumos, equipamentos etc. Verificar o que realmente é utilizado nas atividades do processo e aquilo que pode ser descartado ou transferido para outros setores.
2	SEITON	Senso de organização	Depois de selecionado o que é útil, padronizar a quantidade mínima e máxima a ser armazenada, e definir o local de armazenamento, normalmente pela utilização de etiquetas para facilitar a visualização do material sem ter de abrir, por exemplo, uma gaveta ou porta. Organizar rigorosamente cada produto para evitar desperdício de tempo do colaborador.
3	SEISO	Senso de limpeza	Manter o local sempre limpo para manter um ambiente saudável.
4	SEIKETSU	Senso de padronização	Padronizar processos, organização e responsabilidades de cada setor ou colaborador.
5	SHITSUKE	Senso de autodisciplina	Manter o que foi implantado nas fases anteriores.

Fonte: Elaborado com base em Osada, 1992, p. 34.

Para implantar o programa 5S, é recomendável adotar as seguintes etapas:

+ **Etapa 1:** Divulgar o programa na organização, explicando o significado de cada fase do 5S e como serão padronizadas e organizadas as etapas. Isso pode ser feito de diversas maneiras: treinamentos, cartazes, reuniões, *e-mails* etc.

- **Etapa 2:** Definir os coordenadores setoriais da implantação.
- **Etapa 3:** Iniciar o 5S com a organização dos setores. Recomenda-se realizar uma limpeza total do ambiente, retirando todos os objetos e equipamentos possíveis para limpar, organizar, encontrar itens, insumos ou equipamentos em desuso ou inúteis para o setor. Nesta etapa, pode ser alterado o desenho da disposição do mobiliário ou de equipamentos se possível.
- **Etapa 4:** Os materiais, equipamentos ou qualquer outro objeto que não seja útil para o setor devem ser separados num local designado por determinado tempo.
- **Etapa 5:** Implementar reciclagem ou reaproveitamento. Os itens da etapa anterior que podem ser aproveitados em outro setor devem ser retirados. No caso de órgãos públicos ou mesmo de organizações privadas nas quais existam equipamentos ou mobiliários contabilizados no patrimônio, estes devem ser relacionados para adequação do inventário dos bens.
- **Etapa 6:** Normatizar mediante procedimento-padrão a nova filosofia de organização, prevendo inclusive auditorias internas.
- **Etapa 7:** Realizar auditorias periódicas para verificar a manutenção da organização dos setores.

O Programa 5S é, portanto, um sistema de organização simples dos diversos setores de uma organização e pode contribuir para diminuição do desperdício, aumento da produtividade, redução de custos, reaproveitamento de materiais e melhoria do clima organizacional, além, é claro, de manter o local organizado e limpo.

É altamente recomendado para organizações de segurança pública, principalmente pela alta frequência de materiais, equipamentos e insumos, ou mesmo nos casos de grande estoque que determinam um imobilizado* significativo.

> *Para saber mais*
>
> CAMPOS, V. F. **TQC – controle da qualidade total (no estilo japonês)**. 9. ed. Nova Lima: INDG Tecnologia e Serviços Ltda, 2014.
>
> Nesse livro, são apresentados conceitos de produtividade e qualidade, especialmente os relacionados ao controle da qualidade total (TQC). Na obra, o autor, Vicente Falconi, ensina a controlar processos. Há, nesse escrito, capítulos sobre a prática do controle de qualidade com diversos métodos, além de assuntos como garantia da qualidade, gerenciamento do crescimento do ser humano e implantação do TQC.

Síntese

Neste capítulo, tratamos dos conceitos de qualidade e demonstramos que todos eles estão ligados aos requisitos que o cliente ou o cidadão atribui a um produto ou serviço. Evidenciamos que várias ferramentas da qualidade são aplicáveis à gestão da segurança pública de diversas formas e que elas devem ser utilizadas com rigoroso cumprimento de suas recomendações.

Alertamos, por fim, que os instrumentos de qualidade, embora sejam ótimos meios de controlar, fiscalizar e aprimorar os processos e atividades, devem ser realizados no tempo e no momento certos para que tenham a eficiência adequada.

◆ ◆ ◆

* Ativo imobilizado é o ativo que se compõe de bens destinados ao uso das atividades da empresa, principalmente propriedade industrial ou comercial, incluindo elementos pertencentes à organização. Classificam-se os seguintes itens no ativo imobilizado: terreno, obras civis, máquinas, móveis, veículos etc. (Iudícibus, 2010).

Questões para revisão

1. Levando em consideração as ferramentas da qualidade, assinale a alternativa correta:
   a. O histograma demonstra graficamente se um evento que acontece em uma das variáveis produz ou não interferência em outra variável.
   b. As folhas de verificação são gráficos construídos para serem utilizados de forma complexa e coletar diversos tipos de dados.
   c. São instrumentos de gestão utilizados para medir, controlar, analisar ou identificar soluções para eventuais problemas que possam interferir em qualquer processo de produção de um produto ou serviço.
   d. O diagrama de Pareto é conhecido como *Regra dos 80/20*, segundo a qual apenas 20% de problemas são responsáveis por 80% das causas.
   e. A base de dados tem pouca influência na elaboração do diagrama de Pareto, pois este utiliza apenas dados de porcentagem.

2. Existem alguns padrões para a diagramação dos fluxogramas. Sabendo disso, correlacione os modelos a seguir enumerados com as respectivas descrições:

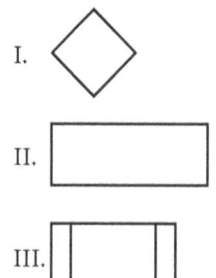

   I. ◇

   II. ▭

   III. ▯▯

IV. ⬭

V. ▱

( ) Início ou fim de processo
( ) Processo ou atividade
( ) Decisão
( ) Subprocesso
( ) Documento

A sequência correta de correlação, de cima para baixo, é:
a. V, II, I, III, IV.
b. II, IV, I, III, V.
c. I, II, IV, V, III.
d. III, II, I, IV, V.
e. IV, II, I, III, V.

3. O PDCA é um ciclo virtuoso de processos de gestão da qualidade e uma metodologia de trabalho. Com relação a essa metodologia, é correto afirmar que:
   a. na fase P, deve ser colocado em prática exatamente o que foi detalhado, com a supervisão necessária para que sejam respeitadas as etapas padronizadas.
   b. na fase D, o gestor deve realizar a análise crítica do planejamento e verificar os resultados dela.
   c. na fase C, o gestor define qual será o objetivo do projeto/plano e quais serão as metodologias que irá seguir.
   d. na fase A, são adotadas as medidas corretivas e/ou preventivas.
   e. na fase A, o gestor deve realizar a análise crítica do planejamento e verificar seus resultados.

4. Explique o que é a matriz GUT.

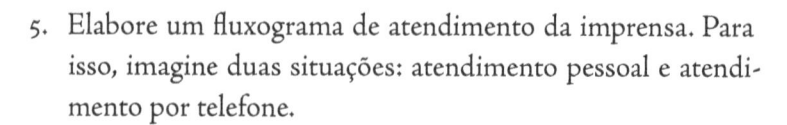

5. Elabore um fluxograma de atendimento da imprensa. Para isso, imagine duas situações: atendimento pessoal e atendimento por telefone.

Questões para reflexão

1. Por que nas organizações públicas há resistência por parte de alguns gestores em utilizar as ferramentas da qualidade?

2. Por que alguns gestores da área de segurança pública não consideram práticos os instrumentos da qualidade?

3. Como as ferramentas estudadas podem ajudar na tomada de decisão?

4. Como você viu neste capítulo, as ferramentas de qualidade proporcionam análises numéricas de desempenho dos mais diversos processos e, assim, possibilitam evitar decisões subjetivas. Reflita sobre como a gestão fundamentada em fatos e dados pode contribuir para a administração interna das organizações de segurança pública.

5. O que o uso das ferramentas pela iniciativa privada pode ensinar aos gestores da segurança pública?

capítulo quatro

Outros instrumentos de gestão da qualidade

Conteúdos do capítulo

+ Planejamento estratégico.
+ *Balanced scorecard* (BSC).
+ Indicadores-chave de desempenho (KPI).

Após o estudo deste capítulo, você será capaz de:

1. detalhar as bases do planejamento estratégico;
2. identificar as técnicas do *Balanced scorecard*;
3. explicar o que são os indicadores de desempenho;
4. aplicar as técnicas de BSC e KPI para montar um planejamento estratégico voltado à gestão da segurança pública.

A gestão da qualidade conta com inúmeros dispositivos que podem ser utilizados de diversas maneiras. No capítulo anterior, apresentamos algumas ferramentas básicas que oferecem diversas aplicações na gestão da segurança pública. Cabe ao gestor escolher qual delas é mais eficiente para um processo em particular.

Neste capítulo, trataremos sobre alguns instrumentos utilizados em diversos outros segmentos, como indústria, comércio, saúde, os quais também podem ser adaptados à realidade da gestão da segurança.

Vale ressaltar, mais uma vez, que esses "aparelhos de gestão" dispõem de técnicas adequadas de uso, assim como ocorre com uma técnica policial de abordagem, por exemplo. Embora no treinamento se procure orientar e preparar o agente público às mais diversas situações, cada abordagem é única, o que não significa que a preparação deva ser ignorada ou deixe de prever infinitas situações. O treinamento é o condicionamento do policial para situações imprevisíveis de risco.

Com as ferramentas aqui propostas, proporcionaremos uma noção de metodologias que podem ajudar na gestão, mas que não se limitam aos casos citados nesta obra, mesmo porque a realidade de cada organização guarda um grande conjunto de peculiaridades ligadas tanto à estrutura e à tradição quanto ao nível de conhecimento e interesse dos gestores pelo tema da qualidade.

Muito chama a atenção que vários docentes do meio da segurança, principalmente se consideradas as atividades acadêmicas que envolvem profissionais que já cumpriram mais da metade de suas carreiras e ocupam cargos de direção ou comando, desconheçam o tema **gestão da qualidade** e, mais ainda, os tipos básicos de ferramentas da qualidade.

Normalmente, os gestores desse nível têm uma noção generalizada do que é qualidade. Em sua maioria, pensam que trabalham com qualidade, mas, ao serem indagados sobre qual seria a ferramenta ou instrumento que a evidenciaria, muitas vezes a resposta é pautada por opiniões pessoais pouco embasadas.

Quem trabalha com qualidade sabe que ela é fundamentada em fatos e dados. Por essa razão, discutiremos aqui noções básicas de mais alguns dispositivos que podem contribuir para a gestão dos serviços de segurança pública.

4.1 *Planejamento estratégico*

O planejamento estratégico (PE), uma atividade da alta direção muito utilizada pela iniciativa privada, pode ser usado também na Administração Pública. É uma ferramenta que serve para estabelecer uma visão de futuro da organização e orientar como ela chegará a esse ponto.

O PE normalmente visa estabelecer prioridades, definir recursos e energia, envolver os colaboradores para que tudo e todos estejam na mesma direção e seguindo objetivos comuns. Em suma, é uma carta de intenções para alcançar determinada posição do futuro.

Na área de segurança pública, algumas organizações confundem o PE com a estratégia que faz parte do plano de ação para atingir os objetivos propostos.

Segundo Drucker (1984, p. 45), o planejamento estratégico corresponde ao

> processo contínuo de, sistematicamente e com o maior conhecimento possível do futuro contido, tomar decisões atuais que envolvam riscos; organizar sistematicamente as atividades necessárias à execução destas decisões e, através de uma retroalimentação organizada e sistemática, medir o resultado dessas decisões em confronto com as expectativas alimentadas.

Um planejamento estratégico definido, desdobrado, de conhecimento de todos da organização, facilita o atingimento de objetivos de futuro, porque todos os recursos, toda a infraestrutura e todos os colaboradores contribuem, cada um conforme suas limitações, para a construção da visão de futuro.

Para isso, é importante entender os três tipos de planejamento, segundo Drucker (1984, p. 67):

> I. **Planejamento estratégico:** está relacionado com os objetivos de longo prazo que afetam toda a organização;
>
> II. **Planejamento tático:** está ligado aos objetivos de mais curto prazo afetando parte da organização;
>
> III. **Planejamento operacional:** refere-se às rotinas operacionais da instituição e refletem apenas nos setores ou similares.

Podemos perceber, com base nisso, que o planejamento estratégico está ligado ao rumo da organização, ao passo que o nível tático se refere ao desenvolvimento de projetos, e o nível operacional está relacionado ao detalhamento das ações e atividades.

Entre as diversas vantagens de aplicar o PE na segurança pública, podemos citar as seguintes:

- comprometimento com as metas estabelecidas;
- comprometimento dos servidores com os objetivos propostos pelo alto comando ou alta direção;
- conhecimento das ameaças e oportunidades;
- cultura de planejamento;
- gestão objetiva baseada em fatos e dados;
- maior participação de todos na busca dos objetivos;
- utilização de indicadores de desempenho monitorados;

- utilização racional do orçamento público, equipamentos, armamentos, infraestrutura e material humano que são previamente analisados e definidos;
- visão clara sobre pontos fortes e fracos da organização.

Normalmente, o PE é uma projeção de longo prazo, podendo-se definir objetivos que se pretende alcançar em períodos que variam de 1 a 10 anos. O setor público enfrenta dificuldades para estabelecer um programa dessa magnitude. Normalmente, quando existem PEs, eles são programados para durar o mandato do signatário maior.

A política ainda influencia significativamente as decisões técnicas das organizações de segurança pública. E, nesse ponto, não se trata de uma referência ao político profissional que é eleito pelo povo, mas à política das próprias organizações.

São raras as instituições que têm planejamentos estratégicos permanentes. Mais raras ainda são aquelas que não sofrem pressão política para aplicar soluções mirabolantes que não têm eficácia técnica, mas que são agradáveis aos políticos de carreira que, com frequência, estão de olho na próxima eleição. Sobre essas questões, Giacobbo (1997, p. 98) esclarece:

> O processo de planejamento estratégico não inicia sem apoio político, uma vez que são esses atores que garantem o suporte necessário. Os fatores intervenientes à implementação do planejamento estratégico em organizações públicas estão relacionados a mudanças no contexto, ao grau de interação da organização com o ambiente, ao volume e qualidade das informações, à capacitação dos participantes e fatores burocráticos.

Isso não significa, no entanto, que as organizações não possam utilizá-lo conforme suas possibilidades e mantendo o respeito a suas tradições. Para elaborar um planejamento estratégico, devem ser seguidos os passos descritos nas cinco próximas subseções.

4.1.1 Identidade organizacional

A identidade organizacional está ligada a três fatores importantes que são a essência de qualquer organização:

1. **Missão:** é a razão de existir da organização.
2. **Visão:** aonde a organização quer chegar no futuro.
3. **Valores:** são os princípios éticos ou crenças da organização.

A seguir, nos Quadros 4.1 e 4.2, citamos exemplos reais de missão, visão e valores de organizações ligas à segurança pública.

Quadro 4.1 – Missão e visão

Organização	Missão	Visão
Polícia Federal (PF)	Exercer as atribuições de polícia judiciária e administrativa da União, a fim de contribuir na manutenção da lei e da ordem, preservando o Estado democrático de direito.	Tornar-se referência mundial em ciência policial.
Polícia Militar de São Paulo (PMSP)	Proteger as pessoas. Fazer cumprir as leis. Combater o crime. Preservar a ordem pública.	Ser reconhecida como referência nacional e internacional em serviços de segurança pública.

(continua)

(Quadro 4.1 – conclusão)

Organização	Missão	Visão
Polícia Civil do Espírito Santo (PCES)	Contribuir para a construção da paz social, realizando uma investigação criminal eficiente e aplicada cientificamente, integrando a gestão coletiva da segurança pública e defesa social, contribuindo para a redução do fenômeno da violência.	Ser reconhecida pela excelência na defesa da dignidade da pessoa humana com a valorização e o respeito à vida e à cidadania, assegurando direitos e garantias individuais, pressupostos fundamentais à manutenção da paz e da ordem social.

Fonte: Brasil, 2020b; São Paulo, 2020; Ceará, 2020.

Quadro 4.2 – Valores

Organização	Valores
Departamento Penitenciário Nacional (Depen)	Ética e transparência, profissionalismo, lealdade, excelência e protagonismo, diálogo com a sociedade.
Corpo de Bombeiro Militar de Goiânia (CBMGO)	Hierarquia; disciplina; ética; responsabilidade; aprimoramento técnico-profissional coragem e resistência.
Guarda Municipal de Estância Velha/RS (GMEV)	Legalidade, ética e transparência; integridade; comprometimento; agilidade e presteza; reconhecimento; integridade; satisfação e orgulho.

Fonte: Brasil, 2020a; Goiás, 2020; Estância Velha, 2020.

A missão, a visão e os valores são parâmetros que norteiam as organizações, apresentando uma definição clara para a sociedade e seus colaboradores sobre qual é a sua atividade-fim, onde pretende chegar e seus postulados éticos.

4.1.2 Análise dos ambientes interno e externo

A finalidade de realizar a análise dos ambientes interno e externo é determinar quais são as forças e fraquezas (ambiente interno), bem como as oportunidades e ameaças (ambiente externo), com as quais a organização terá de lidar durante a previsão de execução do planejamento estratégico.

Para realizar esse estudo, é possível recorrer a uma ferramenta chamada *análise SWOT* (assim denominada por causa das iniciais das palavras em inglês que são focalizadas nesse método), com a qual são registrados e estudados todas as variáveis possíveis para a organização. Seguem alguns exemplos:

- **S** – *strengths* – **forças**: tradição da organização, presente em todo o estado; dedicação dos servidores, estrutura etc.
- **W** – *weaknesses* – **fraquezas**: desmotivação dos servidores, baixos salários, estresse, falta de efetivo e equipamentos, interferência política etc.
- **O** – *opportunities* – **oportunidades**: novos sistemas e tecnologias aplicados à segurança pública, interação operacional com outros órgãos de segurança pública etc.
- **T** – *threats* – **ameaças**: crises e interferências políticas, restrição orçamentárias, *fake news* etc.

4.1.3 Objetivos e metas

Uma vez realizada a análise SWOT, é necessário traçar os objetivos estratégicos para atender à visão de futuro, conciliar a missão e respeitar os valores institucionais. Para traçar esses objetivos, é necessária uma análise crítica adequada e fundamentada; caso contrário, o planejamento não terá eficácia.

Na redação dos objetivos, empregam-se verbos no infinitivo, uma vez que indicam ação, movimento e intenção de algo a ser feito. Não é suficiente, porém, determinar objetivos; é preciso também atribuir metas a serem atingidas.

Segundo Takashina e Flores (2005), os objetivos e indicadores devem ser propostos observando-se o padrão Smart:
- S – *specific* – específicos;
- M – *measurable* – mensuráveis;
- A – *achievable* – atingíveis;
- R – *relevant* – relevantes;
- T – *time-based* – estipulados com tempo definido.

Quadro 4.3 – Exemplos de aplicação de objetivos e metas com base no padrão Smart

Objetivos	Metas
Aumentar o orçamento para a compra de viaturas e armamentos para os próximos dois anos	Aumentar em 10% o orçamento para a compra de viaturas nos próximos dois anos
Reduzir o número de homicídios	Diminuir o número de homicídios em 10% nos próximos 12 meses
Implantar sistema de gestão da qualidade	Implantar sistema de gestão, sendo 50% no primeiro ano e 100% no segundo ano

Com base nas informações do exemplo do Quadro 4.3, explicitamos algumas características de cada elemento, conforme segue:
- S – *specific* – **específicos**: aumentar o orçamento para a compra de viaturas, reduzir o número de homicídios e implantar sistema de gestão da qualidade.
- M – *measurable* – **mensuráveis**: o indicador deve ser numérico.
- A – *achievable* – **atingíveis**: aumentar em 10%, 50% e 100%.
- R – *relevant* – **relevantes**: a relevância está definida pela importância do indicador.
- T – *time-based* – **estipulados com tempo definido**: "próximos dois anos", "12 meses", "primeiro ano", "segundo ano".

4.1.4 Definição de estratégias

É necessário estabelecer planos de ação, projetos ou estratégias para atingir os objetivos e, por consequência, superar as metas definidas.

Definir estratégias nada mais é que descrever como a organização deve proceder para alcançar um objetivo. As estratégias orientam como os respectivos departamentos devem planejar atividades e processos em consonância com o objetivo da alta direção.

No segmento da segurança pública, significa criar padrões de comportamento e atuação de todos os integrantes (servidores) e de todas as áreas (departamentos, unidades etc.) numa só linguagem. Quando existe um planejamento estratégico adequado e todos estão envolvidos, não ocorrem discrepâncias administrativas ou operacionais.

Percebemos essas distorções, por exemplo, na falta de padronização de plotagem e identificação de viaturas, tipos de operações, relacionamentos com a imprensa e a sociedade, ausência de padrão de treinamento, uso de rubricas orçamentárias etc.

Em razão dessas e de outras questões, o PE deve ser produzido pela alta direção com participação de todos os gestores. Isso não significa, por exemplo, que uma delegacia ou um batalhão não possa produzir o próprio PE. Em verdade, pode e deve. A única observação é que esse planejamento esteja integralmente conciliado e siga a mesma direção do PE da organização-mãe.

Para implementar as estratégias definidas, aconselha-se montar um plano de ação, conforme o exposto no Quadro 4.4.

Quadro 4.4 – Exemplos de planos de ação

Objetivo estratégico	Meta	Plano de ação
Aumentar o orçamento para a compra de viaturas e armamentos para os próximos dois anos	Aumentar em 10% o orçamento para compra de viaturas nos próximos dois anos	1. Elaborar projeto de custo-efetividade das viaturas 2. Elaborar estudo de durabilidade média das viaturas 3. Apresentar ao secretário de segurança os estudos e a necessidade para repor a frota
Reduzir o número de homicídios	Diminuir em 10% nos próximos 12 meses	1. Aumentar o policiamento ostensivo nos pontos críticos 2. Intensificar operações de bloqueio 3. Criar programa para recompensar apreensão de armas
Implantar sistema de gestão da qualidade	50% no primeiro ano e 100% no segundo ano	1. Licitar empresa de consultoria em gestão da qualidade 2. Implantar sistema de gestão da qualidade nas principais sedes

4.1.5 Controle dos resultados

Montar qualquer plano sem controlar seus resultados é atirar utilizando uma arma com munição ruim. Nesse caso, não há como saber se vai ou não funcionar. Por isso, todo PE deve ser montado com rigoroso controle de seus resultados.

A construção de indicadores (estatísticas) e sistemas de fiscalização e monitoramento dos planos de ação é imprescindível para o sucesso. Caso contrário, o PE se reduz a uma carta de intenção que é renovada sem apresentar eficácia ou melhoria para a organização.

É importante, no decorrer do tempo, monitorar os indicadores para eventuais ajustes corretivos e até preventivos. Consideremos um dos exemplos que temos adotado: reduzir em 10% o número de homicídios nos próximos 12 meses. Controlar esse processo não significa verificar se a meta será atingida no 12º mês. Controlar o processo é analisar mês a mês o desempenho do indicador para se certificar de que o plano de ação proposto está sendo eficaz. Caso contrário, deve ser alterada a estratégia a fim de se atingir a meta proposta.

Para exercer esse controle, a organização, seja pública, seja privada, deve selecionar um conjunto de indicadores de desempenho e fazer rigoroso controle do processo.

Cabe reforçar que o desenvolvimento dessa metodologia não requer orçamento próprio. O essencial é que os gestores públicos tenham conhecimento e consciência de que trabalham com dinheiro que pertence à sociedade.

4.2 *Balanced scorecard*

Uma das técnicas interessantes que podem ser adaptadas para a segurança pública é o *Balanced scorecard* (BSC), que são indicadores balanceados de desempenho. Trata-se de uma metodologia voltada para gerenciar as estratégias das organizações, mas numa visão de longo prazo. É uma ferramenta que ajuda a desdobrar o PE.

A história do BSC começa nos anos 1990, quando Robert S. Kaplan, doutor em Administração de Empresas, e David Norton, engenheiro elétrico e doutor em Administração de Empresas, decidiram investigar como as organizações norte-americanas mediavam o desempenho de suas estratégias (Kaplan; Norton; 1992). Segundo Dostler (2015), esses especialistas perceberam, nas empresas que mediavam seu desempenho apenas sob a ótica financeira, uma *performance* inferior às organizações que monitoravam, além dos indicadores financeiros, os indicadores operacionais.

Kaplan e Norton (1992) concluíram que, para ter um desempenho favorável, toda organização deve medir vários indicadores, pois eles têm interfaces internas que se interinfluenciam.

Na área de segurança pública, muitas organizações mantêm dados estatísticos, mas raramente realizam análise crítica que relacione diversos indicadores de desempenho e suas interfaces. Ou, quando o fazem, não registram a experiência. Normalmente, os indicadores são pontuais e extremamente focados. Por exemplo: o índice de criminalidade pode subsidiar uma série de análises, mas não correlaciona muitas vezes o custo/homem para diminuir a criminalidade ou a quantidade de horas de treinamento que foram proporcionadas ao policial para aumentar a eficiência operacional e diminuir os processos da corregedoria.

Corriqueiramente, os gestores se limitam a realizar uma administração pela via tradicional, ou seja, consideram que, quanto mais policiais estiverem na rua, menos criminalidade haverá. Quanto mais investigadores houver, mais crimes serão resolvidos. Na verdade, essa forma de administração é subjetiva. Não tem, portanto, base científica e, apesar de muitas vezes produzir certo nível de resultado, não privilegia a eficiência. Será que é melhor ter mais profissionais com pouco treinamento e recursos ou ter menos profissionais mais capacitados e com mais recursos tecnológicos? É preciso recorrer à ciência para saber qual é certo.

A Administração Pública deveria se inspirar no modo como as empresas privadas administram seus negócios. É lógico que estas priorizam o lucro, ao passo que o setor público visa ao bem-estar da sociedade.

Segundo Marini (1999, p. 67), "é importante que as organizações públicas façam apropriações e adaptações necessárias no sentido de dotar a administração pública de um modelo que, efetivamente, a ajude cumprir com suas finalidades".

Uma das principais finalidades do BSC é visualizar de forma prática todos os processos da organização e tudo o que precisa ser realizado para alcançar os objetivos, mantendo todos os departamentos e colaboradores na direção da estratégia estabelecida.

Segundo Kaplan e Norton (1992, p. 44), o BSC "tem como objetivo monitorar, mensurar e direcionar ações a serem tomadas a partir da medida do desempenho estratégico da empresa".

O BSC sugere, a qualquer organização (pública ou privada) que estruture objetivos, metas, projetos e indicadores de desempenho (*key performance indicators* – KPIs) sob a ótica de quatro perspectivas estratégicas:

1. **Financeira:** Demonstra o desempenho financeiro das empresas.
2. **Cliente:** Indica que o olhar do cliente deve determinar o desempenho organizacional.
3. **Processos internos:** Retratam a qualidade e a eficiência relacionadas ao produto ou serviço entregue.
4. **Perspectiva de aprendizado e crescimento (pessoas):** Diz respeito a infraestrutura, cultura e outros recursos essenciais para o desempenho (Kaplan; Norton; 1992).

Como, então, as organizações policiais podem utilizar o BSC? A Administração Pública, assim como a polícia, precisa adotar vários métodos da iniciativa privada e adaptá-los à realidade de cada organismo. Segundo Fleming e Scott (2008, p. 322, tradução nossa), "os princípios da nova administração pública são representados pelos diversos métodos de gestão que foram transferidos do setor privado para agências do setor público".

Kaplan e Norton (2004, p. 78) reforçam a sistemática da metodologia do BSC afirmando que:

> No Balanced Scorecard a comunicação se dá por meio de uma estrutura lógica, baseada no gerenciamento das metas estabelecidas, possibilitando aos gestores realocar recursos físicos, financeiros e humanos, a fim de alcançar os objetivos estratégicos. Mais que uma ferramenta de

mensuração de desempenho, o Balanced Scorecard é um tradutor da estratégia e comunicador de desempenho.

As perspectivas no setor público, vale dizer, devem sofrer algumas adaptações para atingir a metodologia do BSC. Detalhamos isso a seguir:

- **Financeira:** Segundo Melgaço (2003), as instituições de natureza pública não têm a perspectiva financeira como meta principal, mas utilizam essa linha para obtenção de recursos via orçamento para atender à missão de servir a sociedade. Portanto, pode ser usada nas organizações policiais e nas organizações de segurança como meta de ampliação de recursos orçamentários para atender com maior eficiência à própria destinação legal, para usar mais eficientemente os recursos ou para atender, por exemplo, a restrições orçamentárias.
- **Cidadão/sociedade:** Nesse aspecto, há uma diferença em relação ao setor privado, que tem o cliente como consumidor final. Na área pública, há uma relação direta e indireta de consumo dos serviços de segurança pública. Não é apenas a perspectiva de um cliente (relação direta) ou de nichos de clientes que determinam as estratégias da organização, mas a expectativa da sociedade (relação indireta). Por exemplo, quando policiais rapidamente atendem a uma ocorrência e prendem um criminoso, eles cumpriram a expectativa do cidadão (relação direta), mas também a dos vizinhos do solicitante (relação indireta), que se sentem mais protegidos pela ação. Desse modo, a organização deve estabelecer perspectivas diferentes para cada "cliente" de seu serviço. Esta perspectiva normalmente está ligada à missão e aos valores da instituição.
- **Processos internos:** No Brasil, não são raras as instituições de segurança pública que passam por dificuldades orçamentárias para suprir suas necessidades internas. Independentemente disso, toda a Administração Pública, segundo o art. 37 da

Constituição Federal, deveria primar pela eficiência: "A administração pública direta e indireta de qualquer dos Poderes da União, dos Estados, do Distrito Federal e dos Municípios obedecerá aos princípios de legalidade, impessoalidade, moralidade, publicidade e **eficiência**". (Brasil, 1990a, grifo nosso). Segundo Arretche (2001), no setor público, a ação de buscar e criar processos novos ou de aperfeiçoá-los é um exemplo de busca de melhor eficiência para atender cada vez mais a população. Nesse prisma, exigem-se ações inovadoras para produzir processos mais eficientes com menos recursos.

- **Perspectiva de aprendizado e crescimento (pessoas):** Em qualquer organização, o desenvolvimento e a capacitação das pessoas é de vital importância. No setor público, esse ponto é bastante frágil, pois muitas vezes existe a desmotivação dos servidores por causa de salários, condições de trabalho e estresse decorrente da atividade policial. Entretanto, principalmente na área de segurança, são imprescindíveis programas de treinamento e capacitação constantes para quem lida com a vida e a morte todos os dias. Outro ponto de relevo é a utilização de sistemas mais sofisticados para uso dos agentes de segurança nas mais diversas tarefas, a fim de usar a tecnologia para potencializar o serviço policial. Sobre isso, afirmam Norton e Kaplan (2004), p. 35):

> Na perspectiva aprendizado e crescimento estão contemplados os funcionários (pessoas) e o aperfeiçoamento da gestão interna através da utilização da tecnologia da informação e da melhoria das práticas gerenciais. Por isso, no BSC esta perspectiva é fundamental para o atingimento dos resultados da instituição.

A Figura 4.1 demonstra a visão do BSC tradicional e adaptada para o setor público:

Figura 4.1 – Tipos de BSC

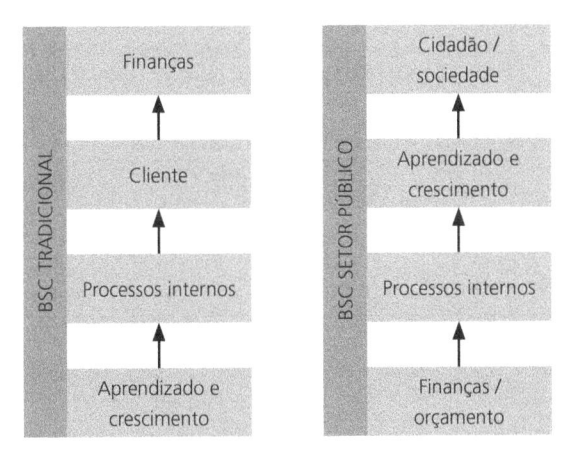

BSC TRADICIONAL (de baixo para cima): Aprendizado e crescimento → Processos internos → Cliente → Finanças

BSC SETOR PÚBLICO (de baixo para cima): Finanças / orçamento → Processos internos → Aprendizado e crescimento → Cidadão / sociedade

Depois de definidas as perspectivas estratégicas, o passo seguinte é estabelecer os respectivos objetivos estratégicos, ou seja, o conjunto de ações que a organização deve implantar em suas atividades e processos administrativos e operacionais.

Estabelecidos os objetivos estratégicos, é necessário, então, determinar os indicadores, as metas a e os respectivos planos de ação para que eles sejam efetivamente alcançados. Listamos nos quadros seguintes alguns exemplos.

Quadro 4.5 – Balanced scorecard – perspectiva estratégica financeira

Objetivo estratégico	Indicador-chave de desempenho (KPI)	Meta	Plano de ação
Aumentar o orçamento para a compra de viaturas e armamentos para os próximos dois anos	Orçamento anual	Aumentar em 10% o orçamento para a compra de viaturas nos próximos dois anos	1. Elaborar estudo de durabilidade média das viaturas 2. Apresentar ao secretário de segurança os estudos e a necessidade de repor a frota
Diminuir as despesas com locação de imóveis para uso da corporação	Despesas com aluguel de imóveis/ano	Diminuir em 30% as despesas com aluguel	Elaborar estudo técnico de localização de futuras sedes de destacamentos
Comprar locais para a construção (licitação) de destacamento para evitar o custo do aluguel	Orçamento para aquisição/ano	Comprar dois locais para sede de destacamentos	Realizar processo licitatório para compra de imóveis

Quadro 4.6 – Balanced scorecard – perspectiva estratégica cidadão e sociedade

Objetivo estratégico	Indicador-chave de desempenho (KPI)	Meta	Plano de ação
Reduzir o número de homicídios	Taxa de homicídios/ano	Diminuir em 10%	1. Aumentar o policiamento ostensivo nos pontos crítico 2. Intensificar operações de bloquei. 3. Criar programa para recompensar apreensão de armas
Aumentar o nível de satisfação do cidadão	Nível de satisfação do cidadão	Aumentar em 10%	1. Intensificar as ações de polícia comunitári. 2. Criar espaço do cidadão nas sedes
Reduzir o número de ocorrências	Número de ocorrências/ano	Diminuir em 10%	1. Aumentar o policiamento ostensivo nos pontos crítico 2. Intensificar operações de bloquei. 3. Criar programa para recompensa para apreensão de armas

Quadro 4.7 Balanced scorecard – perspectiva estratégica processos internos

Objetivo estratégico	Indicador-chave de desempenho (KPI)	Meta	Plano de ação
Implantar sistema de gestão da qualidade	Quantidade e efetivo participante	50% no primeiro ano e 100% no segundo ano	1. Licitar empresa de consultoria em gestão da qualidade 2. Implantar sistema de gestão da qualidade nas principais sedes

(continua)

(Quadro 4.7– conclusão)

Objetivo estratégico	Indicador-chave de desempenho (KPI)	Meta	Plano de ação
Criar departamento de interface com outras instituições de segurança	Número de departamentos	Cinco departamentos (um na capital e quatro no interior)	1. Elaborar projeto 2. Implantar
Implantar departamento de inovações	Número de departamentos	Três departamentos (um na capital e dois no interior)	1. Elaborar projeto 2. Implantar

Quadro 4.8 – Balanced scorecard – perspectiva estratégica aprendizado e crescimento

Objetivo estratégico	Indicador-chave de desempenho (KPI)	Meta	Plano de ação
Estabelecer política de reconhecimento aos policiais	Número de elogios/ano	Aumentar em 25%	Criar programa de reconhecimento de bons serviços
Aumentar o treinamento e a capacitação	Índice de treinamento (hora/homem)	Aumentar em 20%	1. Aumentar o número de instrutores 2. Aprimorar o processo de capacitação
Investir em treinamento a distância	Horas/EAD/homem	Aumentar em 50%	Aumentar o número de disciplinas e a quantidade de participantes

Concluída essa fase, é necessário estabelecer o mapa estratégico, que, segundo Kaplan e Norton (2004, p. 56), "adiciona a lógica temporal da estratégia, trazendo mais discernimento e foco". Com base nos exemplos dados nos quadros, o mapa estratégico poderia ser representado da seguinte forma:

Figura 4.2 – Mapa estratégico

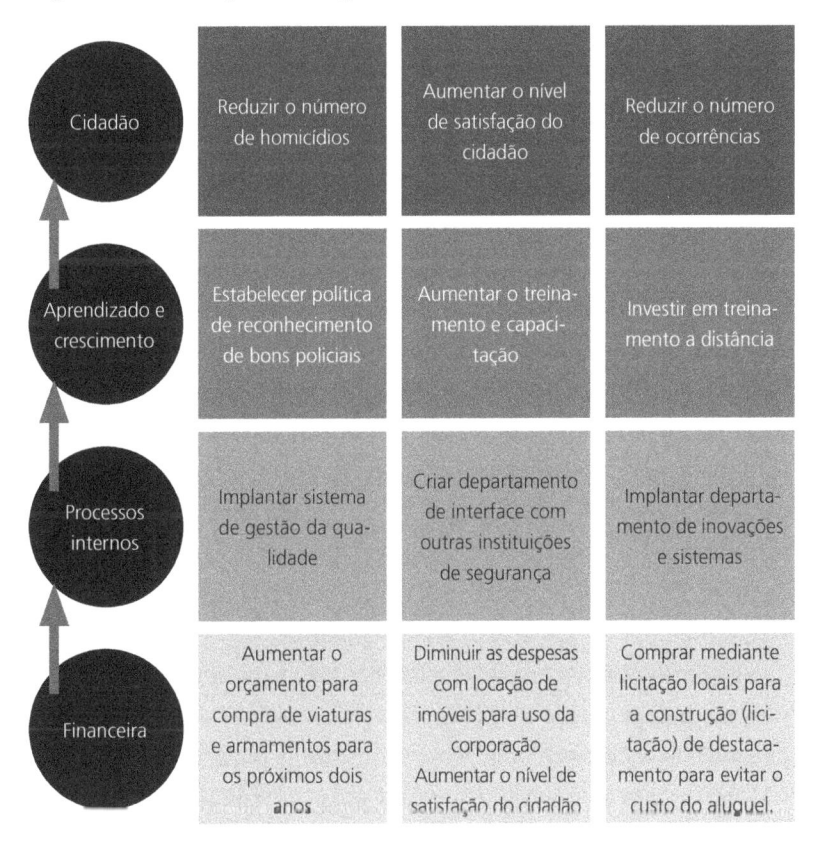

Cidadão	Reduzir o número de homicídios	Aumentar o nível de satisfação do cidadão	Reduzir o número de ocorrências
Aprendizado e crescimento	Estabelecer política de reconhecimento de bons policiais	Aumentar o treinamento e capacitação	Investir em treinamento a distância
Processos internos	Implantar sistema de gestão da qualidade	Criar departamento de interface com outras instituições de segurança	Implantar departamento de inovações e sistemas
Financeira	Aumentar o orçamento para compra de viaturas e armamentos para os próximos dois anos	Diminuir as despesas com locação de imóveis para uso da corporação Aumentar o nível de satisfação do cidadão	Comprar mediante licitação locais para a construção (licitação) de destacamento para evitar o custo do aluguel.

Conforme você pode notar, o mapa estratégico nada mais é que uma ilustração gráfica que facilita a comunicação dos objetivos estratégicos para a organização e seus colaboradores.

4.3 Indicadores-chave de desempenho (KPI)

A gestão da qualidade de qualquer organização passa pelo uso de indicadores de desempenho. Não existe método de administração eficiente sem a utilização de instrumentos objetivos e cartesianos de controle da gestão.

William Edwards Deming (1986, p. 35) já dizia que "não se gerencia o que não se mede". E Peter Ferdinand Drucker (1984, p. 87) mencionou: "O que pode ser medido, pode ser melhorado". Podemos citar, ainda, nesse contexto, a frase atribuída à Sêneca: "Quando se navega sem destino, nenhum vento é favorável" (Drucker, 1984, p. 94)

A metodologia de gestão por indicadores foi formulada na década de 1990, quando as organizações perceberam que, além de medir o resultado final de suas atividades (atividades-fim), necessitavam controlar as atividades internas (atividades-meio). Essa metodologia recebeu o nome em inglês de *key performance indicators* (KPI), ou indicadores-chave de desempenho (Alvarez, 2001).

Como explicitamos na seção anterior, os objetivos estratégicos precisam de indicadores, que, por sua vez, necessitam de metas, que, por consequência, exigem análises críticas e controles regulares para se verificar o rumo da organização. O papel dos KPIs é comprovar o desempenho e a eficácia dessas estratégias.

A gestão pública, muitas vezes, por não visar ao lucro, gera em muitos gestores, inclusive os da área de segurança, a falsa sensação de que não é necessário utilizar indicadores para atividades-meio e deveriam focar apenas nos resultados (atividades-fim). Seria o mesmo que uma empresa medir apenas o faturamento bruto de suas vendas sem considerar todos os custos diretos e indiretos envolvidos. Se assim operar, ela pode falir a qualquer momento!

O que, então, são indicadores-chave de desempenho na prática? São instrumentos que apresentam dados estatísticos quantitativos e qualitativos do desempenho de uma organização, departamento ou setor. É o retrato numérico da *performance* traduzida para números a fim de que as decisões sejam tomadas com base em fatos e dados e não em "conclusões meramente pessoais".

Segundo Takashina e Flores (2005, p. 78), os tipos de indicadores de desempenho mais utilizados pelas organizações são:

- **Indicadores de produtividade:** Referem-se à utilização dos recursos da organização em função da quantidade de produtos/serviços entregues ao cliente num espaço de tempo determinado.
- **Indicadores de qualidade:** Permitem verificar o número de não conformidades do produto/serviço em relação à produção total.
- **Indicadores de capacidade:** Ajudam a definir a capacidade instalada para a produção de determinado produto ou serviço.
- **Indicadores estratégicos:** Relacionam-se aos objetivos estratégicos da organização.

Quando se estabelecem indicadores de desempenho para a gestão pública, está se buscando uma metodologia muito utilizada por empresas de sucesso como forma de gerenciar e controlar seus negócios.

Normalmente, o gestor da iniciativa privada está atento à manutenção e ao futuro da empresa. Preocupa-se com a concorrência, com os financiamentos, as taxas de juro, os processos trabalhistas, os fornecedores, os acionistas, os passivos, as reclamações, a imagem da marca etc., ou seja, precisa constantemente controlar e inovar a forma de gestão e se manter alerta com o que acontece no mercado, sob pena de desaparecer ou perder o emprego (como foi o caso das gigantes internacionais Blockbuster, Kodak, Xerox e BlackBerry, e das nacionais Vasp, Varig, Mesbla e Bamerindus).

Já o gestor público, na maioria das vezes, não tem essas preocupações, pois o orçamento é bancado pelo Estado, o pessoal é concursado; há ainda a possibilidade de exclusividade do negócio por determinação legal. Se o cidadão reclama, a organização permanece de pé. Não estamos aqui afirmando que o setor público não tem preocupações ou problemas. O que estamos fazendo é chamar a atenção para as diferenças estratégicas e de gestão.

O gestor privado precisa desenvolver formas eficientes de gestão para sobreviver no mercado, ao passo que o administrador público muitas vezes quer que o mercado sobreviva a ele.

Felizmente, com novas legislações, gestores públicos mais conscientes e preparados passam a gerenciar o bem público de maneira mais eficiente, quer por iniciativa própria, quer por imposição legal.

A esse respeito, Pereira (1998, p. 28) afirma: "A Administração Pública Gerencial é orientada para o cidadão e para a obtenção de resultados. Pressupõe que os políticos e os funcionários públicos são merecedores de um grau limitado de confiança. Como estratégia, serve-se da descentralização do incentivo à criatividade e à inovação".

Esse novo modelo de gestão púbica, chamado de **administração pública gerencial**, guarda um conjunto de características que podem ser controladas e monitoradas mediante indicadores de desempenho. Ainda segundo Pereira (1998, p. 37), a administração pública gerencial tem como características:

- busca por resultados valorizados pelos cidadãos;
- qualidade e valor;
- identificação de missão, serviço, usuários e resultados;
- transferência de valores;
- fortalecimento das relações de trabalho;
- compreensão e aplicação de normas;
- identificação e solução de problemas;
- melhoramento continuado dos processos;
- separação de serviço e controle;
- definição, medição e análise de resultados;
- gestão participativa.

Por isso, é importante que a área de segurança pública, por meio de seus gestores e líderes, estabeleça metodologias de controle do processo, assim como as empresas privadas fazem para manter seus negócios permanentes.

Nem sempre a elaboração de indicadores no setor público é uma tarefa fácil, principalmente no Brasil, onde são muitas as críticas aos órgãos de segurança pública, indicando sua ineficiência ou denunciando abuso, violência ou falha grave.

É bem verdade que no Brasil, tradicionalmente, boa parte da população não percebe os órgãos de segurança como representantes do Estado de direito, da Lei e da própria sociedade. Isso acontece, algumas vezes, porque as condutas de alguns profissionais levam o cidadão a desacreditar na instituição; em outras situações, isso é motivado por condutas passionais de alguns órgãos de imprensa ou até mesmo por interesses e pressões políticas. Há também os discursos dos "arquitetos de obra pronta", que têm horas e dias para julgar o que um policial teve de decidir em fração de segundo.

Contudo, independentemente da carência de técnica de gestão da qualidade de alguns gestores e das reclamações do cidadão, há de se reconhecer que as organizações policiais são centenárias e que a instituição se sustenta sobre o sacrifício pessoal de policiais, que às vezes pagam com as próprias vidas ou são mutilados e esquecidos pela sociedade. Ademais, todo esse contexto não impede que os processos não possam ser aprimorados e controlados de maneira mais cartesiana e com uso de indicadores adequados.

Retomando a exposição sobre os indicadores, estes podem ser classificados de acordo com Grateron (1999), tal como expresso no Quadro 4.9.

Quadro 4.9 – Classificação dos indicadores

Natureza	Avaliar ou medir	Eficiência, eficácia, economia, efetividade, equidade, excelência, cenário e legalidade
Objeto	Alvo de medição ou avaliação	**Indicadores de resultado:** São obtidos considerando-se resultados esperados e referem-se a indicadores de eficácia
		Indicadores de processos: Estão ligados aos indicadores de eficiência
		Indicadores de estrutura: Servem para avaliar o custo e a utilização de recursos
Âmbito	Local	**Internos:** Consideram variáveis de funcionamento interno da entidade ou organização.
		Externos: Consideram o efeito ou impacto, fora da organização, das atividades e serviços prestados.

Fonte: Grateron, 1999, p. 67.

Outro ponto que facilita a compreensão dos indicadores são algumas propriedades que, segundo Takashina e Flores (2005), devem ser contempladas na construção deles. O indicador deve ser: útil, válido, confiável, disponível, simples, transparente, sensível, desagregável, econômico, estável, mensurável e rastreável. A seguir, detalhamos em que sentido cada um desses adjetivos pode ser interpretado considerando-se os indicadores de desempenho.

- **Útil:** Ao criar um indicador, é preciso ter mente qual é a utilidade dele, independentemente se o nível é estratégico, tático ou operacional. Os indicadores devem conter um objetivo a ser alcançado, e não existir simplesmente para coletar números e burocratizar o sistema. Eles devem guardar em si uma meta a ser alcançada, um problema a ser resolvido ou um projeto a ser executado.
- **Válido:** O indicador deve representar a realidade dos fatos, seja pela coleta adequada e fiel das informações, seja pela utilização da ferramenta estatística adequada. Exige-se,

portanto, que o indicador expresse com fidelidade o que pretende abordar.

+ **Confiável:** Todos os dados coletados devem ser fidedignos às fontes e tratados com técnicas estatísticas válidas para que a informação seja transparente.
+ **Disponível:** O indicador deve estar acessível no tempo e momento adequado.
+ **Simples:** Qualquer indicador tem de ser de fácil construção, manutenção, controle e finalidade para que, de forma simples, transmita o que propõe.
+ **Transparente:** A estrutura, as fórmulas e as fontes dos indicadores devem ter a clareza e a transparência necessárias para validar a informação.
+ **Sensível:** A fonte de dados e a rotina e periodicidade de coleta das informações devem estar alinhadas ao que acontece com o fenômeno monitorado e retratar sutis alterações.
+ **Desagregável:** Ao se construir um indicador, é interessante que ele se sustente em uma boa base de dados, que tenha a amplitude necessária para representar grupos e resultados dentro de nichos específicos. Trata-se, portanto, de construir um indicador que, após realizada a análise crítica, tenha acesso a subgrupos de informação sem necessidade de refazer a captação de dados.
+ **Econômico:** O indicador tem de ser de fácil obtenção para que o processo de coleta de dados e transformação da informação em conhecimento seja viável para a produção de melhoria ou controle proposto.
+ **Estável:** O indicador deve ser elaborado sem que variáveis causem interferência significativa no objetivo do indicador.
+ **Mensurável:** É essencial que o indicador seja passível de ser medido com precisão a fim de não causar interpretações diferentes ou ambíguas.

- **Rastreável:** Todos os dados e informações fornecidos devem ser rastreáveis como forma de garantir a confiabilidade da informação.

Para criar um indicador de desempenho, devem ser cumpridos os seguintes passos:

- **Passo 1** – Identificar o objetivo que se deseja atingir, o problema a ser solucionado ou o processo a ser monitorado.
- **Passo 2** – Definir:
    - os dados a serem coletados e como a coleta e o registro destes serão feitos;
    - a montagem da base de dados prevendo a desagregabilidade;
    - o responsável pela captação de dados;
    - o modelo de tabela de registro, *software*, programa etc. a ser empregado;
    - o meio para demonstração dos resultados (planilhas, gráficos, fluxos etc.);
    - a periodicidade de coleta e de apresentação do indicador;
    - as metas.
- **Passo 3:** Construir a base de dados e criar a planilha e o gráfico.
- **Passo 4:** Estabelecer a análise crítica dos resultados propondo monitoramento, ação corretiva ou ação preventiva para o indicador, a meta e o objetivo.
- **Passo 5:** Manter o indicador de acordo com a conveniência e a utilidade prática.

Em suma, os indicadores-chave de desempenho, como o próprio nome sugere, servem para acompanhar a *performance* de qualquer processo. Na segurança pública, há uma infinidade de aplicações dessa metodologia. É preciso atentar para o processo gerencial desse segmento de forma mais objetiva, construindo dados estatísticos ou indicadores que permitam melhorar a eficiência do serviço público.

Na Tabela 4.1, demonstramos um exemplo simples de planilha, indicador e meta de desempenho. Observe que a construção da tabela previu a desagregabilidade das informações, permitindo até mesmo a aplicação do gráfico de Pareto para melhor análise crítica, caso o gestor deseje fazê-la.

Tabela 4.1 – Exemplo de indicador de desempenho: furto de veículo

Data	Dia da semana	Faixa horária	Bairro	Modelo	Quant.
1	Segunda-feira	06:00 – 12:00	A	Gol	1
1	Segunda-feira	12:00 – 18:00	B	Fluence	2
1	Segunda-feira	18:00 – 00:00	B	HB20	2
1	Segunda-feira	00:00 – 06:00	A	Fluence	3
1	Segunda-feira	18:00 – 00:00	C	Gol	5
2	Terça-feira	06:00 – 12:00	C	HB20	5
2	Terça-feira	12:00 – 18:00	B	Strada	2
2	Terça-feira	18:00 – 00:00	A	Gol	8
2	Terça-feira	00:00 – 06:00	A	Strada	2
2	Terça-feira	12:00 – 18:00	B	Fluence	1
3	Quarta-feira	06:00 – 12:00	A	Gol	6
3	Quarta-feira	12:00 – 18:00	A	BMW	2
3	Quarta-feira	18:00 – 00:00	C	HB20	4
3	Quarta-feira	00:00 – 06:00	C	Kwid	2
4	Quinta-feira	12:00 – 18:00	A	Gol	6
4	Quinta-feira	18:00 – 00:00	C	BMW	3
5	Sexta-feira	12:00 – 18:00	C	BMW	8
5	Sexta-feira	18:00 – 00:00	C	HB20	7
5	Sexta-feira	00:00 – 06:00	A	Gol	9
5	Sexta-feira	00:00 – 06:00	A	Civic	8
6	Sábado	06:00 – 12:00	C	HB20	3
6	Sábado	12:00 – 18:00	B	BMW	6
6	Sábado	18:00 – 00:00	C	Gol	2

(continua)

(Tabela 4.1 – conclusão)

Data	Dia da semana	Faixa horária	Bairro	Modelo	Quant.
6	Sábado	00:00 – 06:00	A	Fluence	4
6	Sábado	18:00 – 00:00	C	Civic	7
7	Domingo	06:00 – 12:00	C	Fluence	3
7	Domingo	00:00 – 06:00	A	Civic	4
7	Domingo	12:00 – 18:00	C	Gol	4
				Total	119

Dia da semana	Quant.	Meta
Domingo	11	16
Segunda-feira	13	16
Terça-feira	18	16
Quarta-feira	14	16
Quinta-feira	9	16
Sexta-feira	32	16
Sábado	22	16

Gráfico 4.1 – *Exemplo de indicador de desempenho – furto de veículo*

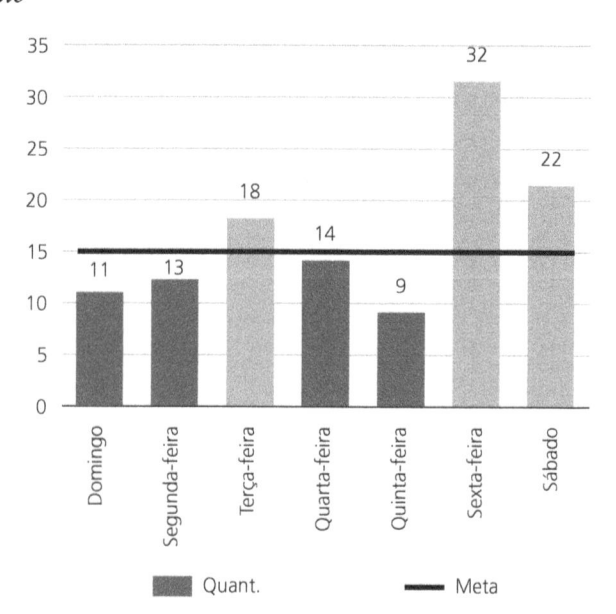

Demonstramos, então, como construir um gráfico com dados e metas escolhendo um tipo de informação, como o dia da semana. Ressaltamos que a escolha dos parâmetros deve atender a necessidade do gestor. No exemplo que analisamos, o gestor estaria interessado no que acontece durante a semana, não no tipo de veículo nem na faixa horária.

> *Para saber mais*
>
> O HOMEM QUE MUDOU O JOGO. Direção: Bennet Miller. Produção Columbia Pictures. Estados Unidos: Columbia Pictures, 2011.
>
> Assista a esse filme, baseado na história real de um gerente geral de um time que decide estabelecer uma nova forma de gestão, contrariando as tradições.

Síntese

Neste capítulo, abordamos o planejamento estratégico, uma ferramenta que ajuda a projetar o futuro da organização e que orienta como alcançar os objetivos propostos. Explicitamos a necessidade de estabelecer, nesse documento, a missão, a visão, os valores, além de realizar análises dos ambientes internos e externos (SWOT) e determinar objetivo e metas, bem como controlar seus resultados. Demonstramos que esse é um excelente instrumento de planejamento, perfeitamente aplicável à segurança pública.

Ainda, tratamos sobre *Balanced scorecard* (indicador balanceado de desempenho), uma metodologia voltada para gerenciar as estratégias das organizações adotando-se uma visão de longo prazo. Ela é uma ferramenta que permite desdobrar o planejamento estratégico nas perspectivas: financeira, cliente, processos internos e de aprendizado e crescimento.

Finalmente, explicamos como usar indicadores de desempenho para determinar uma gestão baseada em fatos e dados e mensurar produtividade, qualidade, capacidade e estratégias.

Questões para revisão

1. Considerando que o planejamento estratégico (PE) é uma espécie de carta de intenções de uma organização com objetivos futuros, assinale a alternativa correta:
    a. O planejamento tático refere-se às rotinas operacionais da instituição sendo aplicável apenas a setores ou similares, estando intimamente ligado a questões internas e administrativas que não refletem no resultado da atividade-fim da organização de segurança pública.
    b. Uma das vantagens do PE é o comprometimento da alta direção, sem necessidade do equivalente dos servidores, pois a decisão e a execução de todos os processos são de responsabilidade da diretoria ou do comando.
    c. Segundo Takashina e Flores (2005), os objetivos e indicadores devem ser propostos com a observação do padrão Smart, acrônimo em inglês assim formado: S – específica; M – atingíveis; A – mensuráveis; R – tempo definido e T – relevantes.
    d. O PE não exige um rigoroso controle de resultados, pois é uma ferramenta que proporciona apenas objetivos subjetivos, que não necessitam de indicadores de desempenho.
    e. O PE é processo contínuo que permite, com o maior conhecimento possível do futuro contido: tomar decisões atuais que envolvam riscos; organizar sistematicamente as atividades necessárias à execução dessas decisões; e,

mediante uma retroalimentação organizada e sistemática, medir o resultado dessas decisões em confronto com as expectativas alimentadas

2. Com relação ao *Balanced scorecard*, indique V para as afirmativas verdadeiras e F para as falsas:
   ( ) Uma das principais finalidades do BSC é permitir visualizar de forma prática todos os processos da organização e tudo o que precisa ser realizado para alcançar seus objetivos, mantendo todos os departamentos e colaboradores na direção da estratégia que foi estabelecida.
   ( ) Segundo Kaplan e Norton (1992, p. 44), o BSC "tem como objetivo monitorar, mensurar e direcionar ações a serem tomadas a partir da medida do desempenho estratégico da empresa".
   ( ) O *Balanced scorecard* sugere que qualquer organização (pública ou privada) estruture objetivos, metas, projetos e indicadores (KPIs) sob a ótica de quatro perspectivas estratégicas.
   ( ) A perspectiva financeira está relacionada à demonstração do desempenho financeiro das empresas, ao passo que a perspectiva de clientes deve determinar o desempenho organizacional.
   ( ) As instituições de natureza pública têm como perspectiva financeira sua meta principal.

   Assinale a alternativa com a sequência correta de indicações, de cima para baixo:
   a. F, F, V, V, V.
   b. V, F, F, F, F.
   c. F, V, F, V, F.
   d. V, V, F, V, F.
   e. V, V, V, V, F.

3. Existem diversas classificações para os indicadores-chave de desempenho (KPI). Assinale a alternativa que descreve corretamente um dos indicadores KPI.
   a. Indicadores de produtividade: referem-se à utilização dos recursos da organização em função da quantidade de produtos/serviços entregues ao cliente num espaço de tempo determinado.
   b. Indicadores de qualidade: determinam a capacidade instalada para a produção de determinado produto ou serviço.
   c. Indicadores de capacidade: verificam o número de não conformidades do produto/serviço em relação à produção total.
   d. Indicadores estratégicos: relacionam-se aos objetivos estratégicos da organização.
   e. Indicadores de produtividade: determinam a capacidade instalada para a produção de determinado produto ou serviço.

4. Ao construir um indicador de desempenho, é necessário observar alguns critérios para que ele atinja o objetivo proposto. Explique, com base nisso, e em poucas palavras, as características *utilidade* e *validade*.

5. Com base no exemplo de indicador que disponibilizamos neste capítulo (furto de veículo), monte uma tabela e um gráfico, considerando, para isso, a meta para o tipo de veículo, independentemente do dia de semana.

Questões para reflexão

1. Procure em *sites* de órgãos de segurança pública a missão, a visão e os valores das instituições pesquisadas. Analise se o que está escrito efetivamente acontece na prática. Caso contrário, reflita sobre o porquê de isso acontecer.

2. Normalmente, as instituições de segurança, seja as de caráter civil, seja as de caráter militar (principalmente), adotam estratégias operacionais em suas ações. Por que, em sua opinião, esse método não tende a não ser aplicado na área administrativa ou na de apoio?

3. A metodologia do BSC é muito utilizada por grandes empresas que já comprovaram sua eficácia. Por que o serviço público tem resistência a um instrumento tão eficaz?

4. Reflita sobre como os diversos processos administrativos e operacionais podem ser controlados empregando-se indicadores de desempenho. Liste suas considerações.

5. A gestão de segurança pública no Brasil, normalmente, segue uma tradição mais política do que técnica. Em outras palavras, a história já mostrou condutas políticas que preferem tão somente explorar o eleitor a apresentar resultados técnico-científicos. Por que as instituições brasileiras, na maioria das vezes, não conseguem ter força técnica para evitar esse tipo de conduta?

✦ ✦ ✦

capítulo cinco

Como implantar um sistema de gestão da qualidade

Conteúdos do capítulo

+ Comprometimento com a qualidade.
+ Capacitação.
+ Projeto-piloto.
+ Planejamento estratégico.
+ Definição das relações de processo.
+ Mapeamento dos processos (BPM).
+ Indicadores de desempenho setorial.
+ Normatização.
+ Treinamento, capacitação e conscientização.
+ Controle e fiscalização do sistema de gestão da qualidade.
+ Melhoria contínua.
+ Ampliação do processo de gestão da qualidade.

Após o estudo deste capítulo, você será capaz de:

1. implantar um sistema de gestão da qualidade;
2. detalhar as etapas de implantação;
3. seguir dicas práticas de implantação;
4. buscar conhecimento para a implantação de sistema de gestão da qualidade.

Antes de verificarmos como implantar um sistema de gestão da qualidade na segurança pública, precisamos esclarecer que a gestão pública no Brasil e a área de segurança pública não fogem à regra, já que carregam muitas características de administração influenciadas por questões culturais e até mesmo tradicionais.

São recorrentes burocracia excessiva, centralização do poder decisório, aversão à inovação do modelo vigente e, em diversas organizações, ascensão profissional aos cargos de direção por interesses políticos (Giacobbo, 1997).

Há estruturas em diversas organizações que precisam ser aprimoradas e modernizadas, o que não significa que elas devam perder sua essência ou seus valores. Não significa que instituições militares devam abandonar a disciplina e a hierarquia, nem que organizações civis prescindam de estruturas hierarquizadas.

Não existe um método único, tampouco uma metodologia eficiente que sirva sem adaptações para a imensa variedade de serviços de segurança pública. Há divergência do método de gestão mesmo entre as organizações militares que têm entre si similaridades organizacionais.

Em todos os segmentos da segurança, há diferentes gestores, níveis de conhecimento das ferramentas da qualidade. Existem gestores públicos extremamente motivados, mas há também aqueles designados para o departamento de qualidade (quando existe) porque não estão bem politicamente ou não têm outra posição para onde serem alocados. Há exemplos de iniciativa em diversos lugares do Brasil que são dignas de nota e poderiam ser aplicadas em qualquer empresa privada com grandes chances de obter excelentes resultados, mas há também muito empirismo escondido atrás de cargos ou postos.

Há servidores que chegam ao final de suas carreiras "ouvindo falar sobre a qualidade". Não acreditam que os ensinamentos possam ser aplicados num sistema público. O pensamento desses profissionais é: se fizer ou não uma boa gestão, sobe na carreira e pode se aposentar ou se reformar passando toda a existência ignorando o cliente, o cidadão e a sociedade, simplesmente porque o sistema funciona, sempre funcionou e sempre vai funcionar assim. Diferentemente, o gestor privado, se não atingir metas, perde o emprego ou a empresa quebra.

Outro problema refere-se à imagem das corporações perante a sociedade; na maioria das vezes, não é boa, apesar dos sacrifícios diários de inúmeros policiais que morrem em serviço para defender a população.

Gerir um sistema marcado pelo descontentamento dos clientes diante da atuação das polícias, em associação com o aspecto público de gestão e com a forma tradicional de administrar, é um grande desafio. No entanto, há caminhos para melhorar esses sistemas, com soluções simples, mas trabalhosas. A qualidade se propõe a melhorar essa dinâmica, pois, apesar de o setor sempre estar sobrecarregado e ter recursos escassos, qualquer gestor pode iniciar a implantação de um sistema fundamentado na qualidade.

Neste capítulo, traremos algumas sugestões de metodologia de implantação de um sistema de gestão de qualidade com base nos aspectos mais comuns entre as instituições de segurança pública no Brasil.

5.1 *Comprometimento com a qualidade*

O comprometimento com a qualidade deve ser uma filosofia da alta direção e dos comandos das organizações. Sem ele, um programa de gestão da qualidade não tem como lograr êxito.

É importante que esse pacto seja efetivamente demonstrado por mecanismos legais que permitam a continuidade do método e não sejam apenas a iniciativa que termina com o fim de um comando. Deve existir uma doutrina de qualidade permanente e perene.

É bem verdade que no Brasil a prática de eliminar iniciativas de sucesso, alterar filosofias ou descaracterizá-las é comum, seja pela ação de muitos políticos, seja pelo desejo do gestor de deixar sua marca pessoal.

Apesar de muitas vezes não haver segurança jurídica ou tradicionalismo em algumas normas relacionadas à administração, há soluções que podem ser aplicadas na gestão pública como forma de manter o comprometimento, nem que seja por força legal.

Uma das alternativas aplicadas em alguns locais é a criação de leis ou decretos que institucionalizam a gestão da qualidade, atribuindo os requisitos mínimos necessários para sua implantação, manutenção e melhoria. É uma forma mais eficiente de evitar métodos de gestão de ocasião e determinar legalmente o comprometimento com a qualidade.

Outra forma de demonstrar dedicação à qualidade é estabelecer critérios objetivos para a seleção dos coordenadores, chefes e diretores de qualidade. Não podem exercer essas funções indivíduos que não tenham conhecimento ou interesse no tema. Requer-se maturidade profissional para colocar o especialista no cargo em que ele possa desenvolver toda a capacidade. Também é necessário que se estabeleçam linhas de autoridade e responsabilidade pelos programas. Caso contrário, as iniciativas serão postergadas e relegadas a último plano.

Portanto, comprometer-se com a qualidade é adotar uma nova filosofia de gestão e torná-la parte das rotinas da organização. Assim como diariamente a polícia prende ou salva alguém, todo dia é propício para se dedicar aos processos e controles da qualidade.

5.2 Capacitação

As organizações ou os colaboradores que desejam implementar a qualidade como instrumento de administração de seus processos precisam capacitar todos os envolvidos nesse objetivo.

O tema é amplo e dispõe de inúmeras metodologias, das mais simples – como uma planilha 5W2H – até ferramentas como o Seis Sigma*. Investir na capacitação e no treinamento dos profissionais é fundamental para o sucesso do programa.

É importante também que os processos de formação incluam disciplinas ligadas à qualidade, independentemente de a escola de formação ser de um soldado, um agente, um guarda, um oficial ou um delegado. É imprescindível que a cultura da qualidade seja disseminada, mas não como um conceito abstrato sobre o qual cada um emite a própria opinião, tal como quando se fazem críticas a técnicos de times de futebol.

O conceito de qualidade, apesar de carregar um significado particular para cada um, não é tão simplista como parece. Defini-la exige conhecimento de técnicas adequadas para que não seja transformada e interpretada erroneamente como um processo burocrático de gestão.

Ao estudar a teoria burocrática de Max Weber percebemos que burocracia é um tipo de organização estruturada na racionalidade e principalmente na objetividade, ou seja, as atividades devem ser realizadas de maneira totalmente formal e impessoal, a fim de alcançarem os fins pretendidos. Ou seja, devem existir normas e procedimentos que padronizem as condutas, visando à eficiência.

✦ ✦ ✦

* "O Seis Sigma é uma estratégia gerencial disciplinada e altamente quantitativa, que tem como objetivo aumentar expressivamente a performance e a lucratividade das empresas, por meio da melhoria contínua da qualidade de produtos e processos e do aumento da satisfação dos clientes e consumidores, levando em conta todos os aspectos importantes de um negócio" (Werkema, 2004, p. 43).

Para a maioria das pessoas a burocracia é vista normalmente sob uma ótica pejorativa e negativa, afinal estamos no Brasil, principalmente quando começamos a implantar um sistema baseado na gestão da qualidade (Banaszeski, 2018).

É bem verdade que, para implantar a qualidade, empreende-se muito trabalho e redigem-se muitas páginas para normatizar todos os processos, mas, depois de concluída essa fase, o processo passa a ser mais dinâmico e muito menos burocrático. Normalmente, quem afirma que gestão da qualidade é sempre burocrática nunca implantou um sistema, não conhece as ferramentas ou construiu um sistema ineficiente, razão pela qual precisa ser bem capacitado.

Capacitação é fundamental antes da implantação do sistema. Tem o intuito de difundir conhecimentos, competências e habilidades necessárias e compatíveis para desenvolver os recursos humanos que assumirão a liderança e o controle da implantação (Chiavenato, 1993).

Uma vez realizada a capacitação dos líderes do projeto, é preciso criar multiplicadores a fim garantir a capilaridade necessária para o programa atingir o maior número de indivíduos, processos e setores.

5.3 *Projeto-piloto*

Para implantar um projeto-piloto, deve-se selecionar, no caso da segurança pública, a unidade, o departamento, o batalhão ou o grupamento no qual será aplicado o programa de implantação da gestão da qualidade.

O projeto-piloto serve de *test drive* para o programa e de laboratório para os testes de implantação. Como ferramenta, é possível usar, por exemplo, o ciclo PDCA, a fim de registrar o planejamento, realizar as verificações e executar os ajustes necessários. Nessa etapa, é muito importante definir responsabilidades e registrar oportunidades de melhoria e ajustes necessários. É possível usar também o 5W2H para controlar as fases do projeto, bem como as responsabilidades e prazos.

5.4 *Planejamento estratégico*

Para a elaboração do planejamento estratégico (PE), este deve estar alinhado ao PE da organização-mãe, ou seja, deve seguir os mesmos princípios e estar alinhado com a missão, a visão de futuro e os valores, podendo-se acrescentar missões específicas nos casos de polícias especializadas, por exemplo.

Para construir o PE do projeto-piloto, sugerimos:

- definir missão, visão e valores, e utilizar as ferramentas do BSC para determinar as perspectivas e os objetivos estratégicos;
- realizar os estudos dos ambientes internos e externos (SWOT);
- estipular em anos a expectativa do PE;
- estabelecer indicadores-chave de desempenho (KPIs);
- definir metas, aplicando a técnica Smart;
- descrecer o plano de ação para os objetivos estratégicos;
- construir o mapa estratégico;
- divulgar o planejamento estratégico para todos do efetivo (exceto dados ou projetos confidenciais);

5.5 Definição das relações de processo

Um dos pontos importantes da implantação de um sistema de gestão da qualidade é a definição dos requisitos das diversas relações do processo. É preciso estabelecer padrões, bem como a cadeia de valor entre os diversos processos.

Para isso, deve-se fragmentar toda a organização estabelecendo relações (internas e externas) de fornecimento de produtos ou serviços (fornecedor) e do recebimento desses resultados (cliente).

O gestor público tem de ter clareza sobre essa relação, pois, embora a nomenclatura seja amplamente utilizada nas relações da iniciativa privada, aqui é recomendável tomar emprestado a epistemologia do conceito.

Assim, é aconselhável dividir a organização em diversos fornecedores e clientes e determinar quais são os requisitos de qualidade que o produto fornecido deve apresentar.

Para isso, sugerimos empregar uma ferramenta do mapeamento de processos chamada *Sipoc*, acrônimo que tem origem nas iniciais das palavras em inglês: **suppliers** (fornecedores), **inputs** (entradas), **process** (processos), **output** (saídas) e **customers** (clientes).

Com base nesse raciocínio, deve-se determinar as relações ou interfaces entre os diversos departamentos ou setores para criar a cadeia de valor entre eles. É muito comum, nas organizações que não aplicam uma gestão com base na qualidade, que as relações entre os setores, muitas vezes, sejam desgastadas ou ineficientes. Isso ocorre porque, embora as atividades sejam executadas, não ficam claros para as partes os requisitos de qualidade envolvidos.

Para aplicar essa técnica, é preciso tomar algumas atividades como produtos, que não precisam ser necessariamente materializados. Considere o seguinte exemplo: o motorista de uma viatura precisa deixá-la em uma oficina para conserto. Ao chegar à oficina, que está lotada, ele menciona verbalmente para o mecânico quais são os problemas que ocorrem com o carro e vai embora com a informação de que o trabalho vai demorar dois dias para ser executado. Passado o período, o motorista comparece no local e, para sua surpresa, a viatura continua sem reparos. O motorista então se queixa com o mecânico, que, por sua vez, reclama que não se lembrava do problema e não havia conseguido contato para obter a informação.

Considerando esse exemplo, estabelecemos a cadeia de valor sob a ótica da Sipoc, esquematizando essa relação conforme o Quadro 5.1.

Quadro 5.1 – *Exemplo de cadeia de valor*

Fornecedor	Produto entregue	Cliente
Motorista da viatura	Solicitação verbal de conserto da viatura	Oficina mecânica

Pareceu estranho que o cliente seja a oficina? Nesse ponto da análise, é esse o lugar que ela ocupa, pois é preciso fragmentar todo o processo em microetapas. Perceba também que transformamos a solicitação de conserto em um **produto**. E por que fazemos isso? Porque o **cliente** (oficina) precisa determinar requisitos de qualidade do produto para seu **fornecedor**.

Sigamos com o raciocínio. Após recebido o **produto** (solicitação de conserto), que contém um **anexo** (viatura), a oficina considera esse conjunto **matéria-prima** de seu negócio. Com esse **insumo**, o mecânico processará o conserto do veículo e entregará para o **cliente**, que, no exemplo, coincidentemente também foi o fornecedor, mas que, em outros casos, pode não ser.

Para clarear mais o que o que estamos expondo, seria o mesmo que um oficial entregar um mandado de prisão sem o nome. Não há condições de fazer um bom trabalho recebendo uma matéria-prima ruim.

Retomando o exemplo, o mecânico não pode aceitar de seu fornecedor uma matéria-prima ruim, pois o produto, por melhor que seja o processo dele, na maioria das vezes não terá boa qualidade. Então, qual é a solução para o caso? Simples! Estabelecer **requisitos de qualidade** nessa relação e melhorar o recebimento da matéria-prima, desenvolvendo o fornecedor.

Quadro 5.2 – Requisitos de qualidade

Fornecedor	Produto entregue	Requisitos de qualidade	Cliente
Motorista da viatura	Solicitação de conserto da viatura via formulário X	A solicitação deve ser escrita no formulário padrão. Deve constar data, solicitante e telefone de contato. Registrar obrigatoriamente descrição do problema	Oficina mecânica

Desse modo, ao especificar os requisitos de qualidade e padronizar a solicitação de conserto, a oficina melhorou significativamente a qualidade da **matéria-prima**, diminuindo a possibilidade de problemas.

Esse exemplo pode ser transportado para inúmeros outros casos comuns nas corporações, numa infinidade de aplicações. Esta é uma importante e simples ferramenta de melhoria de processos quando bem aplicada.

No modelo acima, depois de entregue a solicitação de conserto de acordo com os requisitos de qualidade (por escrito) do **cliente** (oficina), o motorista será **fornecedor** de **matéria-prima** e também **cliente** da mecânica em relação ao conserto da viatura.

Nessas fases, ao construir um Sipoc, é possível até mesmo desenhar os processos, indicar os fluxos e procedimentos utilizados, citar pontos de inspeção e mencionar os indicadores de desempenho adotados, conforme Figura 5.1.

Figura 5.1 – Exemplo de Sipoc: oficina mecânica

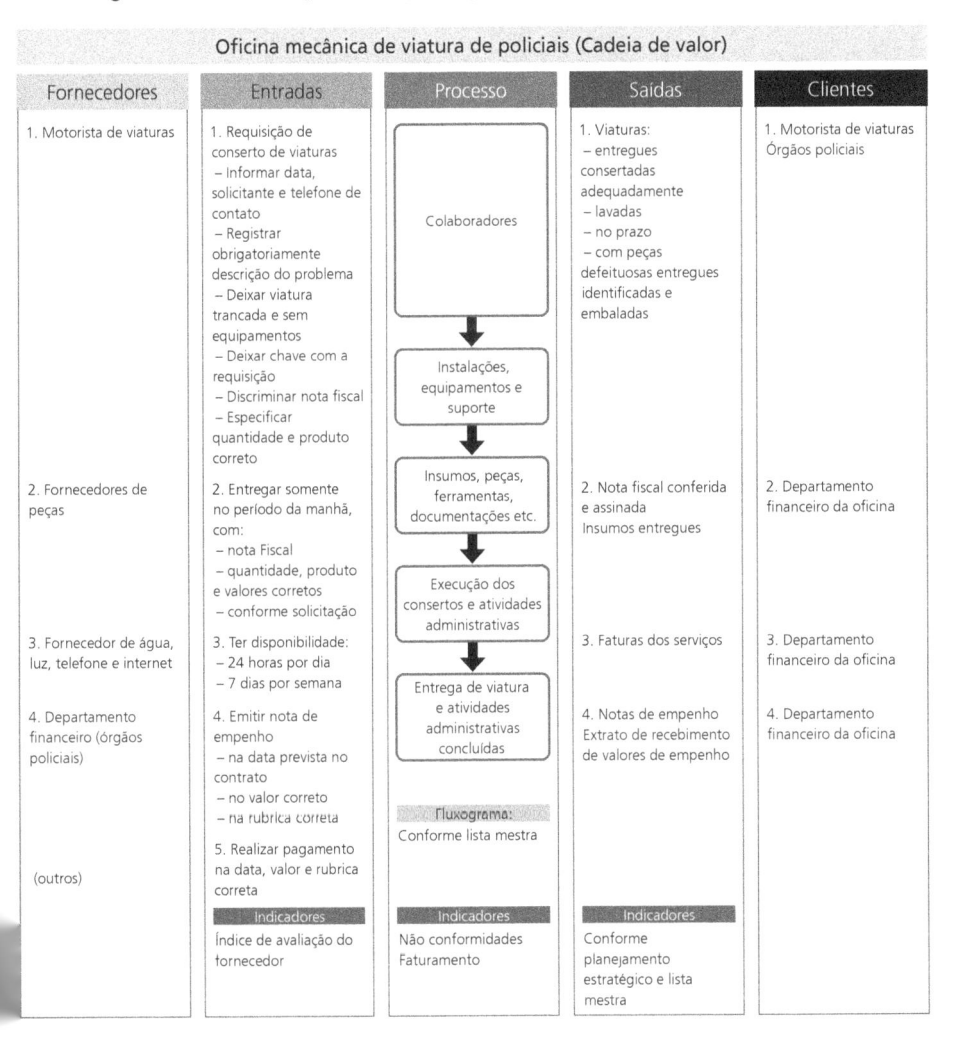

Oficina mecânica de viatura de policiais (Cadeia de valor)

Fornecedores	Entradas	Processo	Saídas	Clientes
1. Motorista de viaturas	1. Requisição de conserto de viaturas – Informar data, solicitante e telefone de contato – Registrar obrigatoriamente descrição do problema – Deixar viatura trancada e sem equipamentos – Deixar chave com a requisição – Discriminar nota fiscal – Especificar quantidade e produto correto	Colaboradores ↓ Instalações, equipamentos e suporte ↓ Insumos, peças, ferramentas, documentações etc. ↓ Execução dos consertos e atividades administrativas ↓ Entrega de viatura e atividades administrativas concluídas	1. Viaturas: – entregues consertadas adequadamente – lavadas – no prazo – com peças defeituosas entregues identificadas e embaladas	1. Motorista de viaturas Órgãos policiais
2. Fornecedores de peças	2. Entregar somente no período da manhã, com: – nota Fiscal – quantidade, produto e valores corretos – conforme solicitação		2. Nota fiscal conferida e assinada Insumos entregues	2. Departamento financeiro da oficina
3. Fornecedor de água, luz, telefone e internet	3. Ter disponibilidade: – 24 horas por dia – 7 dias por semana		3. Faturas dos serviços	3. Departamento financeiro da oficina
4. Departamento financeiro (órgãos policiais) (outros)	4. Emitir nota de empenho – na data prevista no contrato – no valor correto – na rubrica correta 5. Realizar pagamento na data, valor e rubrica correta		4. Notas de empenho Extrato de recebimento de valores de empenho	4. Departamento financeiro da oficina
		Fluxograma: Conforme lista mestra		
	Indicadores Índice de avaliação do fornecedor	**Indicadores** Não conformidades Faturamento	**Indicadores** Conforme planejamento estratégico e lista mestra	

Esse processo deve se repetir diversas vezes dentro da organização e gerar tantos Sipocs quanto forem necessários. Ressaltamos que, no exemplo anterior, citamos alguns fornecedores e simplificamos o modelo, mas, na prática, é preciso ter cuidado com situações em que o produto não está tão claro.

Um ponto importante nesse instrumento é que o responsável pela elaboração da cadeia de valor terá obrigatoriamente que conversar com todos os seus fornecedores e clientes para determinar os requisitos de qualidade de cada situação.

Figura 5.2 – Requisitos de qualidade do Sipoc

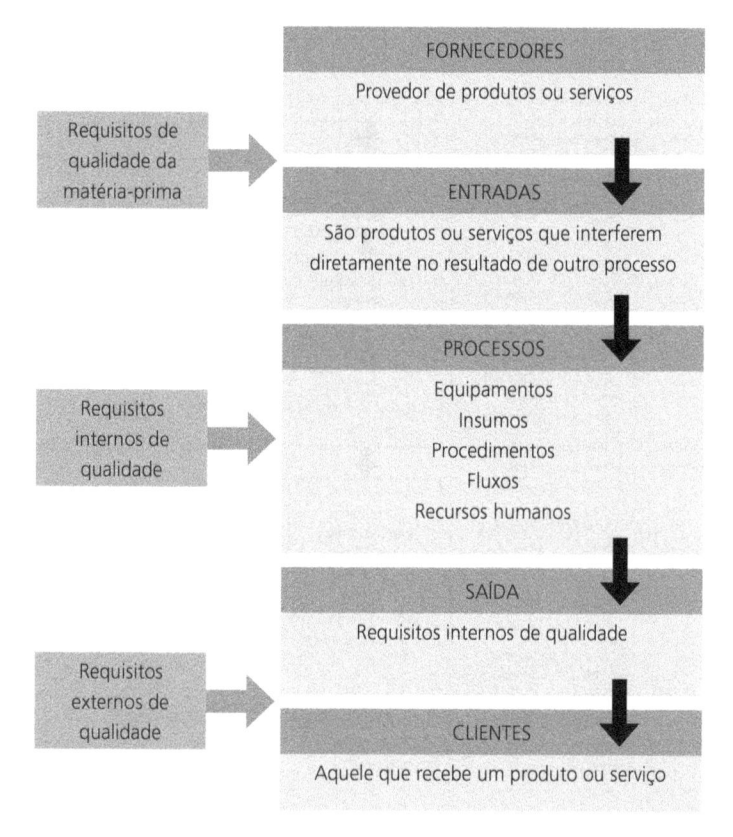

Requisitos de qualidade da matéria-prima →	**FORNECEDORES** Provedor de produtos ou serviços
	ENTRADAS São produtos ou serviços que interferem diretamente no resultado de outro processo
Requisitos internos de qualidade →	**PROCESSOS** Equipamentos Insumos Procedimentos Fluxos Recursos humanos
	SAÍDA Requisitos internos de qualidade
Requisitos externos de qualidade →	**CLIENTES** Aquele que recebe um produto ou serviço

Finalmente, o Sipoc estabelece um conjunto de relações que devem ser determinadas por critérios de qualidade, desde o recebimento da matéria-prima, durante o processo de transformação até chegar às necessidades e expectativas dos clientes internos e externos.

5.6 Mapeamento dos processos (BPM)

No capítulo sobre as ferramentas básicas da qualidade, verificamos que o fluxograma é um excelente instrumento para mapear processos e atividades. Na seção anterior, por sua vez, assinalamos a importância de estabelecer os requisitos de qualidade na cadeia de valor. Neste momento, aprofundaremos o estudo com exemplos práticos e ilustrativos para esclarecer como aplicá-los em uma organização de segurança pública e desdobrar o Sipoc nos processos internos de cada setor.

O mapeamento de processos, ou *business process management* (BPM), é uma excelente ferramenta gerencial cuja finalidade é compreender, melhorar e padronizar atividades da organização. O BPM tem o objetivo de encontrar detalhes sobre o funcionamento dos processos e formalizá-los mediante fluxogramas e documentações.

Normalmente, nas atividades de segurança pública, os grandes processos (macroprocessos) estão bem definidos: ligação para o 190 – despacho da viatura – deslocamento – atendimento da ocorrência – fechamento da ocorrência ou apresentação do preso – auto de prisão em flagrante – encarceramento – judiciário.

No entanto, é nos pequenos detalhes que se consegue acurar a qualidade do processo. Lembre-se, por exemplo, de quando um cidadão é abordado num bloqueio policial. O macroprocesso está bem definido: bloqueio – abordagem – busca pessoal ou no veículo – liberação ou encaminhamento. Contudo, o detalhamento sobre como proceder a cada uma dessas tarefas, sempre com educação, é definido no mapeamento de processo e nos procedimentos padrões.

Nesse momento, não estamos aqui sugerindo que a abordagem deva ser imprudente ou negligente, mas, independentemente de quem esteja sendo abordado, a ação do policial pode ser firme, mas educada. A liberação do abordado pode ser feita com educação e padrões de conduta usados para que o cidadão de bem se sinta protegido e tratado com educação; e o criminoso, tratado no rigor da Lei.

A finalidade da fase do mapeamento do processo é:

- ajudar os integrantes da organização a entenderem o fluxo dos diversos trabalhos e atividades, sejam administrativas, sejam operacionais, de forma fácil e visual;
- demonstrar um processo do início ao fim;
- redefinir, melhorar e padronizar condutas, principalmente nos pontos de decisão;
- apoiar a construção de cenários e simulações;
- favorecer o treinamento;
- facilitar o acesso rápido às padronizações estabelecidas.

Para iniciar o mapeamento do processo, devem ser cumpridas as seguintes etapas:

- **Etapa 1**: Escolher o processo ou atividade a mapear, definindo como iniciá-lo e como terminá-lo. É importante verificar previamente como o processo afeta a organização (efeitos interno ou externo).
- **Etapa 2**: Definir o líder do mapeamento e reunir os envolvidos. Neste ponto, cabe observar a importância da participação de todos os implicados na atividade. É logico que, na atividade de segurança pública, não se vai reunir por exemplo o batalhão inteiro ou a delegacia inteira, mas é preciso envolver uma amostragem do time que executa as tarefas.
- **Etapa 3**: Verificar e registrar os detalhes da atividade.
- **Etapa 4**: Estabelecer as etapas em uma ordem sequencial.

Figura 5.3 – Modelo de fluxo: fases iniciais

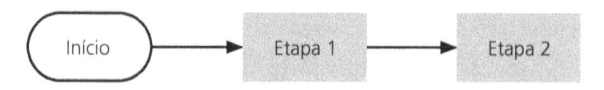

Início → Etapa 1 → Etapa 2

- **Etapa 5** (um dos pontos mais importantes do mapeamento): Definir e padronizar os pontos de decisão.

Figura 5.4 – Modelo de fluxo: com pontos de decisão

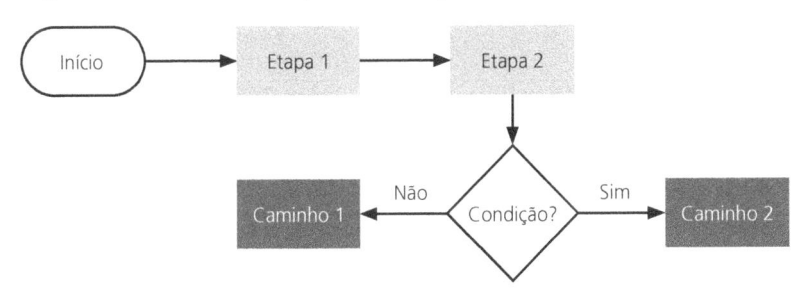

- **Etapa 6**: Concluir o mapeamento do processo especificando como a atividade é exercida ou como deveria ser exercida.
- **Etapa 7**: Analisar cuidadosamente o processo e identificar atividades que não agregam valor, que burocratizam atividade, que são redundantes, que redundam em retrabalhos e que precisam ser otimizadas.

Figura 5.5 – Modelo de fluxo: revisão de fases

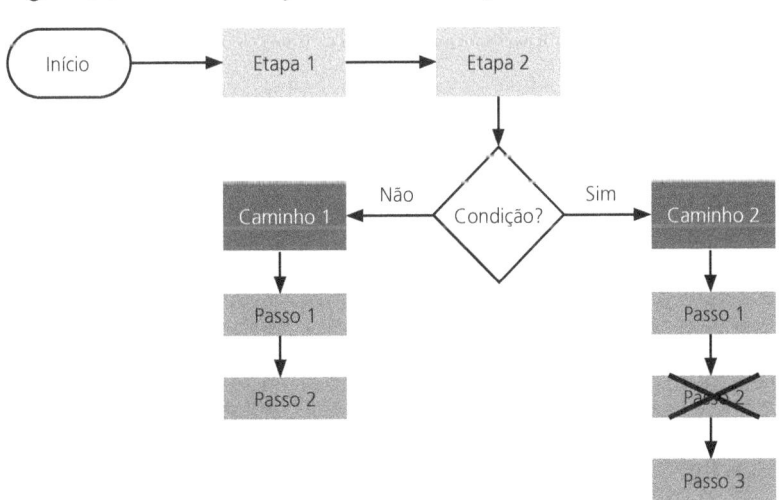

+ **Etapa 8:** Aplicar as melhorias e redesenhar o processo.

Figura 5.6 – Modelo de fluxo: revisado

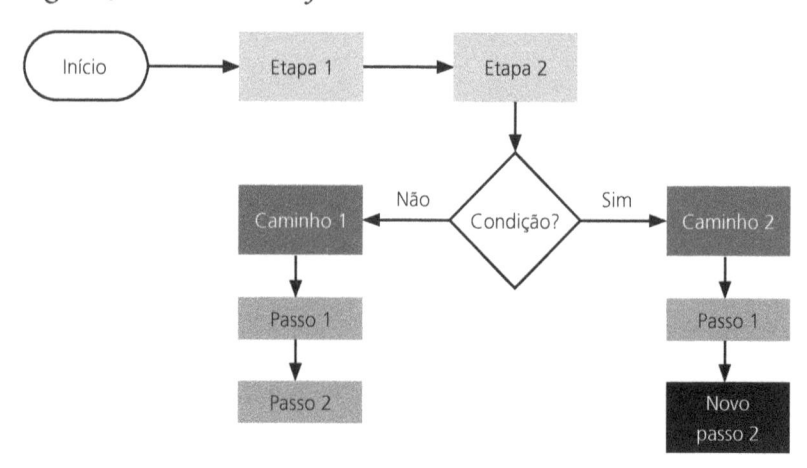

[Fluxograma: Início → Etapa 1 → Etapa 2 → Condição? → Não: Caminho 1 → Passo 1 → Passo 2; Sim: Caminho 2 → Passo 1 → Novo passo 2]

+ **Etapa 9:** Preparar a documentação para as fases seguintes (normatização).

5.7 Indicadores de desempenho setorial

Além dos indicadores estratégicos, é preciso determinar os indicadores setoriais a serem implementados. Estes devem alimentar e estar alinhados com os estratégicos.

Devem ser adotadas as técnicas explicadas no capítulo anterior tomando-se o cuidado de criar indicadores que apresentem utilidade. Uma dica é utilizar as planilhas, as tabelas ou os sistemas já existentes para fornecer os dados estatísticos, facilitando a automação da captação de dados e não burocratizando os setores ou processos.

Cabe observar que, para estabelecer a meta, é possível considerar as seguintes técnicas:

- usar a média dos últimos 3 meses ou a média do último ano;
- se não houver dados anteriores, captar dados por no mínimo 3 meses para estabelecer a meta somente no quarto mês.

5.8 *Normatização*

A etapa seguinte da implantação é a normatização ou a elaboração dos procedimentos administrativos e operacionais padrões. Para isso, podem ser usadas as ferramentas definidas nas fases anteriores como base para a redação desses documentos.

É crucial alertar para um aspecto prático frequentemente observado nas organizações de segurança pública. Pela natureza pública do serviço, essas instituições contam com vasta legislação que determina as atividades que devem ser feitas, embora, na grande maioria das vezes, não estabeleça como fazê-las de fato. É por esse motivo que a normatização é importante.

Os documentos utilizados para normatização das atividades e processos (descrições, detalhamentos e referências) são:

- Procedimento Administrativo Padrão (PAP);
- Procedimento Operacional Padrão (POP);
- Instrução de Trabalho (IT);
- Protocolo ou normas;
- Formulários.

Alguns detalhes são relevantes para a redação desses documentos.

Portanto, ao se definir o responsável pela redação, é preciso se certificar de que o selecionado tenha competência e habilidade para realizar a redação dos procedimentos. Outro fator de relevância é a tendência, nesses momentos, de escolher as pessoas que realizam ou são supervisoras das atividades. Nesse caso, é comum não especificar nos documentos detalhes importantes, pois, por realizarem a atividade diariamente, acabam automatizando as ações e não descrevem o que lhes é obvio, dificultando para o leitor a execução da tarefa.

Por essa razão, é importante detalhar minuciosamente as atividades e os processos. Uma boa técnica para testar a redação é pedir para outro colaborador ler o documento – se surgir, por parte deste, alguma pergunta dos tipos **onde?**, **como?**, **quando?**, ou qualquer outra, isso significa que o texto ficou incompleto ou confuso.

Também se deve observar as regras básicas de formatação, alinhamento, ortografia e concordância para o documento expressar qualidade de forma e conteúdo. Como sugestão, o primeiro documento a ser elaborado é o que padroniza o *layout* e a formatação dos demais: fontes, margens, linhas, títulos, capítulos, cabeçalhos, rodapés, indexações, validações, versões, revisões, análise crítica, aprovações, arquivo, distribuição, controle de documentos (originais e cópias controladas) etc.

Como sugestão, um procedimento padrão deve conter no mínimo os capítulos elencados no Quadro 5.3.

Quadro 5.3 – Capítulos para procedimentos

Itens	O que indicar no tópico
1. Objetivo	A finalidade do documento
2. Abrangência	O(s) setor(es) a que se aplica o documento
3. Definições	Termos específicos da gestão da qualidade, termos técnicos, siglas e abreviações utilizadas no conteúdo, que auxiliem na compreensão de cada documento
4. Descrição	Detalhamento de cada etapa da atividade
5. Indicadores	Menção, quando for o caso, dos indicadores de desempenho envolvidos
6. Interfaces dos processos	Menção dos setores envolvidos e/ou procedimentos que descrevem a interface dos processos
7. Referências	Fontes originais das informações

(continua)

(Quadro 5.3 – conclusão)

Itens	O que indicar no tópico
8. Naturezas das alterações	Inclusão de todas as alterações efetuadas nos documentos em relação às versões anteriores
9. Anexos	Nome de cada anexo

Concluída a normatização dos procedimentos, recomenda-se proceder à revisão e à análise crítica de coordenadores e/ou supervisores, ou, ainda, do colaborador responsável pelo processo ou imediatamente superior, para validar o documento ou apontar ajustes. Posteriormente, sugere-se que a aprovação seja efetuada pela alta direção ou comando da unidade/departamento, com o objetivo de tornar o documento válido.

O processo de análise crítica e aprovação deve ser aplicado também a documentos da qualidade que padronizam atividades ou processos como fluxo de processo, Sipocs etc.

Outro ponto relevante é que, em algumas instituições, é necessário publicar os procedimentos para torná-los validos (boletim geral, boletim interno, diários etc.). O objetivo é tornar públicos os documentos e atribuir-lhes valor de norma legal para amparar as responsabilidades dos colaboradores em cumprir a padronização e respaldar eventuais ações disciplinares nos casos mais graves.

Nos documentos da qualidade, devem ser estabelecidos prazos para revisão, com o objetivo de sempre mantê-los atualizados e conciliados com o que é realizado na prática. Aqui o gestor da qualidade deve ter maior cuidado para a redação dos documentos, pois a normatização deve retratar fielmente como a atividade é realizada.

Concluídas a redação, a análise crítica, a aprovação e a publicação, o documento da qualidade deverá estar disponível para o setor que pretende utilizá-lo. Não há necessidade de que ele seja oferecido obrigatoriamente na forma impressa (à exceção do original), podendo ser disponibilizado no formato digital, observando-se sempre a necessidade de estar disponível a última versão válida tanto no meio digital quanto no meio físico.

5.9 Treinamento, capacitação e conscientização

Os fundamentos da qualidade residem em quatro aspectos: (1) padronização; (2) treinamento; (3) fiscalização/controle; e (4) ciclo de melhoria. Não adianta a organização gastar muito tempo para normatizar os processos se os envolvidos não tiverem ciência dessas documentações. Recomendam-se o treinamento e a ciência dos envolvidos sobre isso.

Quanto ao treinamento, há diversas formas para os órgãos públicos implantá-los, principalmente numa realidade de escalas "apertadas", falta de efetivo e sobrecarga de trabalho. Porém, atualmente existem diversas plataformas, inclusive gratuitas, que podem ser utilizadas com criatividade.

Não é necessário, tampouco produtivo, colocar um policial, bombeiro ou guarda dentro de uma sala de aula para ver pela trigésima vez o mesmo treinamento fornecido pelo mesmo ineficiente instrutor.

Lacombe (2005, p. 311) ensina a esse respeito:

> Treinamento não é algo que se faça uma vez para novos empregados: é usado continuamente nas organizações bem administradas. Cada vez que você mostra a uma pessoa como ela deve fazer o trabalho, você a está treinando. Preferimos definir treinamento como qualquer atividade que contribua para tornar uma pessoa apta a exercer sua função ou atividade, para aumentar a sua capacidade para exercer melhor essas funções ou atividades, ou para prepará-la para exercer de forma eficiente novas funções ou atividades.

Nas empresas brasileiras há pouco investimento em treinamentos. As corporações dos Estados Unidos oferecem 34 horas anuais de treinamento ao colaborador, ao passo que as brasileiras oferecem apenas 14 horas (Panorama..., 2019).

Se é esse o cenário da iniciativa privada, o resultado do setor público é ainda pior. Quando a organização se propõe a realizar uma gestão com qualidade, deve obrigatoriamente passar por programas de treinamento e capacitação não só nas ferramentas de qualidade, mas principalmente nas atividades-meio e atividades-fim.

A conscientização do efetivo para a nova filosofia é extremamente importante, principalmente nas organizações que apresentam tradicionalismos centenários de conduta ante ao erro ou à falha. Isso não significa que um servidor civil ou militar não deva ser responsabilizado por alguma falha. Significa analisar a falha com foco no que ela pode apontar no sentido de melhorar e ter efeito educativo, e não simplesmente punitivo.

Separar uma **não conformidade** de uma **transgressão disciplinar** não é tarefa fácil, principalmente porque a cultura da qualidade e da oportunidade de melhoria é uma mudança que demanda muito tempo, ou seja, levam-se muitos anos para estabelecer o novo conceito.

Persistência e constância de propósitos devem ser condutas diárias do gestor da qualidade, principalmente para compreender que, embora seja simples, a implantação da qualidade é muito trabalhosa.

5.10 *Controle e fiscalização do sistema de gestão da qualidade*

A última etapa da implantação é a de controle e fiscalização do sistema, que devem ser aplicados de diversas formas. Entretanto, neste ponto é necessário separar as questões disciplinares das não conformidades dos produtos ou serviços.

Eventuais problemas de ineficiência na execução das atividades devem ter suas causas analisadas. Por vezes, o processo pode ter sido estruturado de uma forma que inviabiliza as atividades.

Em outras ocasiões, a influência pode ter sido um treinamento ineficiente ou finalmente uma questão disciplinar que merece as devidas sanções se for o caso, respeitados os processos legais.

É imprescindível, então, que sejam implantados mecanismos de controle do processo, que pode ser por indicadores de desempenho e por:

- **Formulários de registro de não conformidades:** Quando se estabelece a padronização das atividades e dos processos, está-se normalizando que essas ações são realizadas conforme o padrão estabelecido e que, todas as vezes que isso não ocorre, acontece uma não conformidade. Ela deve ser registrada para fins de investigação de causas. Há inúmeras técnicas de registro, tais como formulário único para uma ocorrência ou fichas de verificação, em que são registrados os eventos diários e, por exemplo, mensalmente analisadas as razões dos problemas. Esses formulários são extremamente úteis para a gestão da qualidade, pois fornecem excelente matéria-prima para melhoria dos processos, desde que eles sejam utilizados de maneira madura e adequada, e não como instrumento punitivo.
- **Auditorias internas:** São importantes para verificar as conformidades dos processos, principalmente se o que está documentado (padronizado) é executado na prática. Por meio delas, é possível verificar se há gestão eficiente dos indicadores ou se há oportunidades de melhoria corretivas ou preventivas.

5.11 *Melhoria contínua*

Toda organização preocupada com a gestão da qualidade sabe que está numa corrida sem linha de chegada, tem noção do contínuo aprimoramento de rever seus processos. Inovação e criatividade, portanto, são ingredientes importantes para o gestor de qualidade.

É bem verdade que, na área pública, as dificuldades são muito maiores que as da iniciativa privada, que detém os fatores **decisão** e **orçamento** sob o controle da alta direção e sofre mínima influência política. Vale a pena citar Caryannis e Gonçalez (2003), que identificaram alguns fatores que dificultam a inovação na Administração Pública:

- resistência por perda de poder;
- resistência cultural;
- senso de acomodação;
- orientação para manter o *status quo*;
- priorização de resultados de curto prazo;
- rigidez de estruturas hierárquicas;
- ausência de gestão por resultados.

Por essa razão, ao se lançar nesta jornada, o gestor público deve ter experiência e maturidade necessárias, já que o processo pode ser longo e exaustivo. Há inúmeros exemplos no Brasil de práticas de gestão da qualidade na segurança que permanecem ativas apenas enquanto seus idealizadores a sustentavam.

Como já comentamos, uma das soluções para os órgãos de segurança pública seria tornar a gestão da qualidade uma obrigação legal ainda mais clara, estabelecendo modelos de controle e inovação por parte da legislação do respectivo ente público, federal, estadual ou municipal.

É necessário desdobrar-se para fazer o que a constituição determina quando menciona eficiência ou cita os demais princípios da Administração Pública. Somente assim, é viável tornar cada vez mais eficientes os órgãos de segurança, uma vez que, sem melhoria contínua, a tendência é que ela se torne cada vez mais obsoleta e ineficiente.

Finalmente, a melhoria contínua deve envolver todos os integrantes das organizações, independentemente de posto, cargo ou graduação. Essa fase não deve ter fim: é uma jornada constante pela eficiência e para que tanto o cliente interno quanto o cliente externo aumentem seus níveis de satisfação e de sensação de segurança.

Nessa fase, são identificadas eventuais causas de problemas e são propostas ações corretivas e preventivas com a utilização de algumas das ferramentas demonstradas até aqui.

5.12 Ampliação do processo de gestão da qualidade

Concluído o projeto-piloto, deve ser realizada a análise crítica dos pontos fortes e fracos da implantação. Essa análise é importante para novas implantações, otimizando o processo e diminuindo o tempo de implantação.

É preciso considerar que departamentos ou unidades policiais diferentes não terão processos de implementação iguais em profundidade e tempo de conclusão. No entanto, o fracionamento de implantação da gestão pela qualidade facilitará o processo, principalmente porque os órgãos de segurança pública normalmente têm grandes e complexas estruturas de pessoal, recursos e infraestrutura.

Finalmente, a ampliação do processo poderá se tornar filosofia e doutrina de toda a corporação, com unificação de objetivos, indicadores de desempenho e filosofia de gestão padronizadas de acordo com a gestão da qualidade.

> *Para saber mais*
> KIM, W. C; MAUBORGE, R. **A estratégia do oceano azul**: como criar novos mercados e tornar a concorrência irrelevante. Rio de Janeiro: Sextante: 2019.
> Esse livro, apesar de focalizar a iniciativa privada, propõe uma ótima reflexão sobre estratégias de gestão que podem ser utilizadas na segurança pública.

Síntese

Neste capítulo, detalhamos as etapas para a implantação de um sistema de gestão da qualidade na segurança pública. Sublinhamos quanto é importante haver comprometimento, principalmente, da alta direção, apesar de não ser exclusivamente dela o compromisso com a qualidade.

Reforçamos que capacitação, treinamento e conscientização são ingredientes importantes no processo, além de se recomendar iniciar por projeto-piloto, a fim de verificar os pontos fortes e fracos e traçar medidas corretivas com as oportunidades de melhoria.

Alertamos que o processo pode ser longo e exige, acima de tudo, criatividade, persistência e apoio para tornar a gestão o resultado de uma segurança pública sob a luz de uma administração com mais qualidade.

Questões para revisão

1. Sobre as etapas de implantação de um sistema de gestão da qualidade na segurança pública, assinale a alternativa que melhor demonstra correlação prática no que se afirma:

a. A implantação do sistema público não apresenta dificuldades significativas, pois a Administração Pública é regida por várias leis que facilitam a implantação de sistemas de gestão.
b. Não existe um método único tampouco uma metodologia eficiente que dispense adaptações para a imensa variedade de serviços de segurança pública.
c. O comprometimento com a qualidade deve ser uma filosofia da alta direção e dos comandos das organizações. Sem ele, um programa de gestão da qualidade não logrará êxito em seus objetivos.
d. Outra forma de demonstrar dedicação à qualidade é estabelecer critérios objetivos para a seleção de coordenadores, chefes e diretores de qualidade.
e. O processo de implantação em uma organização de segurança pública é um processo rápido e simples, pois o gestor tem disponíveis servidores públicos qualificados por concurso público.

2. Sobre as etapas de implantação de um sistema de qualidade, indique V para as afirmações verdadeiras e F para as falsas:
   ( ) As organizações ou os colaboradores que desejarem implementar a qualidade como instrumento de administração de seus processos precisam capacitar todos os envolvidos na implantação.
   ( ) Escolher, em sua organização, unidade, departamento, batalhão ou grupamento que vai receber o projeto-piloto do programa de implantação da gestão da qualidade é uma das fases da implantação.
   ( ) A técnica de estabelecer cadeia de valor entre os diversos processos e estabelecer padrões é uma das raras ferramentas que não se aplicam à gestão pública.

( ) Ao se utilizar o Sipoc, sempre haverá **fornecedor, processo** e **cliente**, e esses papéis não se alteram.

( ) No Sipoc, são estabelecidos requisitos de qualidade na entrada, no processo e na saída.

Assinale a alternativa com a sequência correta de indicações, de cima para baixo:

a. F, F, V, F, F.
b. V, V, V, F, V.
c. V, V, F, F, V.
d. V, F, F, F, F.
e. V, V, F, V, F.

3. O mapeamento de processos e a normatização são processos burocráticos inevitáveis da implantação de um sistema de gestão da qualidade, uma vez que exigem descrições muitas vezes longas e trabalhosas. Sobre essas etapas, assinale a alternativa correta:

a. O mapeamento de processo é uma ferramenta que tem aplicabilidade apenas na área operacional das organizações de segurança pública.

b. O mapeamento de processo tem o objetivo de encontrar detalhes sobre o funcionamento dos processos e formalizá-los mediante fluxogramas e documentações.

c. Pela natureza pública do serviço, as instituições contam com vasta legislação a determinar como as atividades devem ser feitas.

d. Um dos facilitadores para elaboração das normas da qualidade é o fato de qualquer pessoa alfabetizada ter capacidade de redigir os documentos necessários.

e. Não é necessário descrever os detalhes das atividades e processos, já que isso resultaria em maior tempo de implantação do sistema de gestão da qualidade.

4. Explique como você determinaria a meta para um indicador de desempenho novo.

5. A continuidade de um sistema de gestão da qualidade na área pública sofre uma série de interferências. Como você evitaria esses problemas para estabelecer a melhoria contínua independentemente do período de mandato de uma eleição?

Questões para reflexão

1. Reflita sobre a dificuldade que as organizações públicas têm de manter projetos de qualidade. Por que isso acontece?

2. Como você se prepararia para enfrentar as resistências da implantação?

3. Procure *sites* de organizações de segurança pública que se valham de sistemas de gestão da qualidade. Verifica se você encontra muitas instituições nessas condições. Se não as encontrar, reflita sobre o porquê de isso acontecer no Brasil.

4. Procure por artigos sobre gestão da qualidade no setor público e analise quais são as dificuldades encontradas para implantar uma filosofia baseada na qualidade.

5. Reflita sobre o motivo de serem raras as organizações de segurança pública que utilizam as falhas administrativas e operacionais como *cases* para instrução e melhoria de processos, considerando que a maioria as usa para punições disciplinares.

capítulo seis

Certificações e qualidade

Conteúdos do capítulo

- Normas ISO.
- Certificação ISO 9001.
- Norma ISO 9001.

Após o estudo deste capítulo, você será capaz de:

1. citar algumas normas ISO;
2. explicar como funciona a implantação e a certificação ISO 9001;
3. descrever a norma ISO 31000 e a aplicação dela na segurança pública;
4. verificar de que forma as normas de qualidade podem ser utilizadas como ferramenta de gestão.

Existem inúmeras certificações de qualidade que são amplamente utilizadas pelas corporações no mundo todo, inclusive em gestão pública. São excelentes instrumentos de qualidade, pois validam produtos, serviços e sistemas de gestão das mais diversas formas e escopos.

A ABNT (2020, p. 1) assim define certificação:

> Certificação é um processo no qual uma entidade independente (3ª parte) avalia se determinado produto atende às normas técnicas. Esta avaliação se baseia em auditorias no processo produtivo, na coleta e em ensaios de amostras. O resultado satisfatório destas atividades leva à concessão da certificação e ao direito ao uso da Marca de Conformidade ABNT em seus produtos.

Neste capítulo, dentre as inúmeras normas de qualidade, concentraremos nossa atenção em duas (a ISO 9001 e a ISO 31000), que mais se adaptam à realidade de qualquer organização de segurança pública. No Brasil, o órgão responsável por traduzir, publicar e comercializar as normas é a Associação Brasileira de Normas Técnicas (ABNT).

Elas podem ser utilizadas como excelente ferramenta e até como "fundamentação técnica" de modelo de gestão, minimizando, por exemplo, a influência política nas corporações.

6.1 *Normas ISO*

Como citamos em outro momento, a International Organization for Standardization (ISO), uma organização internacional, com sede em Genebra, na Suíça, presente em mais de 160 países, publicou mais de 23.082 padrões internacionais (ISO, 2020). A instituição estabelece processos de certificação em vários setores, de produtos ou serviços, do segmento privado ou público.

O ponto importante das normas ISO é que elas são as mesmas em todo o mundo. Suas diretrizes são traduzidas sem adaptações culturais e não existe influência de cultura, *status* econômico ou político do país. Por isso, quando uma empresa estrangeira compra um produto ou serviço, ela pode exigir que este sistema de gestão da qualidade do fornecedor tenha determinado certificado ISO.

Especialmente, as normas ISO 9000 são um conjunto de abarca outras quatro normas específicas:

- **ISO 9000:** Essa diretriz está relacionada aos diversos fundamentos e vocabulários padronizados e utilizados nos sistemas de gestão de qualidade. É importante conhecê-los e aplicá-los adequadamente, pois os processos de auditoria seguem o padrão determinado por essa norma. Nesse contexto, nenhuma empresa é certificada ISO 9000, pois ela é, na verdade, um documento norteador (ABNT, 2015).

1. **ISO 9001:** Essa diretriz é responsável pela certificação dos sistemas de gestão da qualidade (SGQ), definindo os requisitos e padrões mínimos necessários para construção do sistema (ABNT, 2015). Entre as inúmeras vantagens que ela oferece, podemos citar:
    - aumento da credibilidade do produto e/ou serviço e da marca;
    - aumento da integração de atividades e processos de produção;
    - aumento da satisfação do cliente interno e principalmente do externo;
    - cultura da melhoria contínua;
    - decisões baseadas em fatos e dados;
    - diminuição de custos e aumento da lucratividade;
    - maior envolvimento dos colaboradores;

- melhora do clima organizacional;
- organização dos processos internos;
- desenvolvimento de fornecedores;
- reconhecimento nacional e internacional;
- transparência nos objetivos estratégicos;
- minimização da interferência política sobre decisões técnicas;
- maior efetividade das tarefas e maior eficiência;
- sistema de auditoria externo e independente;
- modernização de estruturas.

2. **ISO 9004**: Essa diretriz, complementar à ISO 9001, é destinada a organizações que já tenham obtido certificação ISO e desejam melhorar seus desempenhos. Além de focar nos clientes, ela fornece atenção especial aos *stakeholders*, tais como acionistas, fornecedores, colaboradores e ambiente socioambiental (ABNT, 2015).

3. **ISO 19011**: É uma diretriz que orienta como proceder a auditorias dos sistemas de gestão da qualidade. Basicamente, apresenta a seguinte estrutura: escopo da auditoria, referências, definições, princípios, gerenciamento, execução e competência dos auditores (ABNT, 2018a).

4. **ISO 31000**: É uma norma que não visa à certificação e está ligada à gestão de riscos. É aplicável em qualquer organização, pública ou privada, pois não é específica de determinada área. Ela proporciona uma metodologia para avaliar as incertezas possíveis e determinar ações preventivas e planos de contingência (ABNT, 2018b).

6.2 Certificação ISO 9001

Uma vez que tenha alcançado um nível de maturidade e de utilização de uma gestão com base na qualidade, a organização pode se submeter a um processo de certificação. Para que isso aconteça, uma empresa independente tem de realizar a auditoria e recomendar a certificação ou não do SGQ.

No caso de corporação policial, essa certificação é interessante para estabelecer um meio externo de análise da eficiência da gestão pública e sua preocupação com a satisfação do cidadão, estabelecendo esforços de uma gestão mais moderna e eficaz. A seguir, adaptamos as recomendações da norma ISO para a realidade da segurança pública. No entanto, para entender esta norma, é importante descrever os sete princípios da qualidade (ABNT, 2015):

1. **Foco no cliente:** A norma estabelece que a direção deve estar comprometida a construir e manter processos que atendam aos requisitos do cliente interno e do cliente externo (cidadão, sociedade, judiciário, Ministério Público, órgãos públicos etc.).
2. **Liderança:** A liderança deve manter o compromisso formal com a qualidade, fornecendo meios e recursos, apoiando o processo e se responsabilizando por ele. Portanto, se a chefia ou o comando de uma unidade resolver certificar seus sistemas de gestão da qualidade, deve assumir essa responsabilidade, tendo ciência de que, no processo de auditoria de certificação, será avaliado seu comprometimento, conforme a norma ISO 9001 (ABNT, 2015, p. 15), em:

    a. responsabilizar-se por prestar contas pela eficácia do sistema de gestão da qualidade;

    b. assegurar que a política de qualidade e os objetivos estratégicos da qualidade sejam estabelecidos para o sistema de gestão da qualidade e sejam compatíveis com o contexto e a direção estratégicos da organização.

c. assegurar a integração dos requisitos do sistema de gestão da qualidade nos processos de negócios da organização;

d. promover o uso da abordagem de processo e mentalidade de risco;

e. assegurar que os recursos necessários para o sistema de gestão da qualidade estejam disponíveis;

f. comunicar a importância de uma gestão da qualidade eficaz e de estar conforme os requisitos do sistema de qualidade;

g. assegurar que o sistema de gestão da qualidade alcance seus resultados pretendidos.

3. **Engajamento das pessoas:** O sistema deve determinar o envolvimento de todos que pertencem à organização, do nível mais alto ao mais operacional, estabelecendo responsabilidades, treinamentos e capacitações necessárias.
4. **Abordagem por processo:** Estabelecer as relações entre os servidores e os diversos processos e atividades desenvolvidos pela organização, tanto administrativas quanto operacionais.
5. **Melhoria:** Estabelecer aprimoramento no sistema de gestão com melhora da satisfação dos clientes interno e externo e apresentação de inovações para o modelo de gestão de segurança pública.
6. **Tomada de decisão baseada em evidência:** O sistema de gestão dos órgãos de segurança pública não pode tomar decisões considerando apenas os resultados finais de seus desempenhos. Não pode a polícia civil ou federal medir somente sua

eficácia com indicadores de número de inquéritos ou investigações concluídas. Isso seria o mesmo que uma empresa medir o próprio desempenho considerando exclusivamente o número de vendas. Se fizer isso, essa empresa nunca terá condições eficientes de aferir o resultado de uma série de processos internos e externos que influenciam o serviço final. Também não pode a polícia militar ou a guarda municipal medir o desempenho pelo índice de criminalidade. Neste caso, os indicadores, apesar de serem de fácil entendimento e até retratarem certo desempenho, são indicadores simples que não proporcionam decisões mais eficientes com conhecimento científico.

7. **Gestão do relacionamento**: órgãos de segurança pública precisam atribuir maior importância às reclamações ou sugestões dos cidadãos. A opinião do cliente (cidadão) é fundamental para alcançar os resultados pretendidos por uma gestão pela qualidade. Aqui, é preciso que as instituições também usem as reclamações no sentido mais amplo, com visão para disseminação da oportunidade de melhoria para todo o sistema. É muito comum, nas organizações, um cidadão formalizar uma reclamação que se transforma num processo disciplinar e resulta apenas em punição. É lógico que a finalidade de punir é preservar a disciplina e deveria levar em consideração o caráter educativo ao servidor penalizado e ao conjunto de que pertence. Porém, na filosofia da qualidade, é preciso ter uma visão mais ampla e verificar de que forma esses fatos podem ser aproveitados como oportunidade de melhoria dos serviços.

Basicamente, a norma ISO 9001 é composta de um conjunto de requisitos que devem ser implantados pela organização e posteriormente submetidos a processo de auditoria externa. A norma apresenta os seguintes capítulos principais: "Escopo, referência normativa e termos e definições"; "Contexto da organização"; "Liderança"; "Planejamento"; "Apoio"; "Operação"; "Avaliação de desempenho"; e "Melhoria".

Esses capítulos contêm um rol de orientações que devem ser executadas pelo estabelecimento de parâmetros mínimos para a organização implantar e demonstrar evidências de suas execuções. Funciona como uma ferramenta complexa que exige um mínimo de conhecimento sobre instrumentos básicos de gestão da qualidade e esforço desde a liderança até o setor mais operacional.

É importante salientar que, no processo de certificação, o auditor analisa dados objetivos, como procedimentos padrões, indicadores, análises críticas, projetos, planos de ação, PDCAs, ações corretivas ou preventivas etc., tudo o que possa efetivamente comprovar o processo de gestão da qualidade implantado segundo técnicas válidas.

Outro ponto de destaque no processo de auditoria é o fato de os avaliadores realizarem a conciliação do que é exigido na norma com o que foi implantado, estabelecendo uma relação de conformidade ou não. Dependendo do tipo e das quantidades de não conformidades, a organização não consegue obter a certificação.

Na prática, no entanto, como funciona o processo de certificação?

Primeiro, deve-se realizar a implantação das normas, que é a adequação da organização em relação à norma. Esse processo não tem tempo definido ou limitado pelas normas ISO. O que determina quanto tempo esse processo leva é o nível de determinação da direção ou do comando e de seus gestores.

Vale lembrar que o processo de implantação não deve ser entendido como uma corrida, pois, em tese, não há concorrência – não se trata de uma empresa que vai perder vendas porque o concorrente obteve antes dela a certificação. No setor público, há enormes dificuldades para mudar, às vezes, filosofias centenárias de gestão. Obviamente isso também recai sobre a implantação de um novo processo voltado para a qualidade, iniciativa rara no Brasil. O segredo, como já repetimos ao longo desta obra, é ter persistência, criatividade e inovação.

Normalmente, a organização e as pessoas demoram para perceber as melhorias. São comuns reações a favor e contra o que ocorre, principalmente dos incrédulos ou dos acomodados de plantão. Isso não acontece só na gestão pública, embora esta tenha mais limitações administrativas e legais para transferir ou demitir.

Quando se aproxima o final da implantação, deve-se preparar o orçamento/rubrica orçamentária para licitar a empresa certificadora que se incumbirá da auditoria. Aqui, ressalvamos que, no processo licitatório, deve estar prevista a situação de eventual não recomendação do certificado. Nesse caso, a empresa certificadora tem de apresentar as não conformidades encontradas e a organização terá três meses para corrigi-las e solicitar nova visita de certificação, que terá novos custos (auditoria de *follow-up*). É importante essa previsão, pois, caso contrário, é necessário repetir todo o processo licitatório, aumentando o tempo de implantação. Também é fundamental prever, no processo licitatório, as visitas de manutenção da ISO, pois o certificado possui validade de três anos com auditorias de manutenção que são realizadas anualmente.

Finalmente, ao se obter o certificado de qualidade, este pode ser utilizado como ferramenta de marketing e até mesmo como mecanismo de validação do processo de gestão, legitimando tecnicamente um modelo de gestão isento de visões pessoais ou políticas de ocasião.

6.3 *Norma ISO 31000*

Como citamos, a norma ISO 31000 não é uma diretriz que visa à certificação, mas um modelo que auxilia as organizações a planejar, implementar e gerenciar os riscos organizacionais, tanto administrativos quanto operacionais (ABNT, 2018b). Essa norma é um mecanismo interessante para mapear os processos, determinar os riscos e estabelecer ações preventivas e planos de contingência, caso ocorram.

Basicamente, a norma estabelece definições de riscos e a importância de definir objetivos antes de estabelecer controles. Também recomenda uma estrutura de gerenciamento de riscos. Para isso, determina as seguintes atividades:

- **Identificação do risco:** Consiste em verificar, dentro da organização (administrativo e operacional), as atividades que impedem de alcançar os objetivos da instituição. Por exemplo, quando um policial realiza uma abordagem inadequada que resulta em seu ferimento, falha também um dos objetivos da organização – é imprescindível manter a integridade e segurança de seus integrantes. Além disso, subjacentes a esse episódio os processos podem ter falhado – treinamento, estrutura, equipamento, efetivo, sobrecarga etc.
- **Análise do risco:** Corresponde a procurar entender as causas dos riscos identificados, analisando as probabilidades de eles acontecerem e as consequências para a organização e seus colaboradores. Nesse tópico, é necessário detectar os riscos potenciais e os impactos nos processos estratégicos. Analisar o risco é, por exemplo, não se limitar à conclusão de um inquérito no qual um policial se feriu, mas aproveitar esse fato como oportunidade de melhoria da gestão de risco. É transformar a falha em instrução, em *case*, em matéria-prima rica que, dotada da mais pura realidade prática da atividade policial, pode ser utilizada para melhorar o desempenho de outros profissionais, prevenindo outros acidentes ou mortes.
- **Avaliação de risco:** Ao construir um mapa de risco, como mostraremos à frente, a organização deve propor ações preventivas ou mitigadoras. Isso significa que alguns riscos nunca poderão ser eliminados, pois a atividade de segurança pública

é extremamente dinâmica. No entanto, a cada novo risco identificado, ele deve ser criteriosamente analisado para novas medidas que, principalmente, passem a ser de conhecimento de todos os envolvidos.
- **Tratamento do risco:** Significa diminuir a probabilidade das consequências e suas magnitudes para a atividade, tanto administrativa quanto operacional.
- **Novo contexto:** Refere-se ao modo como a organização, após identificar os riscos, determinará objetivos, metas e indicadores de desempenho estratégico que prevejam a gestão de risco.
- **Monitoramento:** Condiz a monitorar as ações preventivas e os riscos identificados para se certificar de que todas as ações estão implementadas.
- **Comunicação:** Refere-se à importância, em qualquer organização, da permeabilidade da comunicação. Na gestão de risco, ela ganha ainda mais relevância, visto que tem por objetivo explicar a lógica das decisões, dos processos e das medidas adotadas para com o risco, a prevenção contra este e a contingência.

Segundo a norma ISO 31000 (ABNT 2018b, p. 5-6), a gestão de risco possibilita para a organização:

a. aumentar a probabilidade de atingir os objetivos;
b. encorajar uma gestão proativa;
c. atentar para a necessidade de identificar e tratar os riscos em toda a organização;
d. melhorar a identificação de oportunidades e ameaças;
e. atender a normas internacionais e requisitos legais e regulatórios pertinentes;
f. melhorar o reporte das informações financeiras;
g. melhorar a governança;

h. melhorar a confiança das partes interessadas;

i. estabelecer uma base confiável para a tomada de decisão e o planejamento;

j. melhorar os controles;

k. alocar e utilizar eficazmente os recursos para o tratamento de riscos;

l. melhorar a eficácia e a eficiência operacional;

m. melhorar o desempenho em saúde e segurança, bem como a proteção do meio ambiente;

n. melhorar a prevenção de perdas e a gestão de incidentes;

o. minimizar perdas;

p. melhorar a aprendizagem organizacional;

q. aumentar a resiliência da organização.

A referida norma ainda apresenta alguns princípios (ABNT, 2018b), os quais, aqui, adaptaremos à atividade de segurança pública:

- **Cria e protege valor:** Ao estabelecer políticas de gestão de risco, a organização valoriza o capital humano, a estrutura organizacional, a legislação pertinente e várias outras situações referentes: "à segurança e saúde das pessoas, à segurança, à conformidade legal e regulatória, à aceitação pública, à proteção do meio ambiente, à qualidade do produto, ao gerenciamento de projetos, à eficiência nas operações, à governança e à reputação" (ABNT 2018b, p. 15).
- **É parte integrante de todos os processos organizacionais:** Envolve tanto atividades administrativas quanto operacionais (atividades-meio e atividades-fim).

- **É parte da tomada de decisões:** Quando a organização trabalha com gestão de risco, toma decisões com mais fundamento.
- **Aborda explicitamente a incerteza:** Considera-se a incerteza parte da elaboração de processo de prevenção ou mitigação de riscos.
- **É sistemática, estruturada e oportuna:** Tem de apresentar essas características para ter eficiência em sua proposta e proporcionar "resultados consistentes, comparáveis e confiáveis" (ABNT, 2018b, p. 15).
- **É feita sob medida:** Não existe modelo-padrão de gestão de risco. O que existe são ferramentas diferentes que podem ser utilizadas, conforme explicitaremos adiante.
- **Considera fatores humanos e culturais:** Para realizar uma boa gestão de risco na segurança pública, deve-se considerar os recursos humanos e principalmente aspectos culturais bem como tradicionais da organização.
- **É transparente e inclusiva:** Deve existir a participação de todos no processo de gestão de riscos para que sempre se mantenha atualizada ao contexto em que esteja incluída.
- **É dinâmica, iterativa e capaz de reagir a mudanças:** Ao se atualizar com o momento da organização, a gestão de risco induz a interações de processos sempre atentos a eventuais mudanças.
- **Facilita a melhoria contínua da organização:** Ao se preparar com ações preventivas e contingenciais, a gestão de risco aprimora o processo e estabelece ciclos de melhoria.

A norma é estruturada, assim como a ISO 9001, em capítulos em que se listam requisitos mínimos e orientações para elaboração da gestão de risco: "Escopo"; "Termos e definições"; "Princípios"; "Estrutura"; "Generalidades"; e "Processo". Confira a estrutura da norma na Figura 6.1.

Figura 6.1 – Estrutura da norma ISO 31000

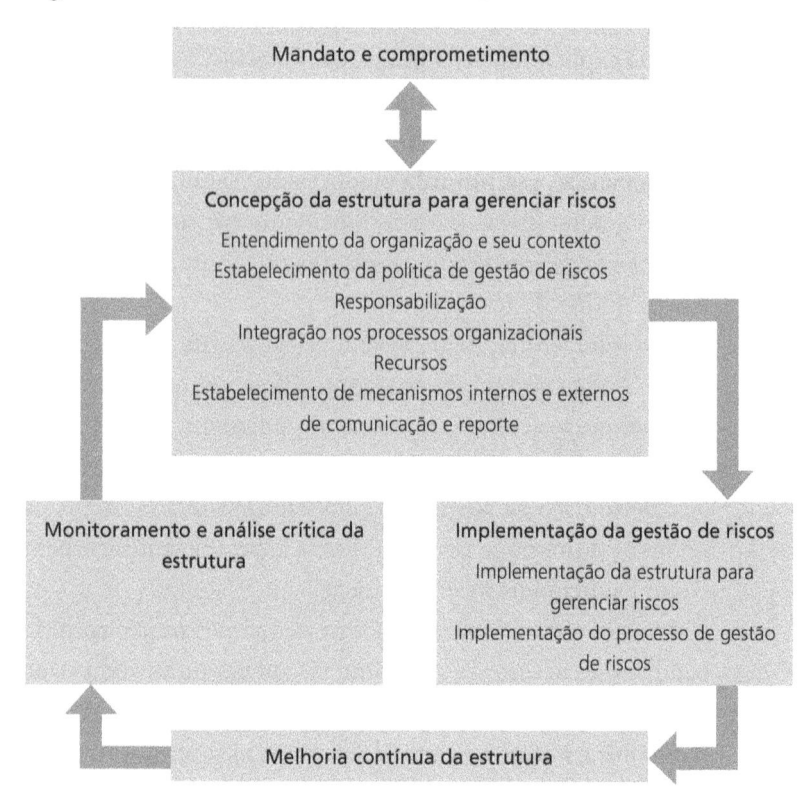

```
┌─────────────────────────────────────┐
│      Mandato e comprometimento      │
└─────────────────────────────────────┘
                  ↕
┌─────────────────────────────────────┐
│ Concepção da estrutura para gerenciar riscos │
│  Entendimento da organização e seu contexto  │
│  Estabelecimento da política de gestão de riscos │
│            Responsabilização         │
│   Integração nos processos organizacionais │
│                Recursos              │
│ Estabelecimento de mecanismos internos e externos │
│         de comunicação e reporte     │
└─────────────────────────────────────┘
        ↓                        ↓
┌──────────────────────┐  ┌──────────────────────────┐
│ Monitoramento e      │  │ Implementação da gestão  │
│ análise crítica da   │  │ de riscos                │
│ estrutura            │  │ Implementação da estrutura │
│                      │  │ para gerenciar riscos    │
│                      │  │ Implementação do processo │
│                      │  │ de gestão de riscos      │
└──────────────────────┘  └──────────────────────────┘
        ↑                           ↓
┌─────────────────────────────────────┐
│    Melhoria contínua da estrutura   │
└─────────────────────────────────────┘
```

Fonte: Elaborado com base em ABNT, 2018b, p. 17.

Uma das ferramentas utilizadas para a gestão de risco, já citada no Capítulo 1, é o *failure mode and effects analysis* (FMEA) ou, em português, **análise dos modos de falha e seus efeitos**. Ela é muito utilizada na indústria, mas pode ser empregada para produtos ou serviços.

É uma ferramenta simples, apesar de trabalhosa, que propicia uma visão geral e controlada para a gestão de risco. Não existe um modelo-padrão, principalmente por ela ser mais utilizada para produtos. Aqui, apresentaremos uma espécie adaptada para serviços, que pode ser aplicada na segurança pública, se cumpridos os seguintes passos:

- **Passo 1**: Determinar o setor ou processo para o qual será produzido o mapa de risco (descrição).
- **Passo 2**: Relacionar o maior número de riscos possíveis nesse processo/setor. É fundamental envolver o maior número de pessoas para que a quantidade de riscos seja significativa.
- **Passo 3**: Estabelecer, para cada risco, o efeito potencial.
- **Passo 4**: Selecionar as medidas preventivas a serem adotadas.
- **Passo 5**: Definir o grau de severidade, ocorrência e detecção, atribuindo notas de 1 a 10 conforme o Quadro 6.1.

Quadro 6.1 – Graus do FMEA

	Severidade		Ocorrência		Detecção	
1	Mínima	Cliente mal percebe que a falha ocorreu	Remota	Dificilmente ocorre a causa que leva à falha	Muito grande	Certamente será detectado
2 3	Pequena	Ligeira deterioração no desempenho com leve descontentamento do cliente	Pequena	Ocorre a causa da falha em pequena escala	Grande	Grande probabilidade de ser detectado
4 5 6	Moderada	Deterioração significativa de um sistema com descontentamento do cliente	Moderada	As vezes ocorre a causa que leva à falha	Moderada	Provavelmente será detectado

(continua)

(Quadro 6.1 – conclusão)

Severidade			Ocorrência		Detecção	
7 8	Alta	O sistema deixa de funcionar e há grande descontentamento do cliente	Alta	Ocorre a causa com frequência	Pequena	Provavelmente não será detectado
9 10	Muito alta	O sistema deixa de funcionar e há grande descontentamento do cliente, afetando a segurança	Muito alta	Ocorre a causa da falha em vários momentos	Muito pequena	Certamente não será detectado

Fonte: Elaborado com base em Palady, 2004, p. 78.

A Tabela 6.1 mostra um exemplo de FMEA.

Tabela 6.1 – Exemplo de FMEA

Análise dos modos de falha e seus efeitos

N. do FMEA		Data	
Área		Revisão	
Processo		Responsável	

Item	Risco	Efeito potencial	Severidade	Ocorrência	Detecção	NPR	Ação preventiva recomendada
1	Despachar viatura sem local correto da ocorrência	Atrasar a ocorrência	5	5	5	125	Conferir local da ocorrência com solicitante

(continua)

(Tabela 6.1 – conclusão)

Item	Risco	Efeito potencial	Severidade	Ocorrência	Detecção	NPR	Ação preventiva recomendada
2	Não despachar ocorrência prioritária	Desperdiçar tempo, recursos e estrutura	6	3	3	54	Solicitar pontos de referência
3	Deixar de anexar laudo pericial no inquérito que tenha recebido	Aumentar a deterioração da ocorrência	3	5	7	105	Estabelecer sistema automatizado de priorização de ocorrências
4	Deixar de providenciar sinalização da via em bloqueio	Aumentar os danos ou lesões	4	1	5	20	Criar rotina de juntar os laudos no momento do recebimento
5	Não programar férias de servidor	Aumentar os riscos de morte	5	2	1	10	Conferir inquéritos antes de enviar

- **Passo 6**: Calcular o número de prioridade de risco (NPR).
- **Passo 7**: Definir a ação preventiva.
- **Passo 8**: Treinar os setores ou processos envolvidos.
- **Passo 9**: Monitorar os riscos com maiores NPRs, tendo em vista que estes têm maior frequência.
- **Passo 10**: Refazer o FMEA após certo período para verificar se os NPRs diminuíram.

Na Tabela 6.1, citamos alguns exemplos de descrição de risco sem considerar um setor ou processo único; fizemos isso como forma didática de demonstrar a ferramenta, porém, quando se realiza o procedimento na prática, é preciso selecionar setores e processos distintos.

Em suma, o FMEA é uma excelente ferramenta de gestão da qualidade que permite aprimorar os processos e procedimentos bem como aumentar a segurança das atividades policiais tanto em uma atividade administrativa quanto em uma atividade operacional.

> *Para saber mais*
>
> SULLY: O HERÓI DO RIO HUDSON. Direção: Clint Eastwood. EUA: Warner Bros/Columbia Pictures, 2016. 96 min.
>
> Este filme relata a história real de um piloto que pousa no rio Hudson e salva 150 pessoas.

Síntese

Neste último capítulo, versamos sobre o papel da ISO na publicação de padrões internacionais para as organizações públicas e privadas. Entre as várias vantagens desse processo de certificação está o fato de que podem proporcionar: aumento da credibilidade do produto e/ou serviço e da marca; aumento da integração de atividades e processos de produção; aumento da satisfação do cliente interno e principalmente externo; e cultura da melhoria contínua.

Esclarecemos que um certificado de qualidade para a gestão pública pode minimizar a interferência política sobre decisões técnicas e modernizar as estruturas, principalmente quando adotada a certificação ISO 9001 ou a norma ISO 31000 para melhorar a gestão do risco das atividades.

Questões para revisão

1. Sobre as normas de qualidade estabelecidas pela ISO, é correto afirmar:
    a. Existem inúmeras certificações de qualidade que são amplamente utilizadas pelas corporações no mundo todo, inclusive de gestão pública. São excelentes instrumentos de qualidade, pois validam produtos, serviços e sistemas de gestão das mais diversas formas e escopos.
    b. Certificação é um processo no qual uma entidade independente avalia apenas produtos que atendem às normas técnicas. O resultado satisfatório dessas atividades leva à concessão da certificação e ao direito ao uso da marca de conformidade ABNT em seus produtos.
    c. A ISO é uma organização nacional, com sede em Brasília, com unidades fora do país.
    d. Um ponto importante das normas ISO é que elas são diferentes em todo o mundo.
    e. As normas ISO não são consideradas instrumentos de melhoria para as organizações, pois tratam-se apenas de processos de auditoria.

2. Com relação à finalidade das normas ISO, assinale a alternativa correta:
    a. ISO 9004: é uma diretriz que orienta como proceder as auditorias dos sistemas de gestão da qualidade.
    b. ISO 19011: essa diretriz, complementar à ISO 9001, se destina a organizações que que já tenham obtido a certificação ISO e desejam melhorar seus desempenhos.
    c. ISO 31000: É uma norma que não visa à certificação e está ligada à gestão de riscos. É aplicável em qualquer

organização, pública ou privada, pois não é específica de determinada área.

d. A norma ISO tem como característica foco no cliente e estabelece que a direção deve estar, uma vez a cada 10 anos, comprometida em construir e manter processos que atendam apenas aos requisitos do cliente interno e do cliente externo.

e. A abordagem por processo significa estabelecer as relações entre os servidores e os diversos processos e atividades de gestão desenvolvidas por organização militar.

3. A norma ISO 31000 é um excelente recurso para estruturar gestão de risco nas organizações de segurança pública. A respeito do processo de gerenciamento do risco, indique V para as afirmações verdadeiras e F para as falsas:

( ) Identificação do risco: consiste em verificar dentro da organização (administrativo e operacional) as atividades que impedem de alcançar os objetivos da organização.

( ) Analisar o risco: ao se construir um mapa de risco, a organização deve propor ações preventivas ou mitigadoras.

( ) Avaliação de risco: corresponde à procura por entender as causas dos riscos identificados analisando as probabilidades de eles acontecerem e as consequências para a organização e seus colaboradores.

( ) Tratamento do risco: significa diminuir a probabilidade das consequências e as magnitudes destas para a atividade tanto administrativa quanto operacional.

( ) Monitoramento: significa monitorar as ações preventivas e os riscos identificados para se certificar de que todas as ações estão implementadas.

Assinale a alternativa com a sequência correta de indicações, de cima para baixo:

a. V, F, V, V, V.
b. F, F, F, F, V.
c. V, V, F, V, F.
d. V, F, F, V, V.
e. V, F, V, V, V.

4. Explique como a gestão de risco pode ser aplicada em setores puramente administrativos de órgãos de segurança pública.

5. Como a ferramenta FMEA pode contribuir para o mapeamento de risco e a minimização de problemas administrativos e operacionais?

Questões para reflexão

1. Qual é a importância estratégica de uma certificação de qualidade para um órgão de segurança pública?

2. Pesquise se existem ou não órgãos, departamentos ou setores públicos certificados ISO 9001, depois verifique o resultado e trace hipóteses para o que encontrar.

3. As organizações privadas utilizam o certificado de qualidade como marketing e como forma de aumentar a sensação de qualidade de seus produtos, serviços e sistemas de gestão. Por que, então, muitos órgãos públicos não usam essa certificação?

4. A gestão de risco é uma excelente ferramenta para ações preventivas. Como o estudo dessas ações pode contribuir para a diminuição de acidentes com servidores da segurança pública?

5. Reflita se seria fácil para um político retirar rubricas orçamentárias destinadas a processos de certificação de qualidade e como os órgãos públicos podem se valer disso.

Considerações finais

Neste livro retomamos o processo histórico relativo ao tema da qualidade e analisamos como esse conceito pode contribuir para a gestão pública, especialmente para a segurança. Começamos expondo a evolução da qualidade desde o paleolítico, passando pela revolução cognitiva da humanidade e saltando para a época não muito distante dos artesãos.

Verificamos que a qualidade sempre foi evoluindo em abrangência e complexidade, uma vez que, quanto mais o ser humano evoluía, mais qualidade exigia. Cada fase representou, como informamos, uma importante contribuição. Conhecimentos desenvolvidos na época da Revolução Industrial, no século XVIII, ainda não chegaram a alguns órgãos de segurança pública.

Também comentamos que ensinamentos propostos há quase um século por Walter Andrew Shewhart ainda não foram adaptados para gestão pública em sua plenitude. Além dele, citamos diversos estudiosos, chamados de **gurus da qualidade**. Esses renomados pensadores demonstraram não só na teoria, mas também na prática o funcionamento da gestão da qualidade em qualquer área. Nessa retomada do pensamento dessas personalidades, fornecemos exemplos práticos de aplicação que deixaram claro que quase todos aqueles ensinamentos continuam atuais, independentemente do nível tecnológico. Isso porque a qualidade não está atrelada a complexidade; basta um simples computador, uma impressora e uma carga enorme de coragem e persistência para tornar melhores os ambientes, os sistemas, as práticas, com gestão mais eficiente e com eficácia de planejamento. No caso da segurança pública, isso reflete, principalmente, na satisfação dos cidadãos e na segurança dos policiais, retornando vivos para suas casas.

Apresentamos informações sobre algumas ferramentas que podem perfeitamente ser aplicadas na gestão de serviços de segurança pública, desde que utilizadas adequadamente. Além desses instrumentos, explicamos como planejar estrategicamente, como definir perspectivas estratégicas (BSC) e como avaliar e definir indicadores-chave de desempenho (KPIs).

Também disponibilizamos nesta obra um roteiro sugestivo de implantação de um sistema de gestão da qualidade que pode ser utilizado de acordo com a conveniência em qualquer departamento, civil ou militar, mas que requer, sobretudo, decisão e pensamento visionário de gestão. Isso exige maturidade, coragem e determinação, qualidades comuns entre nossos bravos policiais e guardas que defendem a sociedade 24 horas por dia.

Também abordamos as certificações de qualidade, como a ISO 9001 e a ISO 31000, e especificamos como elas podem ajudar na gestão da qualidade e no processo de decisão técnica. Assimilamos que a certificação é um excelente meio de auditoria externa, demonstrando que os requisitos de qualidade foram executados e merecem ser reconhecidos por meio de um certificado. Este documento, por sua vez, é o reconhecimento de um longo e persistente processo de mudança de culturas e principalmente da mentalidade das pessoas.

Há muito tempo, Frederick Winslow Taylor apregoava que as organizações deveriam ter uma administração com rigor científico, mas, para ser cientista da segurança pública, é preciso ter método, técnica, padrões, controle e ciclos de melhoria. Ser cientista é provar por fatos e dados, e não se contentar com "achismos" ou opiniões pessoais.

Existem muitos gestores comprometidos com a qualidade, mas infelizmente imersos em uma conjuntura marcada por problemas de diferentes naturezas que afetam praticamente todas as organizações de segurança pública.

A proposta de uma gestão baseada na qualidade é um chamamento para fazer diferente. É também um convite a se aprofundar no assunto e não se limitar aos tópicos deste livro. É disseminar a filosofia da qualidade como método de trabalho, como meio de proporcionar não só para os órgãos de segurança, mas também para outas áreas da gestão pública no Brasil, a mesma técnica que países de primeiro mundo assimilaram há mais de cem anos.

Este livro, portanto, foi construído de modo a sempre aliar a história, a teoria e o que empresas de sucesso conseguiram fazer para se tornarem competitivas. Essas técnicas e esses ensinamentos foram adaptados para a realidade prática da segurança pública, que, apesar de todas as dificuldades, diariamente salva e protege a sociedade brasileira, mesmo não recebendo, inúmeras vezes, o devido reconhecimento.

✦ ✦ ✦

Lista de siglas

ABNT	Associação Brasileira de Normas Técnicas
ASME	American Society of Mechanical Engineers (Sociedade Americana de Engenheiros Mecânicos)
ASQ	American Society for Quality (Sociedade Americana de Qualidade)
ASQC	American Society for Quality Control (Sociedade Americana de Controle de Qualidade)
Bope	Batalhão de Operações Especiais
BPM	*Business process management* (mapeamento de processos)
BPMN	*Business process model and notation* (modelagem e notação de processos de negócios)
BSC	*Balanced scorecard*
CEP	Controle estatístico de processo
COE	Comando de Operações Especiais
Cope	Centro de Operações Policiais Especiais
Dope	Departamento de Operações Policiais Estratégicas
DP	Desvio padrão
FMEA	*Failure mode and effect analysis* (análise dos modos de falha e seus efeitos)
Gate	Grupo de Ações Táticas Especiais
GOE	Grupo de Operações Especiais
GPS	Global positioning system (sistema de posicionamento global)
Inmetro	Instituto Nacional de Metrologia, Normatização e Padronização Industrial
ISA	International Federation of National Standardizing Associations (Federação Internacional das Associações Nacionais de Normalização)
ISO	International Organization for Standardization (Organização Internacional de Normalização)
IT	Instrução de Trabalho

KPI	*Key performance indicators* (indicadores-chave de desempenho)
LCI	Limite de controle inferior
LCS	Limite de controle superior
LDO	Lei de Diretrizes Orçamentárias
Nasa	National Aeronautics and Space Administration (Administração Nacional da Aeronáutica e Espaço)
NPR	Número de prioridade de risco
PAP	Procedimento Administrativo Padrão
PBQP	Programa Brasileiro de Qualidade e Produtividade
PDCA	*Plan, do, check, action* (planejar, fazer, checar, agir)
PE	planejamento estratégico
PFD	*Process flow diagram* (diagrama de fluxo de processos)
POP	Procedimento Operacional Padrão
Rota	Rondas Ostensivas Tobias de Aguiar
SGQ	Sistemas de gestão da qualidade
Smed	Single Minute Exchange of Die (troca de matriz de um minuto)
Swat	Special Weapons and Tactics (Armas e Táticas Especiais)
TPS	Toyota Production System (Sistema Toyota de Produção)
TQC	Controle da qualidade total
UNSCC	United Nations Standards Coordinating Committee (Comitê de Coordenação de Padrões das Nações Unidas)
vtr	Viatura

Referências

ABNT – Associação Brasileira de Normas Técnicas. **O que é Certificação e como obtê-la?** 2020. Disponível em: <http://www.abnt.org.br/certificacao/o-que-e>. Acesso em: 3 nov. 2020.

_____. **ISO 19011:2018**: Diretrizes para auditoria de sistemas de gestão. Rio de Janeiro, 2018a.

_____. **ISO 31000:2018**: Gestão de Riscos. Rio de Janeiro, 2018b.

_____. **ISO 78702:2013**: Cartas de Controle de Shewhart. Rio de Janeiro, 2013.

_____. **ISO 9001:2015**: Sistemas de Gestão da Qualidade. Rio de Janeiro, 2015.

ALVAREZ, M. E. B. **Administração da qualidade e da produtividade**: abordagens do processo administrativo. São Paulo: Atlas, 2001.

ARRETCHE, M. T. S. **Tendências no estudo sobre avaliação.** São Paulo: IEE, 2001

ASQ – American Society for Quality. **Quality Glossary – Q.** Disponível em <https://asq.org/quality-resources/quality-glossary/q>. Acesso em: 3 nov. 2020.

BANASZESKI, C. L. **Burocracia, burrocracia(sic) e qualidade.** 2018. Disponível em: <https://exacta.pro.br/burocracia-burrocraciasic-e-qualidade/>. Acesso em: 3 nov. 2020

BARSH, J.; LAVOIE, J. **Centered Leadership.** USA: Crown Publishing, 2014.

BRASIL. **Constituição (1988).** Constituição da República Federativa do Brasil: promulgada em 5 de outubro de 1988. 4. ed. São Paulo: Saraiva, 1990a.

_____. Lei n. 8.078, de 11 de setembro de 1990. **Diário Oficial da União,** Poder Legislativo, Brasília, DF, 12 set. 1990b. Disponível em: <http://www.planalto.gov.br/ccivil_03/leis/l8078.htm>. Acesso em: 3 nov. 2020.

BRASIL. Lei n. 8.666, de 21 de junho de 1993. **Diário Oficial da União**, Poder Legislativo, Brasília, DF, 22 jun. 1993. Disponível em: <http://www.planalto.gov.br/ccivil_03/leis/l8666cons.htm>. Acesso em: 3 nov. 2020.

BRASIL. Indústria de Material Bélico do Brasil. **Manual Operacional Pistola .40 TC**. 2010.

BRASIL. Ministério da Educação. INEP – Instituto Nacional de Estudos e Pesquisas Educacionais Anísio Teixeira. **Relatório do Brasil no PISA 2018**. Versão Preliminar. Brasília-DF: Inep/MEC, 2019. Disponível em: <http://download.inep.gov.br/acoes_internacionais/pisa/documentos/2019/relatorio_PISA_2018_preliminar.pdf>. Acesso em: 3 nov. 2020.

BRASIL. Ministério da Justiça. Departamento Penitenciário Nacional. **Missão, visão e valores**. Disponível em: <https://www.gov.br/depen/pt-br/acesso-a-informacao/institucional/missao-visao-e-valores-1>. Acesso em: 3 nov. 2020a.

BRASIL. Ministério da Justiça. Polícia Federal. **Missão, visão e valores**. Disponível em: <http://www.pf.gov.br/institucional/missao-visao-e-valores>. Acesso em: 3 nov. 2020b.

BRASIL. Secretaria Especial de Assuntos Estratégicos. **Custos Econômicos da Violência no Brasil – Relatório de Conjuntura n 4**. 2018.

BRESSER PEREIRA, L. C. **Reforma do Estado para a cidadania:** a reforma gerencial brasileira na perspectiva internacional. São Paulo: 34, 1998.

CAMPOS, V. F. **Gerenciamento da rotina do trabalho do dia-a-dia**. 8. ed. Belo Horizonte: Desenvolvimento Gerencial, 2004.

_____. **TQC – controle da qualidade total** (no estilo japonês). 9. ed. Nova Lima: INDG Tecnologia e Serviços Ltda, 2014.

CHIAVENATO, I. **Introdução à Teoria geral da Administração**. São Paulo: Makron Books, 1993.

COSTA, A. F. B.; EPPRECHT, E. K.; CARPINETTI, L. C. R. **Controle estatístico de qualidade**. São Paulo: Atlas, 2004.

CROSBY, P. **Quality is free**: the art of making quality certain. New York: McGraw-Hill, 1979.

DEMING, W. E. **Qualidade**: a revolução da administração. Rio de Janeiro: Marques Saraiva, 1990.

_____. **Qualidade, produtividade e competitividade**. Cambridge, MA: Centro de Estudos Avançados de Engenharia do MIT, 1986.

DONALD, J. W.; CHAMBERS, D. S. **Understanding Statistical Process Control**. Knoxville: SPC Press, 2010.

DOSTLER, P. **Gestão da estratégia com o uso do BSC**. Brasília: Enap, 2015.

DRUCKER, P. F. **Introdução à administração**. Tradução de Carlos A. Malferrari. São Paulo: Pioneira, 1984.

ENGELS, F. **A origem da família, da propriedade privada e do Estado**. Rio de Janeiro: Civilização Brasileira, 1981.

ESPÍRITO SANTO (Estado). Secretaria de Segurança Pública e Defesa Social. Polícia Civil. **Missão, visão e valores**. Disponível em: <https://pc.es.gov.br/missao-visao-e-valores>. Acesso em: 3 nov.. 2020.

ESTÂNCIA VELHA (Município). Guarda Municipal. **Missão, visão e valores**. Disponível em: <http://gm.estanciavelha.rs.gov.br/a-guarda-municipal-missao>. Acesso em: 3 nov. 2020.

FABRETTI, H. B. **Segurança pública**: fundamentos jurídicos para uma abordagem constitucional. São Paulo: Atlas, 2014.

FAYOL, H. A declaração dos princípios gerais de administração. **Management Decision**, v. 40, n. 9, 2002.

_____. **Administração industrial e geral**. São Paulo: Atlas, 1994.

FEIGENBAUM, A. V. **Total Quality Control**. New York: McGraw-Hill, 1961.

_____. **Total Quality Control**. 40th. New York: McGraw-Hill, 1991.

FORD, H.; CROWTHER, S. **My Life and Work**. New York: Doubleday, Page & Co., 1922.

FLEMING, J.; SCOTT, A. Performance Measurement in Australian Police Organizations. **Policing**: A Journal of Policy and Practice, v. 2, i. 3, p. 322-330, Sept. 2008.

GARVIN, D. A. Competing on the eight dimensions of quality. **Harvard Business Review Press**, nov. 1987.

_____. **Gerenciando a qualidade**. Rio de Janeiro: Qualitymark, 1982.

_____. **Gerenciando a qualidade:** a visão estratégica e competitiva. Rio de Janeiro: Qualitymark, 2002.

_____. **Learning in Action**: a Guide to Putting the Learning Organization to Work. Brighton: Harvard Business Publishing, 2003.

GARVIN, D. A. Quality on the line. **Harvard Business Review**, Sept. 1983. Disponível em: <https://hbr.org/1983/09/quality-on-the-line>. Acesso em: 3 nov. 2020.

GIACOBBO, M. O desafio da implementação do planejamento estratégico nas organizações públicas. **Revista do Tribunal de Contas da União**, Brasil, TCU, n. 74. 1997. Disponível em: <https://revista.tcu.gov.br/ojs/index.php/RTCU/article/view/1003>. Acesso em: 3 nov. 2020.

GOIÁS (Estado). Corpo de Bombeiros Militar. **Missão, visão e valores**. Disponível em: <https://www.bombeiros.go.gov.br/missao-e-visao>. Acesso em: 3 nov. 2020.

GOLDSTEIN, H. **Policiando uma sociedade livre**. Tradução de Marcello Rollemberg. São Paulo: Edusp, 1976.

GONZAGA, A. **Contribuições para produções científicas**. Manaus: BK, 2006.

GRATERON, I. R. G. **Utilização de indicadores no setor público**. Dissertação (Mestrado em Ciências Contábeis) – Universidade de São Paulo, São Paulo, 1999.

HARARI, Y. N. **Sapiens**: uma breve história da humanidade. 35. ed. Porto Alegre: L&PM, 2018.

HARRIS, R. L. **Information Graphics**: A Comprehensive Illustrated Reference. New York: Oxford University Press, 2000.

HO, S. K. M. Japanese 5-S – Where TQM begins. **The TQM Maganize**, v. 11, 1999.

HOBSBAWM, E. J. **A era das revoluções**. Rio de Janeiro: Paz e Terra, 1982.

HOROWITZ, M. C. **The Diffusion of Military Power:** Causes and Consequences for International Politics. Princeton: Princeton University Press, 2010.

INMETRO: **O que é o Inmetro**. Disponível em: <http://www.inmetro.gov.br/inmetro/oque.asp?iacao=imprimir>. Acesso em: 3 nov. 2020.

IPEA – Instituto de Pesquisa Econômica Aplicada; Fórum Brasileiro de Segurança Pública. (Org.). **Atlas da violência 2019**. Brasília; Rio de Janeiro; São Paulo: Ipea/Fórum Brasileiro de Segurança Pública, 2019. Disponível em: <https://www.ipea.gov.br/atlasviolencia/download/19/atlas-da-violencia-2019>. Acesso em: 3 nov. 2020.

ISHIKAWA, K. **TQC** – **Total quality control**: estratégia e administração da qualidade. São Paulo: IMC Internacional Sistemas Educativos, 1986.

ISO – International Organization for Standardization. **About Us**. Disponível em: <https://www.iso.org/about-us.html>. Acesso em: 3 nov. 2020.

IUDÍCIBUS, S. **Contabilidade introdutória**. 11. ed. São Paulo: Atlas, 2010.

JURAN, J. M. **Controle da qualidade handbook**: conceitos, políticas e filosofia da qualidade. São Paulo: Makron Books, 1991. v. 1.

KANIGEL, R. **A melhor maneira**: Frederick Winslow Taylor e o enigma da eficiência. Londres: Little, Brown and Company, 1997.

KAPLAN, R. S.; NORTON, D. P. **Mapas estratégicos – Balanced Scorecard**: convertendo ativos intangíveis em resultados tangíveis. Rio de Janeiro: Campus, 2004.

_____. The Balanced Scorecard: Measures that Drive Performance. **Harvard Business Review**, v. 70, n. 1, Jan./Feb. 1992. Disponível em: <https://hbr.org/1992/01/the-balanced-scorecard-measures-that-drive-performance-2>. Acesso em: 3 nov. 2020.

KENSKI, V. M. **Educação e tecnologias**: o novo ritmo da informação. 3. ed. São Paulo: Papirus, 2007.

KEPLER, C.; TREGOE, B. **O administrador racional**. Rio de Janeiro: Qualitymark, 1997.

KHAN, R. **Business Process Management**: A Practical Guide. [S.l.]: Meghan-Kiffer Press, 2003.

KOCH, R. **O princípio 80/20**: os segredos para conseguir mais com menos nos negócios e na vida. Belo Horizonte: Gutenberg, 2015.

KONDO, Y. **Companywide Quality Control**. It's Background and Development. Tokyo: 3A Corporation, 1995.

LACOMBE, F. J. M. **Recursos humanos**: princípios e tendências. São Paulo: Saraiva, 2005.

LANDES, D. **Transformação tecnológica e desenvolvimento industrial na Europa ocidental, de 1750 até os dias de hoje**. Rio de Janeiro: Elsevier, 2005.

MAGALHÃES, M. N.; LIMA, A. C. P. **Noções de probabilidade e estatística**. 7. ed. São Paulo: Edusp, 2009.

MARINI, C. O contexto contemporâneo da administração pública na américa latina. **Revista do Serviço Público**, Brasília, v. 53, n. 4, p. 31-52, out./dez. 2002. Disponível em: <https://revista.enap.gov.br/index.php/RSP/article/view/293/299>. Acesso em: 3 nov. 2020.

MARSHALL JUNIOR, I. et al. **Gestão da Qualidade**. 8. ed. Rio de Janeiro: FGV, 2006.

MEIRELLES, H. L. **Direito Administrativo**. 24. ed. São Paulo: Atlas, 2011.

MELGAÇO, M. M. **Avaliando o desempenho de uma secretaria de governo**. São Paulo: Banas Qualidade, 2003.

MELO, C. P.; CARAMORI, E. J. **PDCA**: método de melhorias para empresas de manufatura – versão 2.0. Belo Horizonte: Fundação de Desenvolvimento Gerencial, 2001.

MONTGOMERY, D. C. **Introduction to Statistical Quality Control**. 6. ed. Hoboken, NJ: John Wiley and Sons Inc., 2009.

MOORE, D. S.; NOTZ, W. I.; FLIGNER, M. A. **A estatística básica e sua prática**. 7. ed. São Paulo: LTC, 2017.

MORAN, E. F. **Adaptabilidade humana**: uma introdução à antropologia ecológica. São Paulo: Edusp, 1994.

MORRIS, D. **O macaco nu**. Tradução de Hermano Neves. São Paulo: Record, 2004.

MOUBRAY, J. **Reliability**: Centered Maintenance. 2nd ed. New York: Industrial Press Inc., 1997.

OHNO, T. **O sistema Toyota de produção**: além da produção em larga escala. Tradução de Cristina Schumacher. Porto Alegre: Artes Médicas, 1997.

OLIVEIRA, S. B. **Gestão por processos**: fundamentos, técnicas e modelos de implementação: foco no sistema de gestão da qualidade com base na ISO 9000:2005 e 9001:2008. Rio de Janeiro: Qualitymark, 2008.

OSADA, T. **Housekeeping 5Ss**: seiri, seiton, seiso, seiketsu, shitsuke. São Paulo: Imam, 1992.

PALADY, P. **FMEA análise dos modos de falha e efeitos**. 3. ed. São Paulo: Imam, 2004.

PANORAMA do treinamento no Brasil: fatos, indicadores, tendências e análises. 13. ed. São Paulo, 2019. Disponível em: <https://www.integracao.com.br/pesquisa-panorama-do-treinamento-no-brasil-2018.pdf>. Acesso em: 3 nov. 2020.

PARETO. V. **Manual de economia política.** Tradução de João Guilherme Vargas Netto. São Paulo: Nova Cultural, 1996.

RIBEIRO, H. **5S**: a base para a qualidade total. Salvador: Casa da Qualidade, 1994.

SANTOS, E. T. **Exportações de artesanato do Ceará no período de 2004 a 2006**: desafios e oportunidades. Dissertação (Mestrado em Administração de Empresas) – Universidade de Fortaleza, Fortaleza, 2007.

SANTOS, L. D. **Videofonista e o trote telefônico no Corpo de Bombeiros militar do Estado de Goiás.** 39 f. Trabalho de Conclusão de Curso (Formação de Oficiais, Título de Aspirante-a-Oficial) – Comando da Academia e Ensino Bombeiro Militar de Goiás, Goiânia, 2017. Disponível em: <https://uol.unifor.br/oul/ObraBdtdSiteTrazer.do?method=trazer&ns=true&obraCodigo=78435>. Acesso em: 3 nov. 2020.

SÃO PAULO (Estado). Secretaria de Segurança Pública de São Paulo. Polícia Militar do Estado de São Paulo. **Missão, visão e valores.** Disponível em: <https://www.policiamilitar.sp.gov.br/institucional/missao-e-visao>. Acesso em: 3 nov. 2020.

SHEWHART, W. A. **Economic Control of Quality of Manufactured Product.** Minneapolis: Martino Fine Books, 2015.

SHINGO, S. **O sistema Toyota de produção.** Porto Alegre. Bookman, 2007.

SILVA, R. O. **Teorias da administração.** São Paulo: Pioneira Thomson Learning, 2001.

SOUZA, A. F. **A polícia no Estado de Direito.** São Paulo: Saraiva, 2009.

TAKASHINA, N. T.; FLORES, M. C. X. **Indicadores da qualidade e do desempenho**: como estabelecer metas e medir resultados. Rio de Janeiro: Qualitymark, 2005.

TAYLOR, F. W. **Princípios de Administração Científica.** Porto Alegre: Atlas. 1987

TAVARES, M. C. A retomada da hegemonia norte-americana. In: TAVARES, M. C.; FIORI, J. L. (Org.). **Poder e dinheiro**: uma economia política da globalização. Petrópolis: Vozes, 1997. p. 32-123

VERNADAT, F. B. **Enterprise Modeling and Integration:** Principles and Applications. London: Chapman & Hall, 1996.

VIZENTINI, P. G. F. A Guerra Fria. In: REIS FILHO, D. A.; FERREIRA, J.; ZENHA, C. (Org.). **O século XX (Vol. 3).** Os tempos das crises: revoluções, fascismos e guerras. 3. ed., Rio de Janeiro: Civilização Brasileira, 2005. p. 195-225

WERKEMA, M. C. C. **Criando a cultura Seis Sigma.** Nova Lima: Werkema, 2004.

✦ ✦ ✦

Respostas

Capítulo 1

Questões para revisão

1. b
2. c
3. b
4. A + B + C + D + E = R$ 89.350,00 = total geral

   C + D + E = R$ 4.350,00 = custos da qualidade

   (Custos da qualidade / total geral) * 100

   (R$ 4.350,00 / R$ 89.350,00) * 100 = 4,87%

5. Pode proporcionar uma visão mais ampla sobre todo o processo, bem como a utilização e o aprimoramento de técnicas dos períodos anteriores. A visão mais ampliada pode envolver toda a gestão da segurança pública, desde o desenvolvimento de fornecedores, passando pelos projetos, pela execução, pelos treinamentos, pela administração e pelos departamentos de apoio.

Capítulo 2

Questões para revisão

1. b
2. a
3. b
4. Para que a gestão da qualidade tenha eficiência e eficácia, deve existir o compromisso do alto comando (militares) e da alta direção (civis) de adotar uma gestão cartesiana, ou seja, baseada em fatos e dados. Isto significa uma gestão que fundamente a tomada de decisão em dados objetivos, e cujo efetivo esteja em sua totalidade envolvido no processo.
5. O método científico pode ser aplicado com a adoção de uma gestão com base em fatos e dados, estabelecendo métodos de observação, formulação de hipóteses, descrição das experiências práticas, estabelecimento da lei e hipótese. Trata-se, portanto, de adotar uma administração baseada na ciência dos fatos, e não em opiniões.

Capítulo 3

Questões para revisão

1. c
2. e
3. d
4. A matriz GUT, cujo nome vem da junção das iniciais de "gravidade", "urgência" e "tendência", serve para o gestor definir prioridades nos projetos, ações ou atividades. Assim, quando há vários problemas ou projetos importantes, é possível classificá-los por critérios matemáticos, mais objetivos, para dividir quais devem ser resolvidos prioritariamente.

5.

```
                    ┌─────────┐
                    │ Fluxo II │
                    └─────────┘
                         ▲
                       ┌Sim┐
                         │
                    ◇Pessoal-◇         ◇ ●
┌──────────────┐   ◇ mente? ◇ ──→ ┌─────────────┐      ┌──────────────┐
│ Atendimento  │──→◇         ◇    │ Direcionar  │←──── │   Acionar    │
│ da imprensa  │                   │ para plantão│      │   unidade    │
└──────────────┘                   └─────────────┘      │ responsável  │
                       │                    ▲           └──────────────┘
                      Não                  Sim                  ▲
                       ▼                    │                   │
                   ◇Telefone?◇ ──Sim──→ ◇Ao vivo?◇              │
                                                                │
                       Não              Não                    Sim
                       ▼                 ▼                      │
                  ┌─────────┐      ┌──────────┐         ◇Menos de◇──Não──┘
                  │Fluxo II │      │Prazo para│────────→◇ 30 min?◇
                  └─────────┘      │ retorno  │
                                   └──────────┘
```

Capítulo 4

Questões para revisão

1. e

2. d

3. a

4. Utilidade: Os indicadores devem conter um objetivo a ser alcançado, e não existir simplesmente para coletar números e burocratizar o sistema. Eles devem guardar em si uma meta a ser alcançada, um problema a ser resolvido ou um projeto a ser executado.

Validade: O indicador deve representar a realidade dos fatos, seja pela coleta adequada e fiel das informações, seja pela utilização da ferramenta estatística adequada.

5.

Veículo	Quant.	Meta
BMW	19	15
Civic	19	15
Fluence	13	10
Gol	41	30
HB20	21	15
Kwid	2	0
Strada	4	2

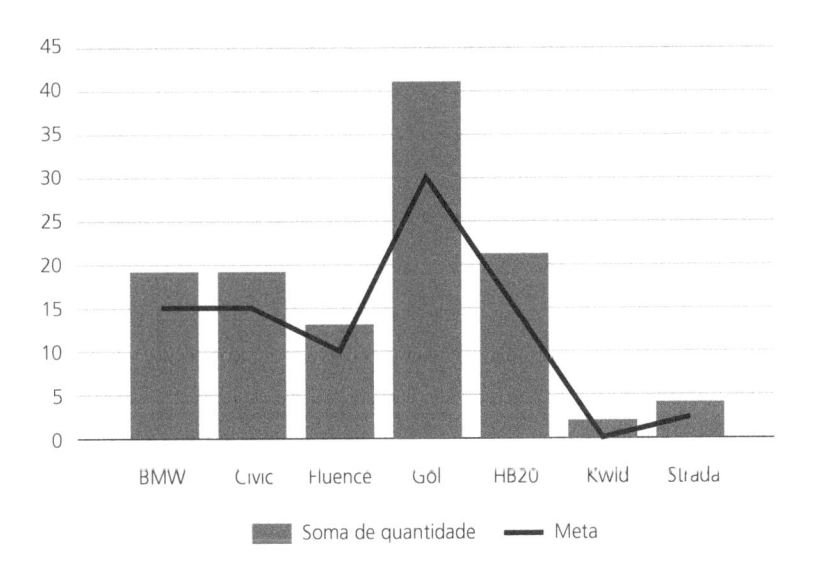

Capítulo 5

Questões para revisão

1. b
2. c
3. b
4. Se não existiam dados anteriores, é preciso captar dados por no mínimo três meses para estabelecer a meta somente no quarto mês.
5. O modelo de uma gestão com base na qualidade proporciona um conjunto de indicadores de desempenho, além de uma metodologia científica que pode minimizar a interferência política. Como é uma metodologia comum no meio empresarial, teria mais apoio para implantação e manutenção.

Capítulo 6

Questões para revisão

1. a
2. c
3. d
4. A gestão de risco, diferentemente do que possa parecer, pode ser aplicada na área administrativa dos órgãos de segurança pública, uma vez que tem potencial para proporcionar uma ferramenta de previsão de problemas de planejamento, administração e controle tanto internamente quanto externamente.
5. O FMEA contribui para o mapeamento de risco e a minimização de problemas administrativos e operacionais porque é uma metodologia que transforma hipóteses de risco numa classificação numérica com probabilidades de risco, facilitando a gestão dos riscos com maiores chances de acontecer.

Sobre o autor

Célio Luiz Banaszeski nasceu em Curitiba e estudou no Colégio da Polícia Militar até ingressar na Academia Policial Militar do Guatupê. Permaneceu na Polícia Militar (PM) por aproximadamente trinta anos, tendo chegado ao posto de tenente-coronel.

Dentro da Polícia Militar do Paraná (PMPR), exerceu diversos cargos administrativos na área de pessoal, inteligência, justiça e disciplina, logística, finanças e na parte operacional como oficial coordenador de área, chegando ao cargo de comandante de batalhão da PM. Nessa ocasião, participou de grandes eventos, como a Copa do Mundo em 2014.

Possui o Curso de Formação de Oficiais pela PMPR e em Farmácia e Bioquímica pela PUC/PR, além das especializações em: Política, Estratégia e Planejamento pela Associação dos Diplomados da Escola Superior de Guerra do Paraná; Administração com Ênfase em Segurança Pública; Curso de Aperfeiçoamento de Oficiais; Planejamento e Controle da Segurança Pública; Polícia Judiciária Militar; Técnica de Ensino, Administração Hospitalar e Microbiologia Clínica.

Atua no meio acadêmico como professor da Academia Policial Militar do Guatupê, da Faculdade Administração e Economia (FAE) e do Centro Universitário Internacional (Uninter). No meio empresarial, atua como consultor de qualidade e como palestrante, além de ser diretor executivo da Exacta Consultoria Empresarial.

Os papéis utilizados neste livro, certificados por instituições ambientais competentes, são recicláveis, provenientes de fontes renováveis e, portanto, um meio responsável e natural de informação e conhecimento.

FSC
www.fsc.org
MISTO
Papel | Apoiando o manejo florestal responsável
FSC® C103535

Impressão: Reproset
Julho/2023